Karl Tanera

An der Loire und Sarthe

Karl Tanera

An der Loire und Sarthe

ISBN/EAN: 9783955641221

Auflage: 1

Erscheinungsjahr: 2013

Erscheinungsort: Bremen, Deutschland

@ EHV-History in Access Verlag GmbH, Fahrenheitstr. 1, 28359 Bremen. Alle Rechte beim Verlag und bei den jeweiligen Lizenzgebern.

An der Loire und Sarthe.

Von

Carl Tanera,
Hauptmann z. D.

Mit einer Karte.

Nördlingen.
Verlag der C. H. Beck'schen Buchhandlung.
1889.

I.

Erste Versuche der Franzosen, Paris zu entsetzen. Artenay.

Das Netz um die feindliche Hauptstadt war zugezogen. Wie lange das seit dem 20. September vollständig eingeschlossene Paris sich nun noch halten könne, wußte niemand. Wir, die wir von den Höhen von Bagneux, Clamart u. s. w. auf das gewaltige Häusermeer zu unseren Füßen hinabsahen, meinten, es werde sich die Übergabe doch mehrere Wochen hinziehen und da müsse man schon einige größere Vorsichtsmaßregeln zur Sicherung des Rückens der Zernierungsarmee treffen. Es kam ernster, als wir geglaubt. Aus den Wochen wurden Monate und die Sicherungsmaßregeln entwickelten sich zu schweren, sehr anstrengenden und außerordentlich verlustreichen Feldzügen; die Franzosen erwiesen sich eben als thatkräftigere Gegner, als wir angenommen. Half ihnen aber nichts, geschlagen haben wir sie doch, und daß sie so braven Widerstand geleistet, gereichte nicht nur ihnen zur Ehre, sondern erhöhte noch den Ruhm ihrer Besieger.

Von jeher war man in Frankreich gewöhnt von Paris aus das ganze Land zu leiten und im Verlust der Hauptstadt die Niederlage des gesamten französischen Reiches zu erkennen. Das nunmehr von den deutschen Armeen belagerte Paris mußte also um jeden Preis gerettet werden. Noch wenige Tage vor Thor=

schluß hatte die dortige, nach dem Sturze des Kaiserreiches auf=
gestellte „Regierung der nationalen Verteidigung" eine Delega=
tion, bestehend aus den Herrn Crémieux und Glais=Bizoin, so=
wie dem Marine=Minister Fourichon, nach Tours entsendet, um
südlich der Loire eine Hilfsarmee für die bedrohte Hauptstadt
neu aufzustellen. Menschen und Kriegsmaterial waren ja damals
noch genug vorhanden. Die Reste der Infanterie=Depots wurden
zu Marsch=Regimentern vereint, einige aus Afrika herbeigeholte
Truppen und mehrere nach der Loire statt nach Paris abgerückte
Kavallerie=Regimenter des XIII. und XIV. französischen Armeekorps
bildeten den Kern der neuen Armee und Flüchtlinge der Armee von
Châlons, die in den Provinzen verbliebenen Mobilgarden, aus
Italien angekommene päpstliche Zuaven, Nationalgarden und
Banden von Freiwilligen (Franktireurs) erhöhten deren Stand
bis Ende September auf etwa 60,000 Mann, die, in 3 Divisionen
eingeteilt, bei Nevers, Bourges und Vierzon zusammengebracht
und als XV. Armeekorps dem General de la Motterouge unter=
stellt wurden.

Davon hatten wir wohl eine Ahnung aber keinerlei Ge=
wißheit. Doch gab es ein unfehlbares Mittel, sich hierüber Auf=
klärung zu verschaffen und das bestand aus Ulanen, Husaren,
Chevaulegers, Dragonern und Kürassieren. Sofort nach der
Einschließung der Hauptstadt wurden diese Reiter entsendet, einer=
seits um den Rücken der Zernierungsarmee gegen unliebsame
Überraschungen zu sichern, andrerseits um die Verpflegung der
Truppen durch Requisitionen aus dem Lande zu vervollständigen.
Die französischen Eisenbahnen waren nämlich entweder noch ganz
im Besitz der Verteidiger oder doch stellenweise von letzteren ge=
sperrt und unterbrochen. Daher wäre es nicht möglich gewesen,
die Ernährung der um Paris stehenden Armeen durch Beifuhr
auszuführen, auch wenn man die Absicht dazu gehabt hätte.
Man wollte dies aber gar nicht, denn solange das besetzte feind=
liche Land die Verpflegung ganz oder doch teilweise leisten kann,
muß es dies auch thun, das ist Kriegsrecht.

Es standen daher südlich und südwestlich von Paris 4 Ka=

vallerie-Divisionen und zwar in der Reihenfolge 2te, 4te, 6te, 5te, im Rücken der Zernierungstruppen mit dem Auftrage, möglichst weit gegen die Loire aufzuklären und das Gelände durch großartig zu betreibende Requisitionen für die Verpflegung der deutschen Armeen auszunützen.

Nun können unsere kecken Reiter gewiß vieles leisten, was man nicht von jedem Kavalleristen verlangen dürfte, aber mit ihren Säbeln und Lanzen — Karabiner hatten sie damals fast noch keine — Schützen aus dichten Waldungen oder gar aus Häusern und Schanzen herauszujagen, das ging doch über die Möglichkeit. Daher kam es leider öfter vor, daß die schneidigen deutschen Ekläreurs vor einem Dorfe, aus dem sie angeschossen wurden, vor einem von Franktireurs besetzten Walde oder vor verbarrikadierten Brücken u. s. w. zähneknirschend umkehren mußten oder daß ihnen, was sie noch mehr erbitterte, die mühsam aufgebrachten Rindvieh- und Hammelherden ꝛc. wieder abgenommen wurden. Auch hatte es bei solchen Gelegenheiten öfters Zusammenstöße gegeben, bei welchen die deutschen Reiter ziemlich herbe Verluste durch ihre unangreifbaren Gegner erlitten.

So stieß Leutnant Hartmann vom 3. bayerischen Chevaulegers-Regiment am 21. September bei Fontainebleau auf eine, 1 Offizier und 36 Mann starke Wache von französischen Nationalgarden. Natürlich attakierte er sie mit seinen 15 Reitern und nahm sie gefangen. Erkundigungen ergaben aber, daß in der Stadt und besonders im Wald von Fontainebleau starke Trupps von Franktireurs ꝛc. sich versammelten, die ein weiteres Vorgehen unmöglich machen dürften. Am 25. September wurde ein Relaisposten der Chevaulegers überfallen, 1 Mann durch 7 Messerstiche und einen Schlag auf den Kopf ermordet, 2 gefangen; am 23. September erhielt eine Patrouille der 2ten preußischen Ulanen bei la Ferté-Aleps Feuer und erlitt Verluste und so zeigte das Auftreten des Gegners an verschiedenen Stellen, daß Kavallerie allein nicht mehr ausreichte, die gestellten Aufgaben zu erfüllen. Dringend machte sich eine Unterstützung durch Infanterie fühlbar.

1*

Am 27. September abends befanden sich einige junge bayerische Offiziere des als Reserve zwischen Palaiseau und der Seine stehenden Korps „von der Tann" im „Postillon von Longjumeau". So, nach dem Helden der Adam'schen Oper benannt, hieß nämlich ein ganz nettes Wirtshaus des Städtchens Langjumeau, in dem es freilich zu jener Zeit recht bunt zuging. Während auf dem einen Billard 2 Jägerleutnants Karambol spielten, war auf einem anderen das Büreau einer Verpflegsabteilung errichtet u. s. w.

Da trat ein dritter Jägeroffizier auf die beiden Spielenden zu.

„Tanera, ich gratuliere Dir!"

„Zu was denn?"

„Na zu Deiner Streife. Weißt Du denn noch nichts davon?"

„Keine Silbe."

„So höre. Der Oberleutnant Baron Schrenk und Du sind vom Armeekorps ausgewählt, um mit 3 Unteroffizieren, 45 von sämtlichen 5 Jägerbataillons sich freiwillig meldenden Jägern und 2 berittenen Ordonnanzen eine Streife durch diejenigen Waldungen zu machen, aus welchen die Kavalleristen von Franktixeurs angeschossen wurden. Ihr könnt marschieren, wohin Ihr wollt, ausbleiben, solange es Euch behagt und seid also die reinsten Freiherrn!"

„Bravo, bravo, das ist ja eine herrliche Nachricht. Wann dürfen wir denn losgehen?"

„Morgen früh. Heute abend noch kommen Euere Leute hier zusammen."

Es war so. 48 freiwillige Unteroffiziere und Jäger, 2 ebenfalls freiwillig sich meldende Chevaulegers und 2 junge unternehmungslustige Leutnants — das war die richtige Gesellschaft, um den hinterlistigen Franktixeurs im Dunkel ihrer Gebüsche und Wälder und im Innern ihrer Häuser ein Lichtchen anzuzünden, daß ihnen bald die Lust verging, vom sichern Versteck aus auf wehrlose Reiter zu schießen. Wo diese Jäger hinkamen, da hörten die heimtückischen Überfälle bald auf und wenig Winkel gab es in den Waldungen zwischen der Seine, Monthlery und Etampes, wo sie bis zum 10. Oktober nicht hinkamen.

Trotz ihrer Bemühungen genügte aber eine so kleine, wenn auch auserlesene Schar nicht im mindesten, um überall den täglich lästiger werdenden Neckereien der Franzosen zu steuern und der Kavallerie in dem waldigen Gelände Ruhe zu verschaffen. Man erkannte dies durch die eingelaufenen Meldungen schon 2 Tage später und deshalb wurden 2 Bataillone des 2ten, 1 des 11ten und die 3 des Infanterie-Leib-Regiments vom I. bayerischen Armeekorps an die erwähnten 4 Kavallerie-Divisionen abgegeben und nach Trappes, Rambouillet, Arpajon und Etampes entsendet.

Nun gab es erst recht Zusammenstöße, denn unsere Kavalleriebrigaden konnten wieder energischer vorgehen, die Franzosen aber waren von Tag zu Tag verstärkt worden und wichen nun gerade gar nicht, wenn sie nicht tüchtige Schläge bekamen.

In Tours war nämlich Gambetta nach seiner Luftballonreise aus Paris angekommen, hatte sofort das Kriegsministerium übernommen, mit außerordentlicher Willensstärke die Unternehmungslust des Generals de la Motterouge angefacht, durch feurige Proklamationen nicht nur die militärischen Verteidiger Frankreichs, sondern die ganze Bevölkerung dieses Landes zum Nationalkampf aufgerufen, damit den Krieg bis aufs Messer begonnen und den Rassenhaß entzündet.

„Es ist keine Illusion — Paris ist uneinnehmbar! Es „kann weder durch Gewalt noch durch Überraschung erobert werden. „Zwei andere Mittel bleiben den Preußen: Der Aufstand und „die Hungersnot; aber weder zu dem einen, noch zu dem an„deren wird es in Paris kommen. — Die Lebensmittel sind in „Masse aufgehäuft und mit männlicher Ausdauer wird die Stadt „alle Bedrängnisse ertragen, um ihren Brüdern in den De„partements Zeit zu geben, ihr zu Hilfe zu kommen. — „Große Pflichten werden Euch dadurch auferlegt. Die erste dieser „Pflichten ist, daß Ihr keinen anderen Gedanken habt

„als den Krieg. — Wir müssen alle unsere Hilfskräfte, und
„diese sind unermeßlich, anspannen. Wir müssen die Erstarrung
„der Landbevölkerung verschwinden machen, wir müssen auftreten
„gegen die tolle Furcht, wir müssen den Parteigänger=
„krieg vervielfältigen, wir müssen dem Feinde Fallen
„und Hinterhalte legen, müssen ihn beunruhigen,
„müssen mit einem Worte einen nationalen Krieg
„anfangen. — Nein, es ist nicht möglich, daß der Genius
„Frankreichs sein Antlitz auf immer verhüllt habe, daß die große
„Nation sich den ihr zukommenden Platz in der Welt durch die
„Invasion von 500,000 Menschen nehmen läßt. Erheben wir
„uns in Massen; laßt uns lieber sterben, als die Schmach einer
„Zerstückelung Frankreichs erdulden."

Das sind Sätze aus der Proklamation Gambetta's, die in
jedem Dorfe und Weiler angeheftet wurde. Sofort mit derselben
erschienen Ausführungsbefehle über die zunächst zu ergreifenden
Maßregeln. So wurden an alle Gemeinden Gewehre und Muni=
tion abgegeben, um schleunigst die Volksbewaffnung zu bethätigen.
An vielen Plätzen entstanden daraufhin ziemlich geordnete Na=
tionalgardenkorps; an den meisten aber erblickten die Bauern
in der Auslieferung von Gewehren an sie einfach die Erlaubnis,
um auf eigene Faust Krieg zu führen, d. h. aus dem Hinterhalt
auf einzelne Gegner zu feuern, sie, wenn es gefahrlos geschehen
konnte, zu überfallen und zu ermorden, sofort aber die Waffen
zu verstecken und in ihren Blusen als harmlose Landbewohner
aufzutreten, wenn es einerseits für sie gefährlich aussah oder
andererseits sich von Vorteil erwies, um Verhältnisse der deutschen
Truppen auszuspionieren. Mit solchen Zuständen mußten wir
rechnen. Daß dabei der Krieg in einer Art rauh wurde, wie
man es in unserem Jahrhundert nicht mehr erwartet hätte, er=
gab sich als notwendige Folge. Die Schuld daran tragen aber
ungeteilt jene gewissenlosen Aufhetzer, die selbst den Meuchelmord
als Pflicht erklärten, wenn dadurch den anfangs mit fast zu
großer Rücksicht auftretenden Deutschen ein Nachteil zugefügt
werden konnte. Nachdem Abteilungen der 5ten Kavalleriedivision

am 22. September bei Mantes, 10te Ulanen und 5te Küraffiere am 25. bei Bazoches les Gallerandes, 1te Leibhusaren am 26. bei Milly, 10te Ulanen bei Artenay, Blücher'sche Husaren am 29. bei Sibry auf den Feind gestoßen waren, kamen bayerische 2er am 30. bei Maule, Leiber* am 2. Oktober bei Origny, 11er bei le Buissonnet und St. Léger, wieder 11er am 4. bei Epernon, 2er am 5. bei Paci sur Eure und Leiber bei Toury in Verbindung mit Reitern der preußischen Kavalleriedivisionen zum Gefecht und überall ließ der verhältnismäßig zähe Widerstand der Franzosen vermuten, daß sie stärkere Kräfte hinter sich haben müßten. Dazu erzählten verschiedene geschwätzige Zeitungen südfranzösischer Städte von den Fortschritten in der Bildung der Loire=Armee, kurz alles deutete daraufhin, daß der Feind nunmehr ernste Versuche eines Entsatzes von Paris von der Loire=Gegend her unternehmen werde. Am 6. und 7. Oktober brachten die beim Hauptquartier in Versailles einlaufenden Kavallerie=Meldungen weitere Aufklärungen und nun entschloß man sich in der Umgebung Seiner Majestät des Königs von Preußen energische Gegenmaßregeln zu ergreifen.

Der am meisten dabei in Frage kommende bayerische General von der Tann hatte bis zum 7. Oktober keine Ahnung, welch' ehrenvolle aber schwierige Aufgabe er erhalten sollte. Sein in den bisherigen Schlachten schon so stark mitgenommenes Korps konnte sich seit kurzem als Reservekorps größtenteils einer gewissen Ruhe erfreuen. Freilich befand sich noch eine große Anzahl der Infanterie=Abteilungen auf Gefangenentransport; allein täglich kehrten solche zurück, so daß anfangs Oktober sich fast alles beim Armeekorps wieder eingefunden hatte. Die Stimmung war durchaus eine sehr gehobene. Meinte doch fast jedermann, daß Paris sich bald ergeben und dann der Krieg beendet sein werde. Nur der General von der Tann selbst war nicht so vertrauensselig, wie wir anderen. In fester Zuversicht hatte er

---

* Bayerische Bezeichnung für Angehörige des Infanterie=Leib= Regiments.

zwar bei der Nachricht von der Eroberung des später mit dem Namen „Bayernschanze" bezeichneten Werkes bei Clamart den Trinkspruch ausgebracht: „Meine Herren! Auf daß Elsaß-Lothringen wieder Deutsch werde und für immer Deutsch bleibe!" — allein an die schnelle Einnahme von Paris wollte er nicht glauben. Er kannte eben Land und Leute unseres Gegners.

Da traf am 6. Oktober mittags der Befehl ein, General von der Tann habe noch im Laufe des 6. sein Korps in einer Stellung bei Arpajon zu versammeln, die 4te Kavallerie-Division vor überlegenen Kräften dorthin sich zurückzuziehen, die 2te dagegen von Epinay bis südöstlich Arpajon vorzurücken und die 22te preußische Infanterie-Division als Reserve bei Monthlery Stellung zu nehmen.

Moltke war eben wieder einmal den Franzosen zuvorgekommen und mit der ihrerseits geplanten Überraschung der deutschen Zernierungsarmee war es „nischte". Nun dachte man, den Gegner, von dem man doch erwarten konnte, daß er jetzt vormarschieren werde, tüchtig anlaufen zu lassen, um ihn dann mit den Flügeln zu umfassen, und hierauf erst angriffsweise gegen ihn vorzugehen. Er scheute aber eine solche Umarmung und blieb in seinen bei Artenay bemerkten Lagern. Ihn dort ungestört wirtschaften, sich verstärken und ausbilden zu lassen, ohne ihm einen ordentlichen Strich durch die Rechnung zu machen, war aber gar nicht Sache der ihn unaufhörlich beobachtenden 4ten Kavallerie-Division. Allein die Schanzen zu Pferd stürmen, ging eben nicht, also mußte Infanterie verlangt werden. Nun hätte General von der Tann gerne den preußischen Kameraden einige Bataillone abgegeben, wären dadurch nicht seine Kräfte zu sehr zersplittert worden. Deshalb legte er den Antrag dem Oberkommando der dritten Armee zur Entscheidung vor und daraufhin traf in der Nacht vom 7. zum 8. Oktober folgender Befehl bei ihm ein: „General von der Tann rückt morgen den 8. Oktober mit seiner ganzen Armee nach Etampes vor".

Das war Wasser auf die Mühle nicht nur von unserem General, sondern von uns allen. Freilich ahnten wir damals noch nicht, daß damit ein langer, harter, blutiger Abschnitt des Krieges für uns beginne, wir gedachten heiter zu einer kurzen, flotten Herbstepisode auszuziehen, kehrten aber in Wirklichkeit erst bei Schnee und Eis nach unsäglichen Mühen und Strapazen und zusammengeschossen zur Ruine wieder zurück. Das ist Krieger=los. Gut, daß man es nie voraus weiß.

Die dem General von der Tann unterstellte Armeeabteilung bestand aus seinem, dem I. bayerischen Armeekorps, der 22ten preußi=schen Infanterie= und der 4ten preußischen Kavallerie=Division.

Von den beiden letzteren kommandierte die erstere der Generalmajor von Wittich, die andere der General der Kavallerie Prinz Albrecht von Preußen (Vater). Ferner erhielt die 2te preußische Kavalleriedivision (Generalleutnant Graf zu Stolberg=Wernigerode) die Weisung, sich dem nun beginnenden Vormarsch anzuschließen und deshalb mit General von der Tann ins Be=nehmen zu setzen.

Da sich immer noch verschiedene Abteilungen auf Ge=fangenentransport befanden und erst später einrückten, so bestand am 8. Oktober die ganze Armeeabteilung einschließlich der 2ten Kavallerie=Division aus:

28 ³/₄ Bataillonen, 67 ½ Eskadrons und 160 Geschützen mit im Ganzen etwa 34,000 Mann. Darunter waren 21,000 Mann Infanterie und 6700 Mann Kavallerie.

Die verhältnismäßig sehr große Beigabe von Reiterei und Artillerie entsprach dem zu erwartenden Gelände. Die Beauce, welche sich nördlich der Waldungen von Orleans ausdehnt, be=steht nämlich aus einer nahezu vollkommenen Ebene, die nur durch wenige aber tief eingeschnittene Wasserlinien unterbrochen und hie und da mit niederen, nach fast allen Seiten glacisartig abfallenden Höhenzügen bedeckt ist.

Dagegen gibt es auf dieser etwa von Etampes, Pithiviers, Artenay, Beaugency, Châteaudun und Chartres eingefaßten überaus fruchtbaren Strecke Landes zahlreiche ummauerte Dörfer, Schlösser mit Parks und Pachthöfe, sowie einzelne kleinere Wald=parzellen. Besonders die Artillerie kam in einem solchen Ge=

lände vorzüglich zur Geltung und auch für die Kavallerie gab es nur wenig Stellen, wo sie gar keine Verwendung hätte finden können.

Auch der dicht um Orleans herumliegende Teil des „Orléanais" ist im allgemeinen flach. Dagegen bedecken ihn größtenteils kolossale Waldungen und die lichten Stellen sind für den Weinbau verwendet. Dort beginnt das Reich der Infanterie. Ob wir aber soweit kommen sollten, wußten wir ja noch nicht!

Am 9. Oktober war es regnerisch, nebelig und ziemlich kalt. Während des Tages traf eine Nachricht bei den Truppen ein, die dem immer mehr wachsenden Haß gegen die französische Bevölkerung neue Nahrung gab. Wir erfuhren nämlich den Überfall von Ablis. Dort waren am 7. abends nach langem Marsche eine Schwadron der 16ten Husaren und 1 Kompanie bayerischer 11er eingerückt und morgens zwischen 4 und 5 Uhr von einer Franktireursabteilung im Einverständnis und unter Mitwirkung der Einwohner überfallen worden. Dabei hatten die Husaren beträchtliche Verluste erlitten. Natürlich war schon am 8. die 6te Kavallerie-Division nach Ablis gerückt, belegte den Ort mit einer Geldbuße und äscherte ihn ein. Damit war die heimtückische That gerächt; allein der „Rassenkrieg mit all' seinen furchtbaren Konsequenzen", wie General von der Tann sich ausdrückte, hatte seinen Anfang genommen.

Die 2te Kavallerie-Division ging links des direkt auf Orleans marschierenden Tann'schen Korps vor, vertrieb am 8. Oktober durch ihre reitenden Batterien einige Franktireurs-Abteilungen aus Marolles und wandte sich am 9. gegen Pithiviers.

Die 4te Kavallerie-Division deckte die rechte Flanke der Bayern und die 22te Infanterie-Division folgte ihnen auf der Hauptstraße.

Es war nunmehr vom Hauptquartier aus Versailles ein Generalstabsoffizier eingetroffen, der dem General von der Tann den Befehl überbrachte, mit der ihm unterstellten Armeeabteilung den Landstrich westlich bis Chartres und südlich bis Orleans vom Feinde zu säubern, letztere Stadt zu besetzen und die Verfolgung unter Umständen gegen Tours fortzuführen.

Jetzt hatte unser Heerführer Freiheit des Handelns und sofort ging er mit all' der ihm eigenen Thatkraft, der aber stets eine reife Überlegung zu Grunde lag, an's Werk. Mit der Mittelkolonne, dem I. bayerischen Korps, beabsichtigte er direkt auf Orleans vorzugehen, sobald man den Feind gefunden habe, anzubeißen und solange den Gegner festzuhalten, bis die beiden Kavallerie=Divisionen rechts und links Zeit fanden, die feindlichen Flügel zu umreiten. Die 22te Infanterie=Division sollte je nach Bedarf verwendet werden.

Es war etwa 9 Uhr vormittags, als sich am 9. Oktober die Avantgarde der Bayern (3te Chevaulegers und 2te Jäger) dem 10 Kilometer südlich Etampes gelegenen Dorfe Monnerville näherte. Rechts der Straße befand sich eine jener burgartig ummauerten Fermen.

Der die Spitze führende Chevaulegers=Korporal sah sich dieselbe prüfend an.

„G'freiter Huber reit' a mol hin und schau, ob koaner in dem G'höft drinn steckt?"

Der setzt über den Graben, galoppiert an und „paff, paff".

„Hob'n m'r's scho! — Brauchst's gor nit z'melden. Die Jaga hob'ns a scho g'seh'g'n. Schwärma scho aus."

Natürlich hatten die 2ten Jäger sofort ausgeschwärmt, als sie die Schüsse vernahmen und gingen lustig drauf los.

Die Franzosen feuerten stärker, aber doch so, daß man erkannte, es waren nur wenige. Dazu trafen sie nichts, es mußten also militärisch ganz unausgebildete Leute sein.

„Herr Leutnant, wir wollen uns gar nicht mit Schießen aufhalten; Sie umfassen den Hof von rechts, der Oberjäger Sterzl von links und den Herrn Oberleutnant bitte ich seinen Zug auf jenes Hofthor zu dirigieren; der 4te Zug folgt als Unterstützung. Auf — Laufschritt, marsch — Hurra!"*

---

* Die bayerischen Kommandos waren damals anders wie jetzt.

Trotz des lebhaften Feuers der Franzosen verlor die schneidige Jägerkompanie keinen Mann, umzingelte und eroberte die Ferme und machte einige zwanzig Gefangene.

„Oba wos san denn bös für g'spaßige Kerls? Die kemma wohl vum Theata?"

Theatralisch genug erschienen sie wirklich die armen Franktireurs de Gers, welche direkt von den Pyrenäen gekommen waren, um die barbarischen prussiens zu vernichten und hier beim ersten Zusammentreffen von den bayerischen Jägern und Chevaulegers teils erschlagen, teils gefangen wurden. Ihre Hauptkolonne wollte nämlich schleunigst nach Angerville ausreißen. Die Chevaulegers waren aber noch schleuniger bei der Hand, setzten trotz des Protestierens der Herren Franktireurs mitten in ihre Abteilung hinein und schlugen jeden tot, der sich nicht ergeben wollte. Nun standen sie da und boten ein wirklich malerisches Bild. Sämtliche trugen schwarze Uniformen, rote Schärpen und große Kalabreser-Hüte. Alle Lebensalter von 17 bis 40 Jahren waren vertreten; der Jüngste von ihnen weinte, weil man ihn aus der Schule geholt und in die Kompanie gesteckt hatte. Nun glaubte er wahrscheinlich, geschlachtet zu werden. Diese kleine Abteilung war von irgend einem französischen General einfach vorgeschoben und sich selbst überlassen worden. Kein Wunder, daß die Leute nach ihrer Gefangennahme sich mehr auf ihre Landsleute als auf uns, ihre Sieger erbost zeigten. Auch bei Angerville und Méréville wurden einige Franktireurs „gelangt", wie die Altbayern sich ausdrückten, aber von einer eigentlichen Loire-Armee fand sich auf der Hauptstraße nach Orleans an diesem Tage noch nichts.

Dagegen liefen ernste Nachrichten von der 2ten Kavallerie-Division ein. „Bei Pithiviers sollen nach Aussagen von Einwohnern und Gefangenen 10,000 Mann stehen; stärkere Abteilungen wurden dortselbst gesehen."

Es schienen also sich in unserer linken Flanke gefahrdrohende Kräfte anzusammeln. General von der Tann ließ sich aber nicht aus der Fassung bringen.

„Wir marschieren gegen Orleans weiter und bedrohen dadurch die Rückzugslinie der bei Pithiviers stehenden Franzosen. Dann werden sie schon nach Süden ausweichen."

Am 10. Oktober marschierte also alles in der befohlenen Richtung fort. Es war wieder ein recht unfreundlicher, naßkalter Herbstmorgen, Nebel und Regen beschränkten die Fernsicht, der lehmige Boden war außerhalb der Wege so weich, daß Pferde und Menschen der sichernden Patrouillen kaum vorwärts kamen und deshalb nicht nur der ganze Marsch verlangsamt wurde, sondern auch der gute Humor der Leute eine starke Einbuße erlitt.

An der Spitze des Gros der Kolonne ritt General von der Tann mit den Herrn seines Stabes. Natürlich unterhielt man sich über die wiederholt schon besprochene Frage, ob man die französische Loire-Armee noch diesseits oder erst jenseits der Loire treffen werde.

Plötzlich jagte ein Chevauleger daher. Ehe er aber melden konnte, klang es links vorwärts dumpf durch den Nebel: Bum — bum.

„Jetzt haben wir sie doch!" rief der General freudig und trabte zur Avantgarde vor.

Die nun häufiger hörbaren Kanonenschläge brachten sofort Leben in die ganze, wegen des schlechten Wetters etwas mißmutig dahin marschierende Kolonne. Nun kamen aber auch Meldungen, die rasch alle etwa noch gehegten Zweifel beseitigten.

„4 Regimenter feindlicher Kavallerie stehen beobachtend vorwärts Poupry; die Orte Dambron, Assas und Vilchat sind von feindlicher Infanterie besetzt."

Das klang ja ganz verteufelt großartig und sah gar nicht mehr darnach aus, als ob es sich nur um Franktireurs handelte. Gegen halb 10 Uhr vormittags hatten die Chevaulegers des Leutnants Grafen Pestalozza Feuer aus einer Ferme nördlich Artenay erhalten. Trotz des Nebels konnte man erkennen, daß man 2—3 Infanterie-Bataillone vor sich habe und bald verriet sich eine Batterie durch ihre, schon oben erwähnten Schüsse. Dagegen mußte man doch etwas entwickeln und deshalb ging die Brigade des Generals Dietl zum Angriff vor. An die Kavallerie-Divisionen in den beiden Flanken wurden zwar Befehle zum Heranrücken geschickt, allein General von der Tann meinte, es sei eigentlich unnötig, denn preußische Reiter marschierten an und für sich immer auf den Kanonendonner los. So war es auch. Sie kamen von selbst und zwar so rasch als möglich.

Unterdessen bissen die Leiber und 1er der Brigade Dietl tüchtig zu. Das hatte ja General von der Tann auch gewollt. Er beabsichtigte aber, den Feind in der Mitte, nämlich hier an der Hauptstraße, nur festzuhalten, um die Einwirkung der Kavallerie-Divisionen auf seine Flügel abzuwarten. Der menschenfreundliche Heerführer suchte eben bei jeder Gelegenheit möglichst Opfer zu vermeiden und daher wünschte er in erster Linie bei Artenay eine Wirkung der damals noch den Brigaden zugeteilten Batterien. Die schossen nun drauf los, was Zeug hielt, allein die Infanteristen wollten doch auch ein ernsteres Wort mit dem Gegner reden und so kam es, daß einzelne Kompanien schneller vordrangen, als es eigentlich sein sollte. Auch die 8te Kompanie des 1. Regiments war auf diese Art, begünstigt durch das Buschwerk östlich des Bahndamms, soweit vorausgekommen, daß sie in der nebeligen Beleuchtung für eine französische Abteilung gehalten und schließlich von bayerischen Jägern angeschossen wurde. Da sprangen ungeachtet des starken französischen und nun auch deutschen Feuers der Korporal Schnell und der Soldat Hirsch auf den Damm, gingen auf diesem statt in dem deckenden Graben mit der Kompanie vor, schwenkten aber in den Pausen, wo sie nicht auf die Franzosen schossen, immer ihre Helme, damit die Jäger erkannten, daß hier schon Bayern seien und verließen diesen gefährdeten Posten erst auf ausdrücklichen Befehl, nachdem ihr Zweck erfüllt war. Zu den Kameraden zurückzulaufen, um sie schneller zu benachrichtigen, das hätten die beiden nicht zuwege gebracht, denn den Augenblick des Zusammenstoßes mit dem Feinde zu versäumen, wollten sie keinesfalls riskieren, lieber sich den feindlichen und

den Kugeln der Landsleute ohne Deckung aussetzen. Schließlich
würden die letztern schon merken, „daß mir a Bayern fan und
wer'n aufhör'n, so boalket af uns z'schiaß'n".

Der Gegner räumte rasch die Stellungen vor Artenay.
Dort aber fand er bedeutende Verstärkung und es entspann sich
ein hinhaltendes Gefecht, in das auf Seite der Franzosen die
Kavallerie-Division Reyau, die Mobilgarden-Division du Loiret,
die 1te Division des XV. Armeekorps (General Martin des
Pallières) und Nationalgarden und Franktireurs und auf Seite
der Bayern die ganze 1te Division (Generalleutnant v. Stephan),
sowie 12 Batterien nach und nach verwickelt wurden.

Inzwischen aber hatte an den Flügeln die Kavallerie
Terrain gewonnen. Die 4. Kavallerie-Division und mit ihr
die bayerische Küraffier-Brigade war, wie erwähnt, in der rech=
ten Flanke des bayerischen Armeekorps vorgegangen. Als sie
aus einem Gehölze bei Tout=li=faut Feuer bekam, sandten ihre
Geschütze schnell einige Granaten in die Büsche, worauf das
Feuer der Franzosen bald aufhörte. Auch bei Tanon empfing
die gegen diesen Ort vorgehenden Reiter (2te Leibhusaren) hef=
tiges Infanteriefeuer. Die Geschütze brachten hier ebenfalls den
Gegner rasch zum Schweigen und nun drangen Husaren zu
Fuß und zu Pferd in den Ort, um ihn abzusuchen. Merk=
würdigerweise war kein französischer Soldat mehr zu sehen.
Nur Bauern blickten ziemlich blöde den schwarzen Husaren ent=
gegen. In einem Hause aber wurde noch einer der tapferen
Vaterlandsverteidiger erwischt, wie er soeben seine Franktireurs=
uniform mit der Bauernbluse vertauschen wollte. Natürlich
entging er seinem Schicksal nicht. Die Brigade drang nun
weiter gegen Patay vor. Da wurde der Kanonendonner von
Artenay vernehmbar. Sofort ließ Prinz Albrecht daraufhin
antraben und nur die 9te Kavallerie-Brigade eklärierte weiter
bis Varize und gegen Châteaudun. „Aha, da sieht man wie=
der die kleinen weißen Wölkchen, wie bei Sedan. Es sind also
auch französische Geschütze im Feuer und muß ein größeres
Gefecht begonnen haben."

Diese Erkenntnis trieb die preußischen und bayerischen Reiter des Prinzen nur zu noch größerer Eile an und bald trafen sie auf dem Gefechtsfelde ein. Bei Creuzy standen ein französisches Kürassier= und ein Chasseurs=Regiment in Reserve. Als diese die stattliche Masse von 24 deutschen Schwadronen und 3 reitenden Batterien ankommen sahen, kniffen sie schleunigst aus. Auch die auf dem linken Flügel stehende Infanterie des Gegners bekam Angst und zog sich zurück. Die im Trab verschwindenden Reiter einzuholen, war den Leibhusaren nicht mehr möglich, die Fußtruppen aber —

„4te Schwadron halblinks, 5te halbrechts, 3te geradeaus — auf die feindliche Infanterie — Galopp marsch — marsch, marsch — hurra."

Das war der Befehl des Obersten von Schauroth und trotz des frisch gepflügten und vom Regen aufgeweichten Bodens stürmten seine Husaren wie ein Sturmwind drauf los, sprangen über die vom Feinde besetzten Chausseegräben weg und schlugen unbekümmert um das freilich sehr unregelmäßig abgegebene Feuer der Franzosen so rücksichtslos drein, daß bald jeder Widerstand aufhörte und die armen Infanteristen die Waffen wegwarfen und sich in der Zahl von 250 ergaben. Auch 1 Geschütz und 1 Munitionswagen fiel den Husaren in die Hand. Ebenso gelang es 2 Schwadronen des 1. bayerischen Kürassier=Regiments, den Gegner zu erreichen und ihm zahlreiche Gefangene abzunehmen, während aber der Angriff der 5ten Dragoner an einem steilen von französischer Infanterie besetzten Damm zum Stehen kam.

In ähnlicher Weise wie rechts der Bayern die 4te, war links von ihnen die 2te Kavallerie=Division herbeigeeilt, um noch in das Gefecht mit eingreifen zu können. Auch hier wurde der in den Gehöften den preußischen Reitern entgegengesetzte Widerstand durch die reitenden Batterien gebrochen und dann sprengten die Ulanen, Husaren ꝛc. auf die Fliehenden los. Dabei gelang es den 2ten Ulanen des Rittmeisters von Blücher fast mitten in den feindlichen Plänklern ein bespanntes Geschütz zu erobern.

Auf beiden Seiten sahen nunmehr die Franzosen nicht nur ihre Flanken, sondern sogar ihre Rückzugslinie bedroht. Daher trugen sie sich schon mit dem Gedanken, die Stellung zu räumen, als überdies jetzt, etwa 2 Uhr, General von der Tann einen allgemeinen Angriff seiner 1ten Division befahl.

„Endlich!" klang es von den Lippen der schon längst nur mit Mühe ihre Ungeduld bemeisternden Bayern und von allen Seiten stürmten Leiber, 2te, 4te, 9te Jäger, 2er, 11er und 1er unter kräftigem Hurra in die Stadt. Die 8. Kompanie der 1er drang gegen den Bahnhof vor. Überall wich der Feind eiligst zurück, ehe er mit den bayerischen Bajonetten Bekanntschaft machen konnte. Dieses schleunige Ausreißen ärgerte den Soldaten Kamberger der letztgenannten Kompanie ganz gewaltig, denn er hatte sich in den Kopf gesetzt, sich heute einen Wälschen zu „langen". Deshalb rannte der kleine, schwarzbärtige Altbayer so schnell er konnte, seinen Kameraden voraus, und brachte nach kurzer Zeit wirklich einen stämmigen 3ten Chasseur daher.

„Herr Hauptmann! endli hob' i anen d'rwischt. Do bring i' n her! g'sträubt hot er sich wia an Teufl!"

Auch anderen Leuten gelang es, Gefangene zu machen. Es ergaben sich allein der 2ten Brigade über 600 Mann. Ferner fiel den 4ten Jägern ein Geschütz in die Hände. Einen für diesen Tag aber äußerst praktischen Fang machte die schon erwähnte 8te Kompanie des 1ten Infanterie-Regiments, indem sie ein feindliches Zeltlager erbeutete. In diesem fanden sich zahlreiche über den Feuern hängende Kochgeschirre mit Rindfleisch und Suppe, welcher Inhalt den hungerigen Eroberern gerade gelegen kam. Die französische Verwaltung hatte Fleisch und Kartoffel geliefert, die französischen Chasseurs waren die Köche gewesen und die Bayern aßen das Diner — „so, meinte jeder der Leute, gehört es sich" und ließ sich's schmecken. General von Wittich ritt an dieser Tafel vorbei und schreibt darüber in seinem Tagebuch: „Sehr gemütlich waren die Bayern".

Dann erzählt er weiter, daß während man vorne noch um die letzten Häuser kämpfte, die rückwärtigen bayerischen Abteilungen schon fleißig mit Schlachten und Rupfen des Federviehs beschäftigt waren. Die sorgten eben vor und — nota bene — fanden noch Federvieh. Später mag man dort vergebens darnach gesucht haben.

Die Einnahme von Artenay hatte wenig Schwierigkeiten geboten. Dagegen war es wegen der dichten und weithin ausgedehnten Waldungen von Orleans nicht möglich, eine energische Verfolgung anzureihen. Die Franzosen zogen sich unter dem Schutze der durch 3 Marsch=Regimenter, 2 Bataillone und die päpstlichen Zuaven auf etwa 15000 Mann verstärkten Brigade Dariés gegen Orleans zurück, nachdem es ihnen auch nicht gelungen war, die Fermen la Grange und Arblay halten zu können. Sie hatten 3 Geschütze und über 1000 Gefangene in den Händen der Deutschen gelassen.

Der Verlust der Bayern betrug 6 Offiziere und 206 Mann; der der Preußen 1 Offizier und 27 Mann.

Der moralische Erfolg dieses ersten Sieges von der Tann's gegen die neue französische Loire=Armee war ein ganz gewaltiger. Schon am Abend des Gefechtes beschloß General de la Motterouge unter dem Eindruck seiner Niederlage, das rechte Loireufer vollständig zu räumen und damit also vorläufig auf den Entsatz von Paris zu verzichten. Die Bayern biwakierten um und vorwärts Artenay, wohin auch die 22te preußische Infanterie=Division gezogen war; die 4te Kavallerie=Division drang noch bis Sougy und Patay, die 2te bis Archères=le=Marché vor.

Eine lustige Scene ereignete sich abends beim Korpsstab. Kam da ein gefangener Nationalgarden=Major in funkelnagelneuer Uniform mit glänzenden Lackstiefeln daher und bat, ihn mit der Post nach Orleans zurückfahren zu lassen, da man sich dort wegen seiner Abwesenheit beunruhigen könnte. Der gute Mann begriff gar nicht, warum die Herrn des Stabes so herzlich über sein Ansuchen lachten. So war Artenay.

II.

Die Einnahme von Orleans am 11. Oktober.

Das war ein prächtiger Morgen, der des 11. Oktobers. Freilich lag starker Reif auf den Fluren; aber bald verschwand unter den wärmenden Strahlen der Sonne die kalte Erstarrung, welche die zarten Pflänzchen des schon ziemlich hoch stehenden Winterkorns gefesselt hielt.

„Die Franzosen haben eben gestern mit ihren zu hoch gehenden Schrapnels die Wolken durchschossen!"

So meinte ein Spaßvogel und das beste an allem war, der Himmel blieb frei und lächelte freundlich in schönstem Hellblau auf uns herab. Bei solcher Beleuchtung erschien die sonst so langweilige Beauce wirklich schön. Am interessantesten sah der scheinbar endlose grüne Hintergrund aus, den der weite Wald von Orleans bildete.

„Da müssen wir durch, um nach Orleans selbst zu kommen!"

„Ja ob sie uns aber so ohne weiteres vordringen lassen?"

„Ei wenn sie nicht wollen, dann werfen wir sie in die Loire. Ich glaube übrigens nicht, daß General de la Motterouge auf dem rechten Flußufer noch einmal ernstlichen Widerstand leisten wird, denn seine Stellung mit einer großen offenen Stadt und einem breiten Fluß im Rücken wäre doch sehr wenig günstig, besonders, da seine Truppen sich nach dem gestrigen fluchtähnlichen Rückzug nicht in der besten Verfassung befinden dürften."

„Das ist wohl richtig, allein andererseits kann er, gerade weil seine Armee so durcheinander gekommen ist, nicht so schnell über die Loire setzen, daß seine Arrièregarde nicht von uns noch erreicht und dann gründlich gezaust werden könnte. Er muß nach meiner Meinung zwischen zwei Übeln das kleinere wählen und es noch einmal auf ein Rückzugsgefecht ankommen lassen, um den gestern am meisten mitgenommenen Truppen Zeit zu lassen, einen tüchtigen Vorsprung zu gewinnen."

So plauderten wir, tauschten unsere Meinungen aus und waren wenigstens alle der Ansicht, daß, wenn es heute auch noch einmal zum Kampf käme, die ganze Geschichte doch nicht von großer Bedeutung sein werde.

Es kam anders. Bei der französischen Loire=Armee herrschte nämlich seit dem Gefecht bei Artenay nicht nur innerhalb der Truppenteile ein gewaltiges Durcheinander, sondern es war auch die Befehlsgebung sehr erschwert worden, weil man höheren Orts gar nicht wußte, wo sich viele Abteilungen am Abend des 10. Oktober befanden, und es machte sich schon jetzt der all den schnell zusammengerafften Massenheeren der Republik anhaftende Mangel an Disziplin bemerkbar, indem verschiedene Truppenkörper dem Rückzugsbefehl des Generals de la Motterouge keine Folge leisteten, da sie durch den vorhergehenden Kampf zu ermüdet seien, keinen Nachtmarsch ausführen könnten und der Ruhe bedürften. Deshalb gingen sie einfach aus den angenehmen Quartieren in Orleans und den Vororten der Stadt während der Nacht zum 11. Oktober nicht heraus.

Trotzdem Exzellenz von der Tann selbst nicht an eine Schlacht für den heutigen Tag glaubte, traf er doch alle Maßnahmen für den Vormarsch mit äußerster Vorsicht und Sorgfalt. Die Heeresabteilung zog in 3 großen Kolonnen gegen Süden, indem die gestern in Reserve gestandenen Truppen an die Tete gezogen wurden und man den Marsch durch dasjenige Gelände richtete, wo man am wenigsten mit den Schwierigkeiten des Waldes zu rechnen hatte. Das war die Richtung von Nord=westen her, weil sich dort zwischen der großen Forêt d'Orleans und dem Bois de Buch zahlreiche Lichtungen befanden, in denen unsere überlegene Artillerie und Kavallerie Verwendung finden konnten.

Die erste, am weitesten rechts marschierende Kolonne bildete die 22te preußische Infanterie=Division,* welche die Richtung über

---

* Wir werden dieselbe von jetzt ab der Kürze halber nur 22te Division nennen. Ebenso statt z. B. die 1te bayerische Infanterie=Brigade nur 1te Brigade ꝛc. sagen und nur die Kavallerie=Divisionen und Brigaden eigens bezeichnen.

les Barres auf die Straße von Châteaudun erhielt. Links neben ihr folgte die 4te bayerische Infanterie-Brigade* über Gidy als zweite und links neben dieser die 3te bayerische Infanterie-Brigade als dritte Kolonne, hinter derselben die 1te bayerische Infanterie-Division* als Reserve, die beiden letzteren auf der Hauptstraße von Paris. Für alle Kolonnen galt Orleans als vorläufiges Endziel.

Auf den beiden Flügeln der Armeeabteilung blieben die preußischen Kavallerie-Divisionen, von denen freilich die in der linken Flanke stehende 2te zu fast vollständiger Unthätigkeit verurteilt war, da sich der große Wald als ein für Kavallerie geradezu unbrauchbares Gelände erwies. Schon schwache Infanterie-Abteilungen konnten daselbst der zu jener Zeit nur sehr spärlich mit Schußwaffen ausgerüsteten Reiterei die gefährlichsten Überraschungen bereiten.

Etwas günstiger erwies sich die Gegend vor der 4ten Kavallerie-Division. Dort konnten zwischen den verschiedenen Waldparzellen, Weinbergen, Dörfern und Höfen wenigstens einzelne Patrouillen durchkommen und rekognoszieren. Sie ließen sich auch diese Gelegenheit nicht entgehen und ritt z. B. der Leutnant von Winterfeld von den 5ten Kürassieren mit nur wenigen Begleitern, trotzdem er aus fast allen Dörfern beschossen wurde, bis Meung an der Loire, 18 Kilometer unterhalb Orleans, vergewisserte sich dort über die Anwesenheit starker feindlicher Kräfte und erstattete dann sehr eingehende Meldungen.

Die bayerische Kürassierbrigade war für diesen Tag der 22ten Division zugeteilt worden.

General von der Tann schloß sich selbst der ersten Kolonne an, weil man auf deren Wege zuerst hoffen durfte, freien Überblick gegen Orleans zu gewinnen.

Um 4½ Uhr früh brach die erste, bis jetzt am weitesten zurück gestandene Kolonne auf. Die die Spitze bildenden 13ten Husaren wurden bei Bricy angeschossen; auch zeigten sich

---

* siehe Note S. 20.

bei Boulay französische Dragoner, allein ernsteren Widerstand
fanden die Husaren erst bei les Barres.

„Da helfen nur Granaten!"

Flott sausten einige der ehernen Grüße in das feindliche
Dorf, das bald an verschiedenen Stellen brannte und als die
44te Brigade zum Sturm vorgehen wollte, war der Feind gegen
Orleans ausgekniffen. Nur der Maire des Ortes kam kühn,
im Schmucke seiner dreifarbigen Schärpe den Preußen entgegen,
erbat und erhielt Schonung des Dorfes und allgemein hatte
man den Eindrnck, daß man hier nur auf einzelne noch zurück=
gebliebene französische Abteilungen gestoßen, ein weiterer ernster
Kampf aber nicht zu erwarten sei.

Als General von der Tann bei Boulay eintraf, war les
Barres schon besetzt und es herrschte wieder Ruhe.

Der Anblick des vorliegenden Geländes von der kleinen
Höhe von Boulay aus war ein prächtiger. In den Strahlen
der Morgensonne erglänzte rechts und links der große Laubwald
mit seinen herbstlich so verschiedenartig gefärbten Blättern wie
ein bunter Teppich. Vor uns leuchteten die weißen Häuser von
Ormes, Ingré und den zahlreichen Weilern und Höfen, die den
dortigen Teil der ebenen Lichtung bedeckten gleich hellen Möven,
die auf grünen Wiesen der Ruhe pflegen und im Hintergrunde
erhoben sich als deutlich erkennbare Silhouetten die Türme der
Kathedrale von Orleans, das Ziel unserer Wünsche, gleichsam
als Preis für das siegreiche Niederwerfen des letzten, uns vor
der Stadt etwa noch entgegengestellten Widerstandes.

Die linke Kolonne, die 3te Brigade, hatte den kürzesten
Weg. An ihrer Spitze drangen 4te Chevaulegers und 1te Jäger
vor. Ein linkes Seitendetachement, 12er unter ihrem Oberst
Narciß, bekam den Auftrag, den großen Wald zu beobachten.
Bald aber gelangte man auch auf der Hauptstraße in den Wald
und dort waren die Jäger in ihrem Element. Bis an die
Lichtung von Cercottes kam man ohne Anstand. Plötzlich
taucht eine weiße Gestalt in den Büschen links vorwärts auf

und läuft, so schnell sie kann, nach dem genannten Dorfe. Schon liegen Jäger im Anschlage und wollen feuern.

„Runter mit der Büx. Werd't doch kan Bauern der=schieß'n woll'n?"

„S' woar aba ka Bauer, Herr Korporal. I hob a G'wehr g'seg'n. — Dort laft no oaner."

Wieder verhinderte der Unteroffizier seine Jäger zu feuern, denn daß die Leute keine roten Hosen anhatten, konnte man deutlich erkennen. Was sie aber glänzendes in der Hand trugen, war auf die immerhin noch 500 m. betragende Strecke nicht zu unterscheiden.

Vorsichtig drangen die Jäger weiter. Auch Hauptmann Gries und sein Leutnant Graf Reigersberg waren im Zweifel, wer die Fliehenden wohl gewesen sein könnten. Da auf einmal bemerkte man ein kleines helles Wölkchen vor dem äußersten Hause von Cercottes, wo die weiße Gestalt verschwunden war, ein scharfer Schlag wurde vernehmbar und einer der Jäger, die vorhin feuern wollten, wälzte sich im Straßengraben. Im Nu stand er aber wieder in der Höhe, sprang hinter einen Baum, lag im Anschlag und rief fast triumphierend seinem Unteroffizier zu: „Hob' i's nit g'sogt, s' is a Franzos. Hätt' i eam nur an's hing'leucht'. Beinah hätt' der Kerl mi derschoß'n. Wär' d'Kugl statt durch den g'rollten Mantel und af 'n Tornister=riemen an Zoll weiter rechts ganga, so hätt' mei'm Vatern san oanziger Bua ausg'schnappt g'habt für immer. Etzt will' i eam aba zeig'n wia a boarischer Jaga trifft."

Der Schuß krachte, der Zuave feuerte kein zweites Mal mehr.

Hier stießen wir nämlich zum ersten Male auf päpstliche, ganz in weiß gekleidete Zuaven. Es waren nur zurückgebliebene Patrouillen, während ihre Truppe unter dem Hauptmann le Gonidec weiter zurückgezogen und auf den rechten Flügel der Franzosen beordert worden war. Dort haben wir sie als brave, sehr ebenbürtige Gegner kennen gelernt.

Während nämlich die außer obiger Patrouille noch in Cercottes stehenden Moblots, wie unsere Leute allgemein die

Mobilegarden nannten, sich schleunigst nach Süden zurückzogen, mußten die Kompanie Zu Rhein der 1ten Jäger, sowie die Kolonne Narciß mit flottem Hurra drauf losgehen, um auch diese Zuaven zum Weichen zu bringen.

Bald wurde der Widerstand des Gegners im Walde heftiger und es entstand ein sehr lebhaftes Gefecht.

Sehen wir uns unterdessen nach den anderen Kolonnen um.

Die zweite war von Giby aus ohne Anstand durch den Wald gekommen, erhielt aber, sobald sie denselben verließ, aus dem Dorfe Saran und den umliegenden Höfen starkes Feuer. Da auch diese Kolonne sich wieder in zwei geteilt hatte, so konnte umfassend gegen die feindliche Stellung vorgegangen werden. Die Franzosen wehrten sich aber so hartnäckig, daß man erst durch die Mitwirkung der Artillerie auf Erfolg rechnen konnte. Die zu diesem Zwecke vorgehende Batterie Baumüller wurde von einer in einer Bodensenkung liegenden französischen Tirailleur= linie sehr belästigt.

„Denen müssen wir doch die Luft am Knallen verderben. Auf, 13er, Hurra, hurra!"

Den Franzosen klang der Schlachtruf des vom Sergeanten Kellermann geführten Zuges der 13er so unangenehm in den Ohren, daß sie schleunigst ausrissen, jedoch nicht schnell genug, daß nicht die flinken Bayern noch 8 derselben gefangen nehmen konnten. Teils das Artilleriefeuer, teils das schneidige Vorgehen der 10er unter Oberstleutnant Graf Joner, der 13er unter Oberst Graf Ysenburg und Major Freiherr von Gumppenberg und der 7ten Jäger, von welch' letzteren die 1te und 2te Kompanie ver= schiedene Gehöfte im Sturm nahmen, bewog die Franzosen die vorderen Weiler zu räumen. Allein um Saran selbst entspann sich auch ein langwieriger und für die Bayern ziemlich verlust= reicher Kampf.

Die erste Kolonne, die 22te Division, war nach dem kurzen Aufenthalt bei les Barres gegen Süden weiter vorgedrungen. Das Gelände zwischen Boulay und Ormes bildet eine vollständige rechts und links von Waldungen eingefaßte Ebene. Auf diesem natürlichen Exerzierplatz konnte sich die ganze Division glatt und ruhig, sozusagen friedensmäßig entwickeln. Sie that es auch, indem sie die 44te Brigade mit 5 ihr zugeteilten bayerischen Batterien rechts, die 45te und die bayerische Kürassier-Brigade links vorzog und die 13ten Husaren mit der Deckung der rechten Flanke beauftragte. Vom Feinde war weit und breit keine Spur mehr zu entdecken und so ging es denn munter gegen Orleans vor. Im stillen machte sich mancher schon alle möglichen Pläne, was er während des bevorstehenden Aufenthaltes in der großen schönen Stadt, deren Türme sich dort so hübsch vom Azur des Himmels abhoben, thun wolle, welche Einkäufe er zu machen habe u. s. w. Bald waren wohl alle kriegerischen Gedanken verschwunden und man ärgerte sich, daß man in geschlossenen Massen über den weichen Lehmboden der Beauce sich mühsam vorschieben mußte, statt auf der festen Chaussee einfach in Marschkolonne nach Orleans marschieren zu dürfen.

Tsch — tsch!

"Nanu? was ist denn da los?"

Tschsch, Krach! — Das war eine kräftige Antwort und ehe man zum zweiten Male fragen konnte, sausten neue Granaten daher und bald verkündete das Ächzen und Klagen der Verwundeten und Sterbenden, daß diesesmal die Franzosen gut gezielt und gut getroffen. Es läßt sich nicht leugnen, einen solchen Gruß hatte die 22te Division nicht erwartet; sie war durch das plötzliche heftige Geschützfeuer der Franzosen überrascht worden. Jetzt entdeckte man auch starke, hinter Verschanzungen liegende Infanterieabteilungen des Gegners und noch andere ebenfalls hinter Brustwehren stehende Batterien; die Sache wurde also ernst. So gut aber der Feind das Gefecht auch eingeleitet hatte, so konnte er doch rasch erkennen, daß von einem Verblüfftsein bei den Preußen keine Rede war. Im Gegenteil! Als ob sie durch das feindliche Feuer magnetisch angezogen würden, so eilten die 94er gegen les Masures und die 83er an die Gräben der Chaussee von Châteaudun—Orleans vor. Ebenso entwickelten sich bei der 43ten Brigade schnell die 32er, denen die 95er auf dem Fuße folgten. Fast noch schneller als die Infanterie war aber die Artillerie aufgefahren und bald schleuderten 4 preußische und 3 bayerische Batterien ihre Granaten gegen den Feind. Ziemlich lange dauerte der Kampf, bis die Franzosen etwa um 1 Uhr nachmittags anfingen, dem Druck gegen ihre rechte Flanke nachzugeben. Kaum erkannte man dies bei der preußischen Batterie von Gillern, so ließ deren Hauptmann das Feuer einstellen. Alles sah nach dem Chef. Der kommandierte:

„Zum Avancieren — protzt auf!" Es geschah im Nu. „Aufsitzen!"

Mit Blitzesschnelle kletterten die Bedienungskanoniere auf die Protzkästen.

„Batterie Galopp — Marsch!"

Das rasselte und klapperte trotz des weichen Bodens. Die Fahrer schonten weder Sporn noch Peitsche; jeder hatte sofort begriffen, daß es jetzt darauf ankam, so schnell und so nahe als möglich an den Feind heranzukommen, um ihm einerseits vor seinem Verschwinden noch einen tüchtigen Denkzettel zu geben, andrerseits aber den Entschluß derer, die noch nicht an den Rückzug dachten, zu beschleunigen. In der Nähe der Batterie von Gillern war die bayerische Batterie Redern gestanden. Die durfte doch nicht hinter den preußischen Kameraden zurückbleiben! Also hieß es auch bei ihr aufprotzen, aufsitzen und vorjagen, was aus den Pferden herausging. So sausten die beiden Batterien bis auf 800 Schritt an die feindlichen Verschanzungen heran, protzten sozusagen „unter der Nase" der Franzosen ab und machten den armen Rothosen das Leben hinter ihren Brustwehren so sauer als möglich. Nun stürmten die 83er unter Oberst Marschall von Bieberstein heran und drohten mit dem Bajonett zu vollen= den, was die Granaten begonnen. Als überdies auf das Signal „das Ganze avancieren" sich auch die 94er und dann die ge= samte 43te Brigade vorstürzten, räumten die Franzosen ihre so lange und tapfer verteidigte Stellung und zogen sich gegen Orleans zurück. Es gelang aber teils den 83ern, teils den den Franzosen den Weg abschneidenden 95ern an 800 Gefangene zu machen und verschiedene Geschütz=Protzen und Munitionswagen zu erobern. Bei dieser allgemeinen Vorwärtsbewegung wurde auch das Dorf Ormes erobert und besetzt.

Den anderen Kolonnen war es während dieser Zeit nicht so gut ergangen. Sie stießen auf äußerst zähen Widerstand und erlitten schwere Verluste.

Links der 22ten Division, aber durch Waldparzellen und Weinberge von derselben getrennt, mühte sich immer noch die 4te bayerische Brigade ab, Saran und die umliegenden Gehöfte zu stürmen. Den 10ern des Grafen Joner war es zwar gelungen, Sary, die westlich Saran liegenden Gehölze und einige Fermen zu nehmen, wobei sie über 200 Gefangene machen konnten, allein in der Front wollte es immer noch nicht vorwärts gehen und die 13er erlitten sehr herbe Verluste.

„Das müßte doch mit dem Henker zugehen, wenn wir den Hof nicht stürmen könnten! Auf, auf! Vorwärts, Laufschritt marsch, Hurra, hurra!"

Das war sein letzter Ruf, dann stürzte der tapfere Major Freiherr von Gumppenberg, von einem Schuß durch die Brust schwer verletzt, zusammen. Das französische Chassepotsfeuer wütete fort. „So wer' i' do mein' Major nit verschieß'n loß'n" rief der Tambour Krauß, sprang herbei und bildete durch rasch zusammen getragene Tornister von Gefallenen einen Wall um seinen verwundeten Bataillonskommandeur. Er hatte seinen Major eben lieb und da mußte er doch für ihn sorgen.

Der leicht verwundete Hauptmann Haag übernahm das Kommando und jetzt gelang es den 13ern, die so lange vergeblich bestürmte Stellung zu nehmen.

Ein Hof nach dem anderen fiel nun in die Hand der 4ten Brigade und bald konnte sie sich gegen die Westseite von les Aides wenden, dessen Besatzung sich ¦im Kampfe gegen die 3te Brigade befand.

Diese hatte den hartnäckigsten Widerstand gefunden, der freilich noch durch die Gestaltung des Geländes unterstützt wurde. Außerdem standen auch hier auf dem rechten Flügel der Franzosen ihre besten Truppen, unter denen wir am meisten die zwar wenig zahlreichen, aber um so disziplinierteren tapferen päpstlichen Zuaven achten lernten.

Während daher die 4te Brigade schon ziemliche Fortschritte gemacht hatte, mußte sich die 3te in den Weinbergen zwischen der Pariser Hauptstraße und der Eisenbahn, sowie östlich derselben ab und erlitt ununterbrochen recht empfindliche Verluste. Die 4 Kompanien der 1ten Jäger, welche immer noch die Spitze bildeten, setzten sich schließlich an besonders wichtigen Punkten fest und hielten dort wiederholt Stand, auch wenn die anderen Truppen vor der vorstoßenden französischen Übermacht vorübergehend weichen mußten. So säuberte die Kompanie des Hauptmanns Baron Zu Rhein das ganze Gelände links der Bahn, als rechts derselben gerade die 3er einen Vorstoß machten. In einem Graben sammelte der Hauptmann seine Jäger und ließ von hier aus ein wohlgezieltes Feuer auf den Gegner eröffnen. Ihm hatte sich auch das von Orleans entsendete Jägerstreifkorps angeschlossen.

„Herr Hauptmann, das 3te Regiment geht rechts von uns vor!"

„Thut nichts. Wir bleiben hier, denn unser linker Flügel hängt zu sehr in der Luft. — Auf die Gegner dort links vorwärts in den Weinbergen langsames Schützenfeuer." — Einige Zeit verging. Da erklang es wieder neben dem Hauptmann.

„Jenseits der Bahn stürmt Alles vor!"

„Lassen Sie stürmen. Wir müssen hier verhüten, daß der feindliche rechte Flügel uns umfaßt."

Kopfschüttelnd trollte sich der junge Leutnant zu seinem Zuge und begriff gar nicht, warum sein Hauptmann, sonst immer der erste, jetzt so zähe an dem Graben und dem Bahndurchlaß hielt. Er war eben ein junger Brausekopf und sein Chef zwar einer der schneidigsten Jägeroffiziere, aber doch ein so vorzüglich geschulter Soldat, daß ihm nicht der Kampfesmut den klaren Überblick trübte und die ruhige Besonnenheit raubte.

Verließ er aber mit seinen Jägern die gute Stellung, die die Kompanie in diesem Augenblicke einnahm, so mußte das feindliche Flankenfeuer den Vorstoß der 3er und der ihnen folgenden 12er zum Stehen bringen. Das sahen er und jeder ältere erfahrene Soldat ein. Da heißt es eben auf glänzende Erfolge verzichten nnd ruhig seine Pflicht thun, aus Treue für den König, im Interesse des großen Ganzen und aus Kameradschaft für die Kampfgenossen. Hauptmann Freiherr von Zu Rhein besann sich keine Sekunde. Mochte mit den anderen das Glück sein und ihnen Gefangene und selbst Geschütze in die Hand spielen, er that seine Pflicht, blieb und kein Mann des weit überragenden französischen Flügels wagte es, gegen das Feuer der hier liegenden Jägerkompanie vorzudringen und den 3ern und 12ern in die Flanke zu fallen. Letztere erreichten aber noch nicht ihr Ziel; der Feind hatte die Häuser von Bel Air und les Aides zu stark besetzt und stand auch in den Weinbergen mit zu übermächtigen Massen. Die heftigen Verluste bewirkten sogar ein Stocken der stürmenden Bayern und als der rechte Flügel der Franzosen nun doch vorzudringen versuchte, war es nur mit größter Mühe möglich, die einmal erreichte Stellung zu behaupten.

Nun ließ Oberst Roth, der Führer der 3ten Brigade, seine letzten Bataillone in die Gefechtslinie einrücken. Von neuem ging es wieder vor und, da zugleich die 13er von Westen her les Aides berannten, gelang es jetzt, allmählich das Dorf zu nehmen. Der Gegner verteidigte sich aber mit einer Zähigkeit, die unser Staunen erweckte.

„Wird denn aus jenem brennenden Hause immer noch geschossen?"

„Jawohl, Herr Hauptmann, der obere Stock ist noch besetzt."

„Herr Leutnant Pullich stürmen Sie mit ihrem Zuge das Gebäude. Dann auf die andere Seite feuern; ich werde gegen die Querstraße links vordringen."

„Zu Befehl Herr Hauptmann!"

Der Leutnant rief seine Jäger auf und stürmte vor. Allein ein Geschoßhagel empfing die Kühnen. Zu Tode getroffen brach der tapfere Offizier zusammen; viele seiner Leute stürzten; die anderen gaben den Versuch auf und suchten sich zu decken.

Da stellte sich Hauptmann von Bressensdorf selbst an die Spitze. Jetzt gelang der Sturm, das Haus wurde erobert; aber erst dann hörte jeder Widerstand in demselben auf, als der letzte der Verteidiger, von denen sich keiner ergeben wollte, niedergemacht war. Nun konnten hier Jäger und 3er weiter vordringen, während es den 12ern gelang, den äußeren Bahnhof von Orleans bei les Aubrays und die Gasfabrik vorwärts desselben nach mehreren vergeblichen Versuchen zu erobern und zu behaupten. Auch hier ermöglichte das zähe Aushalten von 1ten Jägern unter Führung des Oberleutnants Freiherrn von Waldenfels das Wiedersammeln der beim ersten Sturm auf die Gasfabrik durch die feindliche Übermacht abgewiesenen 12er und das neue Vorbereiten des schließlich zum Ziele führenden Sturmes.

Nach und nach, wenn auch nur unter schweren Verlusten und mit großer Mühe, konnten die nun Seite an Seite kämpfenden beiden Brigaden der 2ten Division gegen die Orleans in einem großen Bogen umziehende Eisenbahn Fortschritte machen und nach stundenlangem Ringen bei Einbruch der Dämmerung an den Bahndamm gelangen. Es war ein harter Weg, leider bezeichnet durch nur zu viele der hellblauen Bayern, die so gerne Orleans erreicht hätten, nun aber nichts fanden, als ein kleines Grab an der Loire. Aber eines erlangten sie doch. Wir vergessen sie nie unsere braven Kameraden von Orleans.

Unterdessen drang die 22te Division auf der Straße von Châteaudun gegen die Stadt vor. Der bei Ormes gewichene Feind war verschwunden. Dagegen begrüßte die anrückenden Preußen ein lebhaftes Feuer aus Ingré. Schnell genug verjagten aber die 95er alles, was rote Hosen trug und besetzten das Dorf. Trotzdem fielen aus einem Hause noch Schüsse. Mit den Kolben die Thüre einstoßen und in die Zimmer stür=

zen, war für die nächsten Leute der 1ten Kompanie das Werk weniger Sekunden. Da fanden sie neben einem noch rauchenden Gewehr einen schon dem Greisenalter nahen Mann und ein Weib, beide von Pulver geschwärzt. Letzteres warf sich wütend auf die Musketiere, schlug, kratzte, biß und konnte nur mit Mühe aus dem Hause gebracht und gebunden werden. Unaufhörlich schimpfte die Rasende nun auf die Soldaten und schließlich auch auf ihren Mann, weil er sich ruhig in sein Schicksal ergeben. Zuletzt bedachte sie denselben noch mit Fußtritten und Stößen und spuckte ihm in das Gesicht.

Das waren Folgen der Aufhetzereien Gambetta's, die natürlich für die armen Verleiteten sehr unangenehm ausgingen, denn wer sich am Kampfe der Heere beteiligte, ohne zu einem derselben zu gehören, verfiel unausbleiblich dem Tode durch Erschießen.

Durch das ziemlich selbständige Gefecht der 22ten Division war diese etwas von den anderen Kolonnen abgekommen und dadurch eine Lücke in der deutschen Gefechtslinie entstanden. Zu deren Ausfüllung zog General von der Tann seine 1te Brigade heran, die nun, etwa gegen 5 Uhr, zum Eingreifen bereit stand. Jetzt ordnete der General einen allgemeinen Vorstoß an, um sich noch vor Einbruch der Dunkelheit in Besitz der Stadt zu setzen.

Das Eintreffen der neuen Brigade machte sich auf dem ganzen Schlachtfelde günstig bemerkbar. Der soeben mißglückte Versuch der 13er gegen den Bahndamm hatte, jetzt zum zweitenmale unternommen, Erfolg; ebenso gelangten die 95er bis an den Damm und die 32er konnten denselben sogar auf einem, von dem Generalstabschef des Korps von der Tann, Oberstleutnant Heinleth, bezeichneten Weg überschreiten.

Noch aber war Orleans selbst nicht genommen, während die Dunkelheit immer mehr um sich griff und Freund und Feind kaum mehr zu unterscheiden erlaubte.

Das bayerische Infanterie-Leib-Regiment und 2 Bataillone des 1ten Regiments standen noch in Reserve hinter den vorne kämpfenden 2ten Jägern, als sich die Gerüchte verbreiteten, Orleans werde übergeben und morgen, wenn die Stadt ganz geräumt sei, sollten die Truppen hineinmarschieren.

„Ja warum geh' m'r denn net heit no' nei'; sa' m'r scho' da, schmeiß' m'r's vollend's naus, die Rothof'n, die ver......".

So äußerte sich ein Mann der 3ten Kompanie und so war auch die allgemeine Ansicht. Diejenigen, welche so gedacht hatten, kannten unseren Tann doch nicht genau. Wer ihm näher stand, wußte, daß dieser Mann nichts halb that. Etwas vor 6 Uhr kam Oberstleutnant Heinleth daher gesprengt.

„Das 1te Regiment zum letzten Sturm auf die Stadt selbst vor!" Das zündete. Ein allgemeines Hurra beantwortete den Befehl.

„Musik spielen!" — Unter den Klängen eines flotten Marsches traten die 1er, beneidet von den übrigen Kameraden, zu ihrem stolzen Gang an. Da man im Gelände nichts mehr unterscheiden konnte, so drängte sich die ganze Kolonne auf der großen Pariser Chaussee vor. An der Straße von Ingré standen die 32er und 95er. Diese begrüßten die Bataillone des Regimentes „König" so kameradschaftlich, so herzlich, daß unsere Altbayern schon jetzt die innigste Zuneigung für ihre thüringischen Kampfgenossen von der 22ten Division faßten.

„Hurra die Bayern!" klang es aus den preußischen Kompanien heraus. „Bravo Bayern! Nu geht's erst recht los. Jetzt aber drauf! u. s. w." Dazwischen schallte die bayerische Musik durch die Nacht und mit den gehobensten Gefühlen drangen die braven Münchner vorwärts.

Der Bahndamm war hier vom Feinde geräumt; unaufhaltsam gelangte die ganze Masse durch die Vorstadt St. Jean. Alle Häuser, alle Fenster waren geschlossen; kein Stern von dem wieder umwölkten Himmel, keine Laterne, kein helles Fenster erleuchtete den Weg; rastlos schiebt trotzdem die bayerische Kolonne in der verlassenen Straße vor.

Nun kam man an das verschlossene Gitterthor der Zollwache; der Marsch stockt. Vergeblich bemühen sich Leute, das Thor zu sprengen; da plötzlich kracht eine Salve den Bayern entgegen; Handgranaten fallen in ihre Reihen und ein lebhaftes Feuer des unsichtbaren Feindes wirft zahlreiche Leute nieder, selbst der Bataillonskommandeur Major von Lüneschloß wurde verwundet.

Der Moment war sehr kitzlich; die vordersten Leute stürzten in eine Seitengasse; es entstand einige Augenblicke eine Unruhe in der Kolonne. Da drängten sich aber alle Offiziere an die Spitze vor, einen Teil der rückwärtigen Mannschaften mit sich reißend; ein Seitenthor wird schnell eingeschlagen, nun gelingt es auch das Hauptthor zu sprengen, hinein in die Stadt fluthen die schnell wieder gefaßten 1er, voran Hauptmann Dietl, Leutnant Freiherr von Laßberg, Leutnant von Walter, Landwehrleutnant Beer und andere; unaufhaltsam jagt es hinter dem nun schleunigst entfliehenden Feinde her. Die taktischen Verbände hatten aufgehört. Durcheinander stürmten Mannschaften der 8ten, 4ten, 7ten Kompanie u. s. f. den tapferen, im Laufschritt voraneilenden Offizieren nach und trotz seiner Verwundung folgte sogar Major von Lüneschloß und eiferte im Verein mit Oberstleutnant Heinleth die Leute an. „Hurra! Orleans!" war hier der Schlachtruf und, wer von den Franzosen ihn hörte, riß aus; er wußte, sonst war er verloren. Die Nacht wurde immer dunkler; nur hie und da blitzte noch ein feindlicher Schuß auf. Jetzt kamen die Bayern auf die Boulevards, wo sie sich ordnen konnten. Nach wenigen Minuten eilten sie aber weiter — an der Spitze die 8te Kompanie — in die innere Stadt. Vorsichtiger Weise ließ man jetzt die Mitte der Straße frei, während auf der einen Seite Hauptmann Dietl und Leutnant Beer, auf der anderen die Leutnants von Laßberg und von Walter ihre Leute führten und auf das Centrum der Stadt, nach der Mairie zustrebten. Wo sie war, wußte niemand Da ließ sich ein Bürger sehen.

„Monsieur! faitez le guide à la mairie ou vous serez fusillé."

Solche Sprache verstand der Mann. Stumm aber eilig drang nun alles weiter; der zwischen 2 handfesten Altbayern marschierende Orleanese mußte den Weg zeigen.

„Vorsicht! Feinde!" Es war eine Täuschung. Ein Priester mit Leichenträgern brachte einen Toten. Die armen Kerls erschraken beim Anblick der Bayern so sehr, daß sie beinahe den Gestorbenen fallen ließen.

Nun kamen die braven 1er auf einen großen Platz. In diesem Moment brach auch der Mond durch die Wolken.

In der Mitte stand b. h. ritt die stolze Jungfrau von Orleans auf ehernem Rosse, dort zeichnete sich die hübsche Mairie vom nächtlichen Himmel ab, große Häuser mit schönen Ornamenten wurden erkennbar, es war ein eigenartig prächtiges Bild. Die bayerischen Offiziere versäumten aber darob nicht, vor allem Sicherheitsmaßregeln zu ergreifen. Es war auch sehr nötig. Eine Abteilung wendete sich nach einer Straße und sah dort eine Truppe, die sie für eine preußische hielt. Plötzlich krachte es und 2 der Bayern stürzten getroffen nieder. Es war am Eingang der Rue Bannier. 5 Minuten später schoß keiner der Franzosen mehr. Bajonet, Säbel und Kolben hatten ihnen die Lust dazu genommen.

Hierauf stellten die 1er an alle Straßen Wachen und konnten sich nun in verhältnißmäßiger Sicherheit dem stolzen Gefühl, die ersten auf dem Hauptplatze von Orleans, auf der Place Martroy, gewesen zu sein, hingeben. Zu thun gab es aber noch genug. Verwundete und Tote mußten weggeschafft werden, die Mairie wurde von der 8ten Kompanie besetzt, immer noch fielen flüchtige Franzosen den Patrouillen in die Hände, das Sammeln von Waffen begann u. s. f. Nun rückten auch weitere bayerische und preußische Truppen auf den Platz, die sich mit gegenseitigen Hurra's begrüßten, die Musiken spielten die Wacht am Rhein und hie und da zeigten sich jetzt auch Lichter an den Fenstern und verschiedene Einwohner wagten es, schüchterne Blicke auf das ihnen fremdartig genug erscheinende Schauspiel zu werfen. Dann wurde der Maire ge=

holt, der das Anzünden der Gaslaternen befehlen mußte, und das 1. bayerische Regiment übernahm nun auch die Bewachung der Stadt, die es zuerst betreten. Man that sich dabei leicht, denn man brauchte nur die beiden Loirebrücken zu sperren, um vor unliebsamen Überraschungen sicher zu sein. In der Stadt selbst prellten zwar noch oft genug unsere Patrouillen auf Trupps flüchtiger Franzosen; auch Excellenz von der Tann wäre auf der steinernen Brücke beinahe noch in feindliche Hände geraten, allein jeder ernste Widerstand hatte aufgehört, die geschlagenen Franzosen flohen nach Süden, Südosten und Südwesten und Orleans war von der Heeresabteilung des Generals von der Tann erobert.

Der Erfolg des heutigen Kampfes erwies sich als ein sehr großer. Außer der reichen, äußerst wichtigen Stadt fielen uns über 1800 Gefangene, 5000 Gewehre, 10 Lokomotiven und gegen 60 Eisenbahnwagen in die Hände. Allein wir hatten auch unseren Sieg teuer genug bezahlt, indem die Bayern 40 Offiziere und 637 Mann, die Preußen 17 Offiziere und 308 Mann verloren hatten. Die meisten Opfer, nämlich 22 Offiziere und 359 Mann, mußte die 3te bayerische Brigade in dem schweren Gefecht in den Weinbergen und um den Bahnhof bei les Aubrays bringen.

Der Sieg war aber errungen und das war die Hauptsache und niemand freute sich mehr, als wir Bayern, denn geführt hatte uns ja unser von der Tann.

III.

In Orleans. Erstürmung von Châteaudun. Chartres.

Wir saßen nun warm und vergnügt in Orleans. Und die Franzosen? Die waren noch in der Nacht zum 12. Oktober soweit zurückmarschiert, als es die verschiedenen Teile ihrer vollständig zersprengten Armee eben leisten konnten. Den Zustand, in dem sie sich befanden, bezeichnet der General d'Aurelle de Paladines, welcher an Stelle des durch Gambetta sofort abgesetzten Generals de la Motterouge nunmehr das Oberkommando erhielt, sehr treffend durch das Wort „débandées". Er hat sie ja gesehen, also muß er wissen, wie sie sich ausnahmen, da er sich für berechtigt hielt, öffentlich so scharf über seine Landsleute zu urteilen. Trotzdem standen die Verhältnisse der Franzosen hier im Süden von Paris noch gar nicht so schlecht, als es den Anschein hatte. Die außerordentliche Energie Gambetta's machte sich jetzt in Beziehung auf die Neubelebung des Krieges günstig bemerkbar. Daß freilich gerade dadurch dieser ehrgeizige, fast könnte man sagen, fanatische, aber auch von glühendem Nationalgefühl durch= drungene Diktator unsägliches Elend über sein Vaterland brachte, den Friedensschluß Monate hinausschob und Frankreich zu im= mer größeren Opfern zwang, zeigte erst der Verlauf der Bege= benheiten. Am 14. Oktober erließ er wieder eine Proklamation, durch welche die örtliche Verteidigung in den Departements or= ganisiert wurde. Er forderte auf, überall die Hohlwege zu sper= ren, Wasserläufe und Waldungen zum Widerstand durch Partei= gänger zu benützen, alle Vorräte, die dem Feinde nützen könn= ten, aus dessen Bereiche zu entfernen, um eine Öde um ihn her zu schaffen und ihn außer stand zu setzen, seine Verpflegung aus dem Lande zu entnehmen ꝛc. ꝛc. Überall wurden militä= rische Ausschüsse gebildet, welche für die Sperrung der Wege und Errichtung von Feldschanzen zu sorgen, die Nationalgarde zusammenzuziehen, Menschen und Sachen zu requirieren, im Notfall Vorräte zu vernichten und so die beabsichtigte Ver= ödung um die deutschen Truppen auszuführen hatten. Von diesen Verhältnissen erhielten wir natürlich durch die in allen Orten verbreiteten Proklamationen ebenso Kenntnis wie die Einwohner selbst und daraus konnte man entnehmen, auf welch' stets wachsende Schwierigkeiten die deutschen Truppen bei einem etwaigen weiteren Vormarsche stoßen würden. Dem General von der Tann war ein solcher von Versailles aus anempfohlen, allein ihm die Freiheit des Handelns belassen worden, da ja er allein im stande war, die Verhältnisse in dieser Gegend richtig zu beurteilen. Er entschloß sich in Orleans zu bleiben. Daß einem Manne, wie dieser kühne, schon als Freikorpsführer in Schleswig-Holstein zu jedem waghalsigen Unternehmen sofort bereite General es war, ein solcher Entschluß sehr schwer fiel, wußte jeder, der ihn kannte. Allein außer den oben geschilderten Zuständen zwangen ihn noch ernstere Bedenken, von einem flotten „Weiter und Drauf" abzustehen. Orleans mußte unter allen Verhältnissen besetzt bleiben, gegen Tours sollte, so lautete der Wunsch aus Versailles, demonstriert werden; im Westen wurden feindliche Truppen gemeldet; die im Süden zu erreichenden nächsten Ziele, Vierzon und Bourges, lagen 5 Tagemärsche entfernt; dort sollten sich neue französische Massen, die man schlagen mußte, angesammelt haben; jedenfalls waren Tausende von den dortigen Fabrikarbeitern außer den Einwohnern bewaffnet worden und vor uns lag das mit Sümpfen und Waldungen bedeckte Gelände der Sologne, wo wir unsere überlegene Kavallerie fast gar nicht und unsere ebenfalls sehr starke Artillerie auch nur wenig verwenden konnten. Für Überwindung all' dieser Schwierigkeiten standen, wenn man die in Orleans zurückzulassende Besatzung abzog, höchstens 15,000 Mann Infanterie zur Verfügung. Diese reichten zu einem nur einigermaßen wahrscheinlichen Erfolg nicht hin und durch eine etwaige Niederlage wäre für die ganze Kriegführung ein außerordentlicher Nachteil entstanden. Deshalb entschloß sich jetzt General von der Tann zum Abwarten und Zusehen. Als dann später der Befehl eintraf, das I. bayerische Korps habe in Orleans zu verbleiben und die Stadt nur gegen einen an Zahl weit überlegenen Gegner zu räumen, da rief von der Tann freudig aus: „Jetzt schlage ich mich um jeden Preis und wenn mich hunderttausend Franzosen von allen Seiten angreifen". Wie richtig er damit die Zahl der uns später gegenüber stehenden Feinde erraten hatte, ahnte damals freilich noch niemand. Das sollte erst die Zeit lehren.

Vorläufig verblieben wir also in der Stadt. Das klingt

recht nett und jeder von uns gab sich schon den freudigsten Hoffnungen hin. Einige wurden freilich erfüllt, denn jeder Offizier fand doch wenigstens einmal Gelegenheit im Hotel Boule b'or, d'Orleans oder du Loiret ausgezeichnet, ganz friedensmäßig zu Mittag zu speisen, in der Stadt ein Bad zu nehmen, hie und da einer hübschen Französin auf den Boulevards zu begegnen, kurz auf Stunden den Feldsoldaten zu verleugnen und in dem hübschen Orleans Vergnügen und Zerstreuung je nach seiner Liebhaberei zu finden. Im allgemeinen aber war das Wort Ruhe für uns nur theoretisch vorhanden.

Zunächst mußte in der Stadt Ordnung geschaffen werden. Dieselbe sah nämlich am Morgen des 12. Oktober ziemlich wüst aus. Überall biwakierten die Truppen; in den Straßen drängten sich einziehende Kolonnen, abmarschierende Gefangenentransporte, u. s. w. u. s. w. Allmählich erschienen nun auch die Herrn Orleanesen auf der Straße und selbst Damen der besseren Kreise ließen sich blicken, um sich die „Prussiens" zu betrachten. Sehr schön haben wir freilich nicht ausgesehen, nämlich in Beziehung auf die Uniformen; die waren durch den Regen der letzten Tage, den Marsch über die Lehmfelder der Beauce und die Biwaks bei Artenay und in und um Orleans nicht besser geworden und zeigten zahlreich genug Flecken in allen Farben. Aber etwas verschönerte uns struppige, schmutzige Bursche doch. Aus aller Mienen sprach nämlich das stolze Bewußtsein der Sieger und das machte die Augen so leuchtend, daß doch manches Mädchen anders über uns denken lernte, wenn die Blicke sich trafen und die schöne Feindin in dem rauhen Krieger einen Mann erkannte, dessen fesselnder Gesichtsausdruck die befleckte Uniform vergessen ließ.

In der Rue de Bourgogne standen einige bayerische Jägeroffiziere beisammen und plauderten miteinander. Ein junges Paar, sie ängstlich an ihren Begleiter sich hängend, ging vorbei.

„Comme ils sont sales, ces prussiens!" äußerte sie deutlich genug verständlich zu dem Herrn. Da trat einer der Jäger vor sie hin, so daß beide Spaziergänger stehen bleiben mußten und erwiderte: „Madame, je prefère d'être sale et victorieux de propre et battu."

„Par dieu! vous avez raison!" war die Antwort des Franzosen. Als nun der Offizier artig grüßte und den Weg frei gab, stieg der jungen, hübschen Dame alles Blut in den Kopf; sie warf einen haßerfüllten Blick auf den kecken Leutnant und drängte ihren Begleiter rasch fort. Gemerkt hat sie sich aber gewiß diese Lektion.

Überhaupt betrachteten uns die Orleanesen anfangs durch= aus nicht mit freundlichen Blicken. Später als sie uns als „bons garçons" erkannt hatten, änderte sich dies zum besseren, obwohl sie uns schon damals den Namen „diables bleux" auf= brachten. Äußerte doch einer der ersten Bürger der Stadt, Monsieur L. 20 Quai Cypière, gegen den Schreiber dieser Zei= len, er habe es nie für möglich gehalten, daß die in der Schlacht so furchtbaren Bayern sich nach dem Kampfe so ruhig und an= ständig betragen könnten, wie er es hier in Orleans sah. Das Gleiche galt von den Thüringern und Hessen der 22. Division.

Zum Kommandanten der Stadt bestimmte General von der Tann den Kommandeur der 13ten Husaren, Oberstleutnant von Heuduck, der die gleiche Stelle schon in Sedan innegehabt hatte. Dieser, ein Mann von hervorragender Liebenswürdigkeit, Energie und Schneidigkeit, eignete sich vorzüglich für den an= vertrauten Posten und Dank seiner Thatkraft ließen sich die nun notwendigen Maßregeln, wie Waffenablieferung, Requisitionen, Straßenherstellung, Eröffnung der Verkaufsläden, Einrichtung von Feldspitälern 2c. 2c. ruhig und ohne Widersetzlichkeiten sei= tens der Einwohner durchführen.

Während auf diese Art die inneren Angelegenheiten der Stadt durch den Oberstleutnant von Heuduck besorgt wurden, war es die nächste Bemühung des Generals von der Tann, dem jetzt auch die 2te Kavalleriedivision direkt unterstellt wor= den war, wieder Fühlung mit dem Feinde zu gewinnen. Lange dauerte das Suchen nicht, denn bald trafen Chevaulegers und Stolbergische Reiter in der Linie St. Laurent des Eaux, Ligny, la Ferté St. Aubin, Vannes, und jene des Prinzen Albrecht auf dem rechten Loireufer in der Richtung von Châteaudun auf den Feind. Betrachten wir zuerst die Ereignisse in letzterer Gegend.

Die bei Orleans geschlagene Armee war jenseits der Loire zurückgewichen. Dagegen sammelten sich auf dem rechten Ufer der Loire, insbesondere im Thale des Loir, eines Nebenflusses der Loire, täglich stärker werdende Banden von Franktireurs, bewaffneten Nationalgarden, durch die Proklamationen Gambetta's aufgeregten Bauern und dazu verschiedenes Gesindel, das bei dem nun bevorstehenden Volkskriege wohl auch andere als rein patriotische Absichten hegte. Eine gewisse Aufmunterung erhielten diese Freikorps durch die Anwesenheit von Linien- und Mobilgardentruppen, die unter General Tripart bei Vendôme, Cloyes und Châteaudun standen. Den Kern aller Franktireurs bildete die Abteilung des polnischen Grafen Lipowski. Derselbe war ein Abenteurer, aber ein energischer, tapferer Mann. Durch ein gewisses theatralisches Auftreten, seine interessante Persönlichkeit und sein schneidiges Verfahren wußte er sich selbst unter den gar nicht militärisch ausgebildeten Freischärlern Achtung zu verschaffen und eine gewisse Disziplin, wenigstens für das Verhalten im Gefecht, zu erreichen. Seine beste Truppe waren die Franktireurs de Paris b. h. ein Bataillon von etwa 650 freiwilligen, meist reichen Parisern, die sich selbst ausgerüstet, gleichmäßig mit Henry-Winchester-Gewehren und Revolvern bewaffnet und alle ganz grau uniformiert hatten. Dann befehligte er noch die Franktireurs de Nantes, de Cannes, de Vendôme und des Loir et Cher. Mit diesem Korps hatte er schon, herbeigerufen und unterstützt durch die Einwohner, den Überfall von Ablis in Szene gesetzt und täglich stießen nun die deutschen Reiter auf seine Leute oder auf bewaffnete Bauern, die von den Lipowski'schen Franktireurs angereizt oder durch die Nähe derselben zu bewaffnetem Widerstande ermutigt worden waren.

Besonders in der Gegend von Châteaudun und im Walde von Marchenoir zeigten die bewaffneten Bauern gegen die Pa-

trouillen der 4ten Kavallerie-Division und der bayerischen Che=
vaulegers- und Küraffier-Regimenter ein so dreistes Benehmen,
daß der Dienst unserer Reiter täglich schwieriger wurde.

Auch aus der Gegend von Beaugency, welche ein gemisch=
tes Detachement unter Major von Griesheim (13te Husaren
und 3 Kompanien 94er) beobachtete, kamen Meldungen über
die Herstellung der zerstörten Bahn durch die Franzosen. Dort
konnte man sich durch neue, gründliche Zerstörung der Bahn
und Sprengung der Loirebrücke einigermaßen Ruhe verschaffen.
Im Nordwesten von Orleans waren aber ernstere Maßregeln
nötig, um die fortwährenden Belästigungen abzustellen.

Auf die diesbezüglichen Meldungen traf aus Versailles
am 15. Oktober der Befehl ein, die 22te Division habe die
Gegend von Châteaudun und besonders Chartres vom Feinde
zu säubern, Ortschaften, in denen sich Civilpersonen am Kampfe
beteiligt hatten, auf das allerstrengste durch Kontributionen,
eventuell Niederbrennen zu strafen, Waffen ꝛc. abzunehmen und
überall der Einwohnerschaft bekannt zu geben, daß ihre Betei=
ligung am Kampfe oder Verrat stets mit dem Tode bestraft
würden u. s. w. Die 4te Kavallerie-Division sollte der 22ten
Division folgen. Dieselbe stellte die Brigade Hontheim dem
Kommandeur der 22ten Division, Generalleutnant von Wittich,
direkt zur Verfügung und General von der Tann teilte ihm
noch die bayerische Batterie Ollivier zu. Während nun diese
deutsche Truppenmacht sich gegen Châteaudun in Marsch setzte,
spielten sich dort echt französische Vorfälle ab. Der Oberstleutnant
Graf Lipowski hatte die Stadt mit seinen Franktireurs besetzt.
Da schallte am 11. Oktober der Schreckensruf durch dieselbe,
30,000 Deutsche marschieren an. Nun rannte eine Deputation
der Gemeindebehörden zu Lipowski und bestürmte ihn, Châ=
teaudun zu räumen. In tiefstem Groll wegen der Feigheit der
Bewohner zog der Pole mit seinen Franktireurs nach Courtalin.
Der Anmarsch der Deutschen erwies sich als Irrtum. Jetzt
schwoll einigen Hauptschreiern der Kamm. Unter dem Abbrüllen
der „Marseillaise" zogen sie vor die Mairie und verlangten

schreiend und tobend ihre dort abgelieferten Waffen zurück. Bald trug jeder Bürger wieder seine Flinte und fühlte sich stolz als zukünftiger Verteidiger und Rächer des Vaterlandes. Abgesandte verließen nach allen Seiten die Stadt. Die einen mußten „den edlen Polen und seine Heldenschar" zurückholen, die andern das Landvolk zu den Waffen rufen und in die Stadt bringen. Da ging es hie und da etwas gewaltthätig zu.

„Messieurs, ich bin ein Mann von 52 Jahren und habe eine Frau und 5 Kinder, die ich nur kümmerlich ernähren kann. Wenn ich falle, verhungern sie. Überdies habe ich nie eine Waffe in der Hand gehabt!"

„Schadet nicht. Ihr seid kräftig genug. Ehe Ihr Frau und Kinder besaßet, hattet Ihr ein Vaterland, das Euch jetzt braucht! Morgen früh 7 Uhr stellt Ihr Euch auf dem Platze vor der Mairie von Chateaudun und bedenkt, daß das Kriegsgesetz jeden Feigling, der nicht auf seinem Posten erscheint, mit dem Tode bestraft."

„Ich bin aber gar kein Soldat. Mich geht das Kriegsgesetz nichts an."

„Jetzt ist jeder Soldat, der Waffen tragen kann. Das befehlen nicht nur die Ehre, sondern auch der Erlaß des Kriegsministers, Monsieur Gambetta. Richtet Euch darnach!"

Was blieb dem armen Bauern von St. Claude übrig, als die alte, ihm ausgehändigte Flinte zu nehmen und nach Chateaudun zu ziehen? So wurde es bei Hunderten gemacht und daher kam es, daß am 18. Oktober, als die preußischen Spitzen vor der Stadt erschienen, dieselbe von etwa 3000 Mann, teils Franktireurs des Oberstleutnants Grafen Lipowski, teils Nationalgarden, teils einfach bewaffneten Bauern besetzt war.

Der polnische Führer kehrte nämlich sofort mit seinen Scharen zurück und hielt unter stürmischem Beifall der Bevölkerung seinen Einzug in Chateaudun.

„Nur dann übernehme ich das mir angebotene Oberkommando, wenn von Übergabe nie mehr die Rede ist."

Alles rief nach diesen Worten Lipowski's „Bravo, bravo! Ein Feigling, der von Übergabe sprechen will!"

Zum größten Kummer des Franktireurs-Oberstleutnants gab General Tripart, der seine Kräfte bei Vendôme zusammengezogen, keine Geschütze ab. Er fürchtete sich vor dem jetzt bei Meung stehenden Detachement von Griesheim.

Nun nahm der Pole die Anordnungen zur wirksamen Verteidigung Châteaudun's sehr energisch und mit großer Umsicht und Sachkenntnis in die Hand.

Die Stadt mit ihren 7000 Einwohnern hatte hiefür eine sehr günstige Lage und geeignete Bauart. Sie dehnt sich auf einer meist die Umgegend beherrschenden Höhe aus und ist von mittelalterlichen Befestigungen, langen, hohen Gartenmauern und dichten Hecken umschlossen.

Lipowski teilte sie in mehrere Abschnitte, ließ nach einem sehr gut entworfenen fortifikatorischen Plane starke und zweckmäßige Barrikaden anlegen, Schießscharten in die Mauern schlagen, im Parke der „dames blanches", der überdies von einer krenelierten Mauer umgeben war, eine Redoute erbauen, die Kaserne und das Dunois'sche Schloß zur Verteidigung einrichten und that alles, um den Widerstand bis auf das äußerste durchführen zu können.

Wohl manchem der biederen Spießbürger Châteaudun's mochte das Herz in der Brust erzittern, wenn er diese Vorbereitungen erblickte, verschiedene ahnten wohl den Untergang ihres väterlichen Hauses, ihres eigenen Herdes, nicht wenige sahen einen schrecklichen Tod vor Augen, allein sie konnten das Verhängnis nicht abwehren, sie mußten sogar mitschreien und toben, um nicht in den Verdacht der Feigheit oder der Verräterei zu kommen und von den eigenen fanatisierten Landsleuten erschossen zu werden.

Ernst und entschlossen sah aber die Mehrzahl der Franktireurs des Grafen Lipowski dem bevorstehenden Kampfe entgegen. Frankreich hat kein anderes Freikorps von gleicher Tapferkeit gegen uns in das Feld gestellt und das Verhalten desselben bei Châteaudun und später bei Varize durfte in Beziehung auf das persönliche, schneidige Benehmen der Offiziere und ihrer Leute im Gefecht sich manche französische Linientruppe der Loirearmee zum Muster nehmen. Der Wahrheit die Ehre!

Eine so geteilte Stimmung herrschte bei der Besatzung von Châteaudun, als am 18. Oktober sich die Spitzen der Deutschen von verschiedenen Seiten der Stadt näherten. Es war ein bedeutungsvoller Tag, der Geburtstag des Kronprinzen. Auf dem Versammlungsplatz der Division bei Tournoisis wurde auf den geliebten Oberbefehlshaber der dritten Armee ein dreimaliges Hurra ausgebracht, dann ging es vorwärts, die Pflicht rief.

Die 13ten Husaren bildeten die Spitze der 22ten Division. Hinter ihnen kamen die 94er. Auf diese lief ein Bäuerlein zu und bat, man möge doch die Franktireurs angreifen und verjagen, denn sie plünderten und verwüsteten alles. Der gute Landmann begriff eben nicht, daß dies nur eine kleine Nebengewohnheit der zu seiner Befreiung von den deutschen Barbaren herbeigeeilten Franktireurs sei.

Klares Wetter ließ die einzelnen Teile der Stadt genau erkennen. Ein Eisenbahnzug fuhr beim Auftauchen der deutschen Reiter schleunigst gegen Vendôme davon. Die Granaten der reitenden Batterie Schlotheim konnten ihn nicht mehr erreichen. Jetzt erhielten aber die 13ten Husaren und die links von ihnen vorgegangenen 5ten Kürassiere von verschiedenen Gehöften vor der Stadt Feuer. Die rasch herbeieilenden 95er des Major's Wippert veranlaßten den Feind schleunigst hinter den Bahndamm und in die Stadt selbst zu verschwinden. Bald aber gaben die Granaten der 3ten schweren Batterie Kühne I den von der Bahn aus lebhaft feuernden Franktireurs doch den Wink, sich ebenfalls in die Stadt zurückzuziehen und sie verstanden und befolgten ihn bald.

Zugleich entwickelten sich die 95er nördlich, die 32er südlich der Stadt, trieben alle noch im Vorgelände sich befindenden Feinde zurück, mußten aber gegenüber dem aus Schießscharten und hinter den Barrikaden abgegebenen Feuer des Gegners vor-

läufig halten. Nun fuhr die deutsche Artillerie vollständig auf.
Bevor sie aber sich ernstlich am Kampfe beteiligte, wollte Oberst=
leutnant von Heuduck im Auftrage des Generalleutnants von
Wittich die Stadt zur Übergabe auffordern. Gewehrschüsse em=
pfingen den durch die weiße Flagge des neben ihm reitenden
Trompeters leicht als Parlamentär kennbaren Offizier. Jetzt
gab es keine Schonung mehr.

„Die Artillerie soll das Feuer beginnen!"

Da krachte es los; rechts die 4 preußischen, links die
bayerische Batterie; alle feuerten, was sie konnten auf die Um=
fassung und die zunächst liegenden Teile der Stadt. Bald züngelte
hier und dort eine Flammensäule in die Höhe, aber die Frank=
tireurs des Oberstleutnants Lipowski machten keine Miene zu
weichen. Dazu läuteten die Stadtglocken Sturm und man er=
kannte bald, daß ein Angriff der Infanterie hier allein ein
Ende machen könne. „Vorwärts die braven 95er und 32er!"
Sie stürmten vom Platz aus los — allein vergeblich. Die
Barrikaden und Mauern waren noch nicht zu übersteigen und
konnten von der Artillerie nicht gut genug erreicht werden.

„So ist's mit der Geschichte nichts! Da müssen wir näher
heran! Zum Avancieren protzt auf! Aufgesessen! Batterie
Galopp — Marsch!" Nun rasselte die Batterie Ollivier vor
und protzte erst ab, als sie sich so dicht an der Stadt befand,
daß ihre Granaten von größtem Erfolg sein mußten.

„Jetzt zeigt den Kerls, wie bayerische Kanoniere treffen."
Sie thaten es auch, die unverdrossenen Münchener, aber der
Feind blieb keine Antwort schuldig. Die so keck vor seiner Nase
sitzende Batterie konnte er ja mit seinen vorzüglichen Henry=
Winchesterbüchsen erreichen und er ließ sich auch die gute Ge=
legenheit hierzu nicht entgehen. Freilich kümmerten sich die
Bayern wenig darum.

„Wer'st bi do nit vor so an Bröckerl Blei fürcht'n?"
meinte der alte Gefreite Stadthuber zu dem jungen Kanonier
Pollinger. „Schmeiß' m'r eam halt a Trumm Eisen hin, daß
's'n zerreißt, den Safra!" und sofort saß eine neue Granate in

der feindlichen Barrikade. Die wirklich gut angelegten Befestigungsarbeiten hielten aber länger Stand, als man geahnt. Trotzdem auch die 94er in das Gefecht mit eingriffen, machte dasselbe doch noch keine Fortschritte, denn die Mauern standen noch und bei der deutschen Artillerie trat Munitionsmangel ein. Die Batterie Ollivier hatte sich zuerst verschossen. Es gibt nun für Truppen kaum eine peinlichere Lage, als den Kampf aus einem solchen Grunde aufgeben, aber doch in der eingenommenen Stellung mitten im feindlichen Feuer ausharren zu müssen, bis neue Munition herbeigebracht wird. Leutnant Wiedemann wußte ein Mittel, diese schwierige Lage zu überwinden. Er ließ seine Leute an die Geschütze treten. „So jetzt paßt auf und singt gut mit!" Dann erklang seine sonore Stimme laut über das Schlachtfeld: „Es braust ein Ruf wie Donnerhall, wie Schwertgeklirr und Wogenprall", und all' seine Kanoniere sangen nach und die französischen Geschoße pfiffen dazwischen. Da brach einer mitten im Wort ab und stürzte getroffen zusammen. Zwei halfen ihm; die anderen aber sangen weiter: „Lieb Vaterland magst ruhig sein, fest steht und treu die Wacht am Rhein!"

Nun kam frische Munition:

„Mit Granaten geladen! — Auf die Barrikade an der Straße 800 Schritt — Feuer!"

Mit dem Gesang der Männerkehlen war es aus. Desto energischer traten die Stimmen der Geschütze wieder ein und das verstanden die Franzosen besser.

Der Brand der Häuser von Châteaudun nahm immer mehr zu. Dennoch unterhielten die Verteidiger ein ununterbrochenes Gewehrfeuer gegen ihre Angreifer. Diese waren durch die 94er und 2 Kompanien 83er verstärkt worden und konnten kaum mehr ihre Ungeduld, zum letzten Sturmanlauf schreiten zu dürfen, bemeistern. Unterdessen war die Dunkelheit angebrochen; allein der Schein der aus den Häusern schlagenden Flammen erleuchtete schaurig den Kampfplatz. Jetzt setzten die Preußen zum Bajonetangriff an; brausend schallten ihre Hurra's über das Feld und trotzdem rissen die zähen Franktireurs Lipowski's

noch nicht aus. Nun entwickelte sich eine Reihe von Einzeln=
kämpfen, in denen zwar beiderseits große Tapferkeit entfaltet
wurde, allein die überlegene Kriegskunst und die weit bessere
Gefechtsdisziplin der Preußen schließlich den Sieg errang.

Auf der Straße von Chartres stand eine sehr gut ange=
legte Barrikade. Sie war nicht zu ersteigen. Oberst von Kontzki
ließ 2 Geschütze herbeibringen und die Barrikade eine Zeit lang
beschießen.

„Jetzt das Ganze avancieren!"

„3te Kompanie drauf! Hurra! hurra!"

„Werdet doch nicht hinter der 3ten zurückbleiben! 2te Kom=
panie auf! Marsch, marsch!"

„II. Bataillon Schützenanlauf!"

„Füsiliere! Dort auf die Barrikade! 10te Kompanie mir
nach! Hurra! hurra!"

So erklang es von allen Seiten vor der Ost= und Nord=
front der Stadt; jeder wollte der vorderste sein; es entstand
ein allgemeiner Wetteifer, aber Leutnant Müller mit seinen
Musketieren der 3ten Kompanie 95er war der erste vor und der
erste auf der eroberten Barrikade. Daß von dort aus das
Hurra des jungen Offiziers ganz besonders mächtig erschallte,
versteht jeder, der einen solchen Sturm miterlebt, ja jeder, der
für eine tapfere Kriegsthat sich begeistern kann.

Nun drangen von hier die 95er, verstärkt durch das
I. Bataillon 94er unaufhaltsam gegen den Mittelpunkt der
Stadt vor. Der größte Teil der Franktireurs zog sich abends
7 Uhr unter Kapitän Jacta zurück. Die Nationalgarden, Bauern
und Einwohner, die um ihr eigen Hab und Gut kämpften,
wehrten sich aber noch in jedem Hause. Sie sahen ja doch den
Tod vor sich, also wollten sie wenigstens ihr Leben teuer ver=
kaufen. Freilich half ihnen ihr Widerstand nicht viel; die
Bajonette der Preußen, welch' letztere sich gar nicht mehr mit
Schießen aufhielten, beendeten überall den Kampf. Dennoch
dauerte auch hier das Gefecht den größten Teil der Nacht hin=

durch, denn entweder mußte jedes Haus einzeln genommen werden oder es stürzte in seinen Flammen zusammen.

Von Süden und Westen her stürmten die 32er, unterstützt durch die Füsiliere der 94er heran. Sie hatten schon die Gehöfte an der Straße nach Cloyes genommen und richteten jetzt ihren Angriff auf den Park der „dames blanches" und auf die Barrikade an der „cavée des religieuses". Dort befehligten der Kapitän Fanuel und der Leutnant Chabrillat. Es waren brave Leute, allein vor der preußischen Tapferkeit mußten sie doch weichen. Nachdem die Bayern der Batterie Ollivier manches Loch in die krenelierte und gut besetzte Parkmauer geschossen und den Weg zur Barrikade für die preußischen Kameraden möglichst vorbereitet hatten, stürmten diese los.

Da erklangen von neuem die Glocken der Stadt und läuteten schaurig durch die Nacht. Jetzt sollten sie die Bürger zum Löschen rufen. Niemand aber wagte, in die brennenden Straßen einzudringen, denn immer noch hielten sich in verschiedenen Häusern Franktireurs des Grafen Lipowski, schossen und zwangen dadurch zu Gegenschüssen, so daß jeder Hilfe bringende Bürger ebenso dem Tode durch die zahllosen Geschosse ausgesetzt gewesen wäre, wie die Kämpfenden beider Parteien. Daher ließ man die Flammen ihren Weg machen und sie fanden ihn, begünstigt durch den Wind, über ein ganzes Drittel der unglücklichen Stadt. Noch abends 7 Uhr hätte man dieselbe retten können, wäre Lipowski mit all' seinen Franktireurs und den Nationalgarden westlich abgezogen. So aber rettete er nur sich mit dem größten Teile der ersteren und überließ die Mehrzahl der anderen ihrem Schicksal. Was kümmerte auch den Polen das über die französische Stadt hereinbrechende Verhängnis? Er war und blieb der Held von Châteaudun. Ob es ihm die Stadt wohl dankt?

Etwa 7¼ Uhr war die äußere Umfassung von allen Seiten erstürmt. Damit endete aber auch im Süden der Kampf noch lange nicht. Innere Verteidigungsabschnitte zwangen dazu, die noch unversehrten Häuser zu durchschlagen, um den Barrikaden von den Seiten beizukommen. Den vordringenden Preußen drohte aus jedem Fenster, aus allen Kellerlöchern der Tod und von den Dächern stürzte man Balken und Steine auf sie herab. Das thaten nicht nur uniformierte Gegner, sondern Bürger und Bauern. War es ein Wunder, daß man in der ersten Hitze Gnade weder erbat noch erteilte?

Etwa nachts 2 Uhr verließen die letzten Scharen der Verteidiger die Stadt. Gegen 3 Uhr morgens trafen die von allen Seiten vorgedrungenen Preußen auf dem Platze vor der Mairie zusammen; Châteaudun war erobert. Die Sieger hatten einen schweren Kampf durchgemacht, ähnlich, wenn auch in viel verkleinertem Maßstabe, wie die Bayern von der Tanns in Bazeilles, und auch dieses trug dazu bei, gerade die 22te preußische Division und das I. bayerische Armeekorps sich näher zu bringen. Gleiche Erlebnisse erhöhen ja immer die Anteilnahme der einen für die anderen besonders dann, wenn sie die gegenseitige Achtung verstärken. Gewiß wurde daher auch der Sieg der Division Wittich nirgends mit größerer Freude begrüßt, als bei den Bayern von der Tanns, die schon am nächsten Morgen in Orleans die Errungenschaften der preußischen Kameraden erfuhren und sie mit lauten Hurras feierten.

Die Folge der Erstürmung von Châteaudun war für Oberstleutnant Graf Lipowski ein Verlust von 14 Offizieren und 150 Mann an Toten und Verwundeten und etwa 150 Gefangenen. Die Zahl der gefallenen und in den Häusern verbrannten Nationalgarden und Bauern ließ sich nicht feststellen.

Die Preußen verloren: 5 Offiziere, 92 Mann, die bayerische Batterie: 1 Offizier und 6 Mann. Außerdem war der Divisionsprediger Schwab in dem Augenblick erschossen worden, in welchem er zu einem verwundeten Artilleristen reiten wollte, um ihm den Trost der Religion zu bringen. Außer den Gefangenen war eine Franktireursfahne in die Hände der Preußen gefallen, welche den Spruch trug: „Vaincre ou mourir" und mit einem Totenkopf verziert war.

Der 22ten Division war keine lange Ruhe beschieden. Am

19. Oktober rückte sie ganz in die Stadt. Ihre Vorposten standen auf dem rechten Ufer des Loir.

Schon am 20. wurde aber die Bewegung gegen Chartres fortgesetzt. Am 21. stieß man vor dieser Stadt auf französische Marine-Infanterie und Mobilgarden, welche jedoch rasch durch einige Granaten vertrieben wurden.

Schon marschierte die Division wieder zum Angriff auf, da erschienen die Zivilbehörden von Chartres und boten die Übergabe der Stadt und die Ablieferung der Waffen der National=garde an. Sofort fand der Einmarsch der Division statt.

Hier blieb sie liegen, bis die neue französische Loirearmee sie zu abermaligen Kämpfen an die Seite der Bayern von der Tanns rief. Die 4te Kavalleriedivision übernahm südlich von Chartres den Vorpostendienst.

Die Verteidigung von Châteaudun war der erste größere Versuch der bethörten Bevölkerung Frankreichs, den unglückseligen Aufforderungen Gambettas nachzukommen. Der Brand der be=dauernswerten Stadt, der Tod vieler, sonst ganz friedlicher Bürger zeigten, wie sich in der Praxis ähnliche Unternehmungen bestrafen mußten. Dennoch zogen sich die fanatisierten Bewohner der Beauce, Perche, des ganzen Orleanais, der Maine und Touraine noch lange keine genügende Lehre daraus. Immer rauher wurde der Krieg. Je mehr die Tüchtigkeit unserer geg=nerischen Truppen nachließ, desto mehr nahm der Volkswider=stand, der sich durch hinterlistige Überfälle, Verrätereien und Meuchelmord äußerte, zu, und zu unserem größten Leidwesen waren wir gezwungen, stets strengere Maßregeln zu ergreifen. Wie viele unserer armen Kameraden wurden bei Ordonnanz=ritten, Patrouillen u. s. w. aus dem sicheren Hinterhalte von Bauern mit Jagdgewehren angeschossen und dann, wenn sie schwer verwundet sich nicht mehr wehren konnten, mit Knütteln erschlagen und heimlich verscharrt! Gegen solches Gebahren konnten wir uns nur durch Schreckmittel und rücksichtsloses Strafen einigermaßen schützen. Daher die brennenden Dörfer an der Loire! Wer war nun der Urheber solcher Schauerthaten?

Waren es die Preußen und Bayern, oder waren es Gambetta und seine Helfer? Jeder ehrliche Mensch, gleichgültig ob Franzose oder Deutscher, weiß die Antwort.

IV.
In Orleans und das Treffen bei Coulmiers.

In Orleans selbst hatte sich für die Truppen, welchen das Glück zu teil wurde, Quartier in der Stadt nehmen zu dürfen, rasch ein ganz gemütliches Leben entwickelt. Die Offiziere thaten sich in den 3 großen Hotels ein gutes, spielten auch in verschiedenen Cafes ihre Billardpartie und die Mannschaft lernte es bald, teils beim Quartiergeber, teils in den zahlreichen Restaurants sich vergnügte Stunden zu verschaffen. Die Orleanesen erkannten schon in wenigen Tagen, daß die Bayern außerhalb des Gefechtsfeldes recht zugängliche, lustige Leute waren und mit solchen kamen sie ganz gut aus. Freilich versäumten sie nicht, ihr patriotisches Nationalgefühl dadurch öffentlich zur Schau zu tragen, daß sie um die schneidige Reiterstatue auf der Place du Martroy, welche die Jungfrau von Orleans darstellt, Kränze mit allen möglichen netten Inschriften wie „sauvez la France" „priez pour nous" ꝛc. ꝛc. niederlegten, allein da sie merkten, daß wir sie in diesem und ähnlichen Vergnügen machen ließen, was sie wollten, verzichteten sie auch bald darauf. Eine andere Absicht als die, unsere Behörden zu einem schroffen Auftreten zu verleiten, hatten solche Geschichten doch nicht und als dieser Zweck nicht erreicht wurde, verlor die Sache an Reiz.

Die Truppen, welche nichts von den aufregenden Meldungen der Vorposten erfuhren, lebten in der Stadt ganz garnisons= d. h. friedensmäßig. Da wurde exerziert, Stiefel=, Gewehr=, Uniform=Appell abgehalten; zu Hause flickten die Soldaten ihre Kleidungsstücke mit den Werkzeugen der Quartier=

geber; oft griffen „Madame" und „Mamſelle" helfend mit zu;
hier holte der Burſche des Leutnants morgens um „ſenk Su
bü lät" oder um „kat Su du pän"; dort rief ein orleaneſer
Spezereihändler ſein „nix Coniac, nix Nut, nix Gäß, nix Brud?"
aus und meinte damit Schnaps, Nüſſe, Käſe und Brot; in der
Rue Jeanne d'Arc kauften deutſche Offiziere und Soldaten alle
möglichen Gegenſtände; in der Rue Recouvrance und auf der
ſteinernen Brücke ſpazierten luſtige Leutnants mit franzöſiſchen
Mädchen auf und ab; kurz niemand hätte geahnt, daß hier ein
feindliches Korps garniſonierte, das erſt wenige Tage vorher
die Stadt in blutigem Kampfe erſtürmt. Ein intereſſantes
Friedensbild bot es auch, wenn Sonntags die Bayern in den
majeſtätiſchen Dom, die Kathedrale Sainte=Croix, zogen, dort
zugleich mit vielen neugierigen Orleaneſen die Meſſe hörten
und dann den kernigen Worten des Münchner Paters Raimund
lauſchten und durch ihre Gottesfurcht das Erſtaunen der Bür=
ger Orleans hervorriefen. So fromme und andächtige Solda=
ten hatten dieſe freilich noch nicht geſehen, ſolange nur Fran=
zoſen hier garniſoniert und mancher ehrliche Monſieur geſtand
offen, daß er gerade durch den Aufenthalt der Bayern in ſeiner
Vaterſtadt kennen gelernt, welch' guter Geiſt im deutſchen Heere
ſtecke und daß er jetzt einen gewaltigen Reſpekt vor dieſen wohl
diszziplinierten, tüchtigen Truppen habe. „Könnte nur Gam=
betta 8 Tage hier verweilen, um ſelbſt die Deutſchen zu beob=
achten", meinte Monſieur G. aus der Rue du Tabourg, „dann
würde er auf eine Fortſetzung des Krieges verzichten, denn
gegen ſolche Truppen können unſere jungen, unerfahrenen Sol=
daten doch nicht aufkommen."

  Der Mann hatte recht, aber Gambetta kam nicht; Mon=
ſieur Thiers, der durch Orleans reiſte, verſtand von militäri=
ſchen Dingen gar nichts und hatte damals auch nicht Einfluß
genug; gewiſſenloſe Schreier täuſchten das franzöſiſche Volk
durch falſche Vorſpiegelungen und fanatiſche Menſchen ſchürten
unaufhörlich, ſo daß der Krieg nach der Einnahme von Orleans
erſt recht von neuem anging.

Das spürten nun die mit der Sicherung der Stadt betrauten Truppen, und das waren ³/₄ des bayerischen Armeekorps und die gesamte preußische und bayerische Reiterei, nur zu sehr. Das Leben da außen auf Vorposten wurde von Tag zu Tag ungemütlicher und anstrengender. Rings um Orleans, mit alleiniger Ausnahme der Etappenstraße über Etampes nach Arpajon, wimmelte es von Feinden. Dazu kam, daß die Bevölkerung immer hinterlistiger, immer widersetzlicher wurde. Oft ritten Patrouillen unangefochten durch ein Dorf, erkannten deutlich, daß weit und breit kein uniformierter Feind zu sehen und doch empfing sie bei der Rückkehr im gleichen Dorfe lebhaftes Feuer. Verschiedene Orte mußten zur Strafe für solche völkerrechtswidrige Thaten ganz oder teilweise niedergebrannt werden, wie Landelles, Binas, Cravant u. s. w. Dennoch nahm die Erbitterung der durch die Proklamationen Gambetta's und den harten Druck des Krieges auf's äußerste gereizten Bevölkerung täglich zu und das Gebahren der letzteren zeigte, daß sie durch die Anwesenheit starker Truppen ermutigt würde. So verloren die im Südwesten, Westen und Nordwesten zugleich mit der 2ten bayerischen Infanterie-Division auf Vorposten stehenden preußischen Reiter des Grafen Stolberg, Leib-Kürassiere Nr. 1, 2te Ulanen, 4te und 6te Husaren, sowie die bayerischen 4ten Chevaulegers und 1ten und 2ten Kürassiere fast jeden Tag Leute, welche auf Patrouillenritten verwundet oder angeschossen wurden und nicht besser erging es den auf Vorposten stehenden bayerischen 1ten und 7ten Jägern und 12ern und 13ern. Was unsere Leute am meisten in Wut brachte, waren die Nachrichten, daß wieder da und dort, wo, wie man sicher wußte, keine französischen Truppen in der Nähe sein konnten, eine Patrouille einfach verschwunden sei, wie z. B. die der Leib-Kürassiere von der Feldwache des Leutnants von Rheinbaben und andere mehr. Dazu kamen die besonders anfangs November immer öfter notwendig werdenden Alarmierungen und aufregenden Nachrichten, welche häufig ganz außerordentliche Anstrengungen für die Truppen nötig machten. So mußten z. B.

die 3te und 4te Schwadron der 2ten Ulanen unter Major
von Schabow am 22. Oktober behufs einer Rekognoszierung
gegen den Wald von Marchenoir 22 Stunden im Sattel blei=
ben, davon 10 Stunden marschieren und 101½ Kilometer zu=
rücklegen. Ähnlich ging es den im Süden auf Vorposten fte=
henden 1ten und 5ten preußischen Husaren, den 3ten bayerischen
Chevaulegers und der 2ten Infanterie=Brigade. Nicht allein
das Auftreten der feindlichen französischen Truppen und Bauern,
sondern auch die Reden der etwas freundlicher gesinnten oder
von uns im Zaume gehaltenen Bewohner ließen Ende Oktober
auf ein neues Vorgehen einer großen französischen Armee schlie=
ßen. So meinte ein Müller, der sich lange einer Requisition
widersetzt hatte: „Eh bien cela ne durera plus longtemps;
vous êtes déjà tourné de tous côtés." Der Pfarrer von Pe=
ravy wurde beim Spiel einer bayerischen Regimentsmusik, als
er hörte, daß fast alle Bayern Katholiken seien, so weich, daß
er seinem Quartiergast, dem Kürassiergeneral von Tausch, zu=
rief: „Ich halte es für meine Pflicht, Sie aufzufordern, mit
all' ihren katholischen Landsleuten schleunigst zu entfliehen und
die ketzerischen Preußen ihrem Schicksale zu überlassen. Sie
werden in den nächsten Tagen von 2 Seiten durch eine ganz
gewaltige Übermacht angegriffen werden und dann ist jeder ver=
loren, der nicht entflieht." Ähnliche Äußerungen hörten wir
von vielen Leuten.

Weit beunruhigender klangen aber die Nachrichten, welche
unsere Reiter brachten. Die preußische Kavallerie=Division Graf
Stolberg hat in diesen Tagen Leistungen ausgeführt, die ganz
außerordentlich waren und die bayerischen Chevaulegers und
Kürassiere ebenfalls zu ihrem besten Können aneiferte. Jede
selbst die kleinste Veränderung in der feindlichen Stellung wurde
sofort gemeldet. Ende Oktober ergaben diese Meldungen ein
sehr bedenkliches Resultat und das hieß: „Der Gegner steht mit
sehr starken Kräften in einem Dreiviertelkreis um Orleans herum
und läßt durch sein dreistes Gebahren vermuten, daß er bald
zu einem allseitigen Angriff vorgehen werde". Es lag nun

wie schwüle Gewitterluft über den Herrn der höheren Stäbe.
Daß es einschlagen werde, wußten sie; wann und von welcher
Seite her ahnte man noch nicht. Den Truppen teilte man
nichts von den gehegten Befürchtungen mit. Da trat ein Er=
eignis ein, das nicht nur freudige Hoffnungen für die nächste
Zukunft erweckte, sondern uns als der Anfang vom Ende des
ganzen Krieges erschien. Wir erfuhren die Kapitulation von
Metz. Das war ein Freudenfest in Orleans! Daß die Fran=
zosen behaupteten, die ganze Sache sei erlogen und nur erfun=
den, um die Truppen der französischen Loirearmee zu entmuti=
gen, genierte uns wenig. Jeder dachte sich: „Ihr werdet schon
sehen, wer Recht hat". Wohl erkannten die Orleanesen bald,
daß wir wirklich recht behielten, allein genützt hat uns dies
wenig. Das sollte schon die nächste Zukunft lehren.

Auf französischer Seite hatte man Tag und Nacht an der
Aufstellung von neuen Truppen gearbeitet und wirklich Ende
Oktober 2 vollständige Armeekorps, das XV. und XVI., auf
die Beine gebracht. Jedes bestand aus 3 Infanterie=, 1 Ka=
vallerie=Division und der nötigen Artillerie u. s. w. Im gan=
zen betrugen diese Streitkräfte 99½ Bataillone, 68 Eskadrons
und 33 Batterien mit etwa 105,000 Mann und 204 Geschützen.
Den Befehl über dieselben führte der General d'Aurelle de Pa=
ladines. Die hervorragendsten Untergenerale waren Chanzy,
Martin des Pallières, Jauréguiberry u. s. w.

Außerdem wurden dieser Loirearmee noch die Freischaren
der Oberstleutnants de Cathelineau und Graf von Lipowski,
sowie zahlreiche Nationalgardentrupps unterstellt.

Ende Oktober sollte alles gegen Orleans zum Angriff
vorgehen und das schwache Häuflein von der Tann's zermalmen.
Da kam der Fall von Metz. General d'Aurelle hielt jetzt ein
Vorgehen für unmöglich. Gambetta fügte sich und verschob die
Unternehmung. Neue drängende Aufforderungen des Diktators
zwangen aber d'Aurelle, sie doch in der ersten Hälfte des No=
vembers auszuführen. Er beschloß nun mit seiner Hauptmacht,
d. h. mit 5 Infanterie= und 2 Kavallerie=Divisionen von Süd=

westen her aus dem Walde von Marchénoir über Coulmiers und mit 1 sehr starken Division von Südosten über Chateauneuf auf Orleans vorzugehen, den Bayern die Rückzugslinie gegen Paris abzuschneiden, die so gestellte Falle zuzuziehen und dem General von der Tann eine Art von Sedan zu bereiten.

Die Sache war sehr gut angelegt; die Streitkräfte reichten mehr als genug aus, aber d'Aurelle de Paladines hatte doch verschiedenes übersehen, nämlich: 1) Ein Moltke war er nicht. 2) Den alten General von der Tann unterschätzte er gründlich. 3) Er dachte nicht daran, daß die Reiter des Grafen Stolberg und der Bayern zu früh hinter seine Schliche kämen, und 4) er vergaß, daß die Altbayern von der Tann's ganz anders dreinschlagen würden, als die kaiserliche Armee bei Sedan, auch ganz anderen Anforderungen an Marschleistung und Disziplin nachkommen könnten als jene. Kurz es stimmte seine Rechnung nicht; er machte uns zwar die Hölle heiß, allein ausgekommen sind wir ihm doch; die Franzosen holten sich blutige Köpfe und hatten das Nachsehen.

„Excellenz, ich muß doch einmal hinter den Wald von Marchénoir schauen, was die Franzosen dort eigentlich vorhaben."

So meinte der Graf Stolberg am 6. November zu von der Tann. Der gab gerne seine Zustimmung und am 7. ritt der Graf mit fast allen seinen preußischen und bayerischen Reitern los, nahm 1 Bataillon 13er und die 1ten Jäger mit und zupfte die vor und in dem genannten Walde stehende französische Armee etwas am Barte. Freilich hat sie den Störenfried abgeschüttelt, indem die 7 Bataillone Bourdillon's, die 3ten Marschjäger und die Kavallerie-Regimenter des Generals Abdelal aus ihren verschanzten Stellungen die $1^{3}/_{4}$ Bataillone Bayern und die deutschen Reiter abwiesen, aber letztere hatten während der ganzen Geschichte, doch von allen Seiten sehr genau hinter den französischen Vorpostenschleier geschaut. General Graf Stolberg konnte am Abend des 7. November dem General von der Tann nach Orleans melden lassen, daß sehr starke

Kräfte, bestehend aus Linientruppen und Mobilgarden, in und hinter dem Walde von Orleans ständen, daß er gegen die oben angeführten Truppen ein Gefecht gehabt und daß aus dem Verhalten des Feindes dessen Absicht, angriffsweise auf Orleans vorzudringen, klar hervorgehe.

Nun trat an General von der Tann die Frage, ob und wo er den Kampf annehmen solle. Über die Antwort auf erstere war er sich sofort klar. „Orleans ohne Schuß aufgeben; davon kann keine Rede sein. Erst wenn eine bedeutende Überlegenheit des Feindes durch einen Kampf konstatiert ist, dann räumen wir unsere Stellung."

Über die zweite Frage wurde länger gesprochen. Schließlich entschied man sich für Coulmiers und das war das beste. In Orleans selbst eignete sich das Gelände gar nicht zu einer gründlichen Verteidigung. Außerdem hätte man dort von vornherein auf die Mitwirkung der starken Kavallerie ganz verzichten müssen und die Möglichkeit eines Rückzuges vollständig aus der Hand gegeben. Weiter mußte man dort gegen die von Südwesten und Südosten anmarschierenden feindlichen Armeen zugleich schlagen, während man es vorläufig nur mit einer zu thun hatte, wenn man derselben ein tüchtiges Stück entgegen rückte. Also entschied man sich für Coulmiers, auch weil kein Gegner an dieser Stellung von Südwesten her ohne Kampf vorbeiziehen konnte, um nach Orleans zu gelangen.

Am 8. November abends wurden die Befehle zur sofortigen Vereinigung des Armeekorps in der gewählten Linie ausgegeben und damit beginnt der Zeitraum, den die Bayern von der Tanns und die Preußen Stolbergs mit Recht als den stolzesten ihres ganzen an Schlachten, Gefechten und Siegen so reichen Feldzuges bezeichnen können. Ehe wir das Treffen näher betrachten, müssen wir uns noch die beiderseitigen Zahlen genau vergegenwärtigen. Unter d'Aurelle de Paladines marschierten 75,000 Mann mit 160 Geschützen heran. Er erwartete auf 65,000 Deutsche zu stoßen und vertraute auf das Eingreifen Martin des Pallières mit seinen 35,000 Mann und 44 Geschützen. Dem konnte von der Tann entgegenstellen: 14,543 Mann Infanterie, 4450 Reiter, also 18,993 Mann und 110 Geschütze.

Die deutschen Truppenabteilungen selbst ahnten nichts von den ernsten, bei ihren Stäben eingelaufenen Meldungen. Ihnen hatte man nur gesagt, daß ein schwieriger Kampf bevorstehe. Mehr war nicht nötig, denn man wußte ja, daß jeder einzelne Mann bis zum letzten Atemzuge seine Pflicht thun werde. In Orleans kehrten die Abteilungen nach dem Abendappell in ihre Quartiere mit der Weisung zurück, sich jeden Augenblick zum Abmarsch bereit zu halten. Signale wurden nicht gegeben. Da, abends 8½ Uhr, liefen Unteroffiziere des einen in der Stadt liegenden Regiments von Haus zu Haus und versammelten ihre Leute. Bald darauf standen die Kompanien vollzählig auf ihren Alarmplätzen.

„Achtung! Hoch 's G'wehr! Mit Zweien rechts um — marsch."* Still setzte sich die Kolonne in Bewegung. Das Infanterie-Leib-Regiment hatte keinen Befehl erhalten. Ein Hauptmann des letzteren frug einen Kameraden der abziehenden Jäger:

„Wohin marschiert Ihr denn?"

„Weiß nicht! Werden's schon erfahren, wenn es morgen früh kracht. Auf Wiedersehen, Kamerad, in der Schlacht!"

„Viel Glück!" „Danke; ebenfalls!"

Draußen bei den Vorposten hatte man schon etwas mehr in Erfahrung gebracht. Das gestrige Gefecht bei Chantôme sprach für jedermann deutlich: „nächster Tage geht's los". Dazu kam, daß am 8. November nachmittags 2 Uhr alle in der Gegend hinter der Mauve gelegenen Truppen alarmiert wurden und ein tüchtiges Stück vormarschieren mußten, weil mehrere französische Infanterie- und Kavallerie-Regimenter gar zu keck auftraten und einen allgemeinen Vorstoß des Feindes vermuten ließen. Daher überraschte der abends eintreffende Befehl für

---

* Damalige bayerische Kommandos.

den sofort anzutretenden Nachtmarsch nicht besonders. Man machte sich eben auf den Weg. Zu den angenehmen Erinnerungen gehört die Konzentrationsbewegung gegen Descures und Montpipeau-Château bei Coulmiers gewiß nicht. Die Nacht war stockfinster, man sah kaum die Hand vor den Augen. Dazu regnete es und war bitterkalt. Ohne Sang und Klang zogen die Kompanien auf den weichen, schlechten Feldwegen dahin. Gut, daß sich die Ordonnanzoffiziere und Adjutanten vorher so gründlich in diesem Gelände orientiert hatten, sonst hätte es an Irrmärschen gewiß nicht gefehlt. Es fand sich aber alles richtig auf dem vorgeschriebenen Platze ein. Dort wurde im Morgennebel gerastet; die Kälte nahm zu; Feuermachen durfte nicht sein; zum Auf- und Abgehen war der weiche nasse Ackerboden nicht einladend genug; so blieb man eben stehen, fror und machte seinem Mißvergnügen durch einige kernige Soldatenflüche Luft. Am schlimmsten hatten es die vorher im Osten von Orleans auf Vorposten gestandenen Abteilungen. Die mußten direkt von den Feldwachen weg etwa 25 Kilometer zurücklegen, um nur zur Versammlungsstelle zu gelangen. Aber auch sie kamen zur Zeit und so stand früh 6 Uhr das Korps von der Tanns und die Kavallerie-Division des Grafen Stolberg bei Coulmiers bereit. Daß der Feind stärker sein werde, wußten wir, sonst hätte er sicher keine Schneid gehabt, uns anzugreifen. Daß er uns aber so enorm überlegen war, ahnten wir nicht; dies sollte erst der Verlauf des Gefechtes ergeben. Unsere Stimmung war eine sehr zuversichtliche. „Kommt nur heran! Wir werden Euch schon so auf die Köpfe klopfen, daß Ihr uns wieder einige Wochen in Orleans ungeschoren laßt!" So, meinte jeder, werde es gehen und freute sich auf den Kampf.

In Orleans selbst waren nur das Infanterie-Leib-Regiment, 2 Eskadrons und 2 Geschütze unter dem Oberst Ritter von Täuffenbach zurückgeblieben, um die Stadt möglichst lange vor einem Handstreiche des Gegners zu bewahren und um das für alle Fälle angeordnete Wegbringen des deutschen Eisenbahnmaterials zu sichern. Der Befehl für dieses Detachement hieß, dem Armeekorps in westlicher Richtung zu folgen, wenn dort starker Kanonendonner vernehmbar werde.

Bei Tagesanbruch langte General von der Tann bei Des= cures an. Schon vorher hatte sein Bruder, General Rudolph von der Tann, mit der 4ten Brigade Coulmiers und Umgegend besetzt. Gegen 8 Uhr wurde die 3te Brigade in südlicher Rich= tung nach Préfort Château an der Mauve und die 1te nach la Renardière entsendet, die 2te bildete die Reserve. Die preußische und bayerische Kavallerie war vor der Front verteilt und deckte mit den Kürassieren und einem diesen beigegebenen Bataillon 13er den rechten Flügel bei St. Péravy. Nun war alles bereit, nun konnte es losgehen. Was die Hauptstärke dieses verhältnis= mäßig kleinen Häufleins deutscher Männer ausmachte, die weit von jeder Hilfe entfernt hier im Süden des feindlichen Landes der Erdrückung durch einen fünffach überlegenen Gegner preis= gegeben standen, das waren nicht etwa Befestigungsanlagen, bessere Waffen oder andere Hilfsmittel, sondern das war einzig und allein das unbedingte Vertrauen der Untergebenen zu ihren Vorgesetzten und das felsenfeste Bewußtsein der letzteren, daß sie sich absolut auf die ersteren verlassen durften. Dort wußte jeder Soldat, was die Offiziere verlangten, mußte sein und konnte geleistet werden; jeder Führer war überzeugt, daß kein Mann zurückbleiben werde und was den Oberbefehlshaber, den alten von der Tann betrifft — für den wäre jeder Bayer ohne Aus= nahme und jeder Preuße, der ihn kannte, mitten durchs Feuer gegangen.

Am weitesten gegen den Feind vorgeschoben standen die 1ten bayerischen Jäger, und zwar in Baccon und Aunay, süd= lich la Challerie. Bei denen ging es die ganze Nacht wie in einem Taubenschlage zu. Einzelne Patrouillen verließen die Orte; andere kehrten zurück; dann meldeten die Posten etwas; nun wurden Meldereiter abgesendet; kurz von Ruhe war in der Nacht zum 9. November bei diesen Jägern und bei den mit ihnen auf Vorposten stehenden Reitern keine Viertelstunde die Rede.

„Meldung von der Patrouille Nr. 7. Vom Damm der

Eisenbahn nach Meung aus habe ich gehört, daß auf der Straße eine große Kolonne gegen Meung heranmarschiert."

„Ist Meung besetzt?"

„Ich konnte es nicht erkennen, weil ich auf französische Posten stieß, die mich anschoßen!"

„Und da sind Sie umgekehrt? Das hätte ich nicht von Ihnen erwartet, Stützl."

Der Mann wurde rot bis hinter die Ohren.

„Herr Hauptmann, ich bitte gehorsamst, gleich noch einmal auf Patrouille gehen und nur den Jäger Kugelbauer mitnehmen zu dürfen."

„Meinetwegen!" Die Jäger gingen ab. Ihre Büchsen ließen sie zurück. 2½ Stunden später erhielt der Hauptmann genaueste Meldung über die von den Franzosen vorgenommene Besetzung des Städtchens Meung. An der Straße von Aunay nach Meung aber lagen 2 Leichen. Es waren Chasseurs de Vincennes; Messerstiche in der Brust waren die Ursache ihres Todes gewesen. Die Jäger Stützl und Kugelbauer dagegen schmunzelten vergnügt, weil man sie wegen ihrer guten Meldungen belobt hatte.

Früh 9½ Uhr jagte ein Ulane nach Baccon herein: „Meldung von dem Zuge des Leutnants Lux. Der Feind geht in der Stärke von etwa 2 Bataillonen mit Schützenlinien vor der Front gegen Baccon vor."

Das war dem Oberleutnant Freiherrn von Waldenfels und seinen Jägern — freilich nur eine schwache Kompanie — gerade recht. Im Süden vorwärts la Challerie lautete es ebenso ernst.

„Meldung von der 3ten Schwadron. Über Bardon marschiert eine mehrere Bataillone starke Kolonne heran."

„Gut! Wir werden mit unsern Büchsen sie etwas genauer zählen", meinte Hauptmann von Zu Rhein und ließ seine Jäger die wohl vorbereitete Stellung besetzen.

Auf diesen beiden vorgeschobenen Posten ging es nun auch bald los. Die langen französischen Tirailleurlinien verstanden es sehr gut, als ihnen die bayerischen Jägerbüchsen ein kategorisches Halt zuknallten. Nachdem sie aber bedeutende Unterstützungen bekommen und nun doch weiter vorgehen wollten, mischten sich die beiden preußischen reitenden Batterien Welz und Ekensteen in die Sache und ließen ihre Granaten etwas Fraktur sprechen. Das veranlaßte die Franzosen, den Mund recht voll zu nehmen, d. h. ihre ganze hier vorgehende Macht zu entwickeln. Die preußischen Batterien ließen sich dadurch aber ebensowenig irre führen, wie die bayerischen Jäger. Nur schoßen beide noch mehr, was den Gegner zum Halten und dann sogar zum Zurückgehen auf eine kurze Strecke veranlaßte. Da aber ein weiterer Widerstand gegen einen zweiten Angriff in den vorgeschobenen Stellungen der Jäger nicht beabsichtigt war, letztere überdies zu sehr in Gefahr gebracht hätte, so wurden sie zurückgenommen. Ihre Aufgabe war ja erfüllt, denn man hatte erkannt, wie stark der Feind hier auftrat.

Fast gleichzeitig, also etwa um 10¼ Uhr, griffen die Franzosen den von 13ern besetzten Park von Coulmiers an, indem ihre Geschütze vorwärts Epieds auffuhren. General Chanzy ließ hier die Division Barry vorgehen und links rückwärts derselben die Division Jauréguiberry folgen. Demgegenüber marschierten zuerst 2, dann 4 weitere bayerische Batterien auf und bald befanden sich dieselben, ebenso wie die Verteidiger der Parkmauer, in lebhaftestem Feuer gegen die feindlichen Massen.

Noch energischer ging nun der Gegner über Baccon auf la Renardière vor. 8 Bataillone und 5 Batterien entwickelte hier der französische General Peytavin und dem konnten vorläufig nur die aus Baccon zurückgewichene Jäger-Kompanie, das 2te Jägerbataillon und 1 Kompanie der 1er entgegengestellt werden. Der Ort, welcher ebenfalls ein Schloß mit Park besaß, eignete sich seiner unregelmäßigen Bauart wegen sehr schlecht zur Verteidigung. 3 Kompanien 1er nahmen links davon Stellung.

„Das gibt einen harten Kampf gegen solche Massen!"
„Thut nichts. Sobald sollen sie das Dorf nicht haben!"

Wie ununterbrochene rote Linien wogte es heran.

„Ruhe! Kein Schuß! Es ist noch zu weit!"

„Es müssen mindestens 6 Bataillone sein!"

„Wer wird da zählen! Hoffentlich ist auch jeder von Euch Jägern soviel wert wie 4 solcher Rothosen! — Jetzt! Achtung! — Visier 400 Schritt! Feuer!"

Es krachte los. Im Nu stürzten Dutzende von Franzosen, die andern warfen sich nieder, das Schützengefecht begann. Mit den Infanteristen hätten es die Jäger und 1er leicht aufgenommen. Wenn auch die französischen Gewehre besser waren, als die bayerischen, so schoßen doch unsere Leute ganz anders als der Feind. Aber die Granaten! Vor denen hielt auch keine Hauswand und keine Parkmauer.

„Die Kerls schießen heute wie der Teufel. Und ganz klobige Brocken werfen sie da herüber!"

„Herr Major! Dort geht ein neues feindliches Bataillon vor!"

„Richtig! Lassen Sie 2 ihrer Züge gegen dasselbe feuern!"

„Meine Leute reichen aber kaum, um mich in der Front zu halten!"

„Kann ihnen nicht helfen. Wir haben niemand mehr, der uns unterstützen könnte; das II. Bataillon 1er ist auch schon ganz verwendet."

Da blieb keine Wahl, die Jäger mußten sich eben auch dieses Feindes erwehren, so gut es ging.

„Wenn wir nur sehen könnten, ob auch von rechts her Franzosen kommen?"

„Herr Leitnant, i steig' af's Dach un' schau nach!"

Er that es auch, der tapfere Soldat Lechner, allein melden konnte er nicht mehr viel, denn ein Geschoß drang ihm durch den Hals.

Plötzlich erschallten im Hause rechts und seitwärts desselben hundertfache Rufe „vive la France!"

„Was? Die san scho so weit! Die woll'n uns g'fanga

neahme! Do kennt's aber uns schlecht. Drauf auf die Bande! Haut's es mit 'm Kolb'n z'samm, was kan Plotz macht!"

Trotzdem sie schon ganz von Franzosen umringt waren, schlugen sich die Jäger doch durch. Nur ihre verwundeten Kameraden mußten sie liegen lassen. Im nächsten Haus hielten sie aber wieder und auf lange Zeit verwehrte ihr Feuer dem Feinde das Nachdringen.

So schlug sich hier die Brigade Dietl mit ihren 3 Bataillonen gegen die 8 Bataillone des Generals Peytavin. Schritt für Schritt verteidigte sie die Stellung und die französische Infanterie allein hätte sie nicht aus la Renabière gebracht, wäre nicht das Geschützfeuer zu mächtig gewesen. Dagegen konnten auch unsere wenigen Batterien nicht Stand halten und mußten zurück. Von 10 Uhr bis gegen 3 Uhr dauerte der ungleiche Kampf und selbst dann war zwar das Dorf verloren, allein die Franzosen konnten nicht über dasselbe vorgehen, denn in den nächsten Fermen und Waldparzellen lauerten schon wieder Jäger und 1er, um sie auf gleiche Weise wie vorher zu empfangen.

Die gegenüber der 3ten Brigade aufgetauchte französische Brigade Rebillard machte keine Miene, zum Angriff zu schreiten. Deßhalb konnte General von der Tann erstere nach dem Zentrum heranziehen, wo Unterstützung sehr not that. Die Sicherung des äußersten linken Flügels wurden 2 Chevaulegers-Schwadronen überlassen, die nun den Franzosen tüchtig ein X für ein U vormachten.

In der Mitte, in und um Coulmiers ging es sehr ernst zu. Die ganze Division Barry des XVI. und die Brigade Darries des XV. französischen Korps griffen hier an. General Rudolph von der Tann hatte seine Bataillone teils im Park und im Orte Coulmiers, teils in den Steinbrüchen und Weilern nördlich desselben verteilt. Es war ein wütender Kampf, 3 gegen 1, und die Geschütze donnerten auch hier mit verheerender Übermacht auf die schwächere bayerische Artillerie los. Ein Stück der Parkmauer nach der andern stürzte zusammen. Wenn aber kühne französische Kompanien eindringen wollten, dann wurden sie mit Kolben und Bajonett von den 10ern und 13ern der 4ten Brigade wieder hinausgeworfen. Einen Angriff im Großen hatte die tapfere Besatzung von Coulmiers schon abge= wiesen. Ein zweiter drohte.

Mitten im freien Felde südlich Bonneville, wo die Fran= zosen mit Recht den besten Platz für unsere Reserven vermuteten und deßhalb einen Hagel von Granaten hinsandten, da am ge= fährlichsten Platze hielt der bayerische Oberbefehlshaber, General Ludwig von der Tann mit seinem Stabe. Je mehr seine Um= gebung, indem sie der stündlich wachsenden feindlichen Übermacht gewahr wurde, sich aufregte, desto ruhiger zeigte sich Tann. Wie aus Eisen erschien sein männlich schönes Gesicht; nur die Augen blitzten gleich Diamanten aus dem Erze.

„Wollen Excellenz nicht hinter jenem Hause Stellung nehmen? Dort wäre man vor den Granaten wenigstens etwas sicherer."

„Nein, hier sehe ich besser. Hier ist mein Platz!"

Ein Ordonnanzoffizier sprengt herbei. „Herr General Rudolph von der Tann läßt melden, daß der Feind einen neuen großen Angriff vorbereitet, dem die 4te Brigade kaum mehr widerstehen könnte!"

„Mein Bruder soll Coulmiers keinesfalls räumen. In einer halben Stunde ist die 3te Brigade da, dann sende ich ihm einige Bataillone zur Unterstützung."

Was das Pferd rennen kann, jagt ein Husarenoffizier heran.

„Meldung von der 4ten preußischen Kavallerie=Brigade. Eine ganze feindliche Division, mindestens 12 Bataillone ent= wickelt sich gegen unseren rechten Flügel und geht in der Rich= tung auf Rosières vor."

In diesem Augenblick ritt General Orff, der Kommandeur der 2ten Brigade zu General von der Tann und begann:

„Excellenz, der Feind will unseren rechten Flügel um=

fassend angreifen, um uns von unserer Rückzugslinie abzu=
schneiden. Darf ich ihm mit meiner Brigade entgegen gehen?"

„Wie stark ist dieselbe jetzt?"

„4 Bataillone mit 3140 Mann!" Es war zu dieser Zeit
die letzte Reserve. Dennoch zögerte General von der Tann
nicht lange.

„Marschieren Sie nach dem rechten Flügel ab und han=
deln Sie den Umständen gemäß!"

Wer Soldat ist, weiß, welch' kolossale Überwindung es
kostet, in einem solchen Augenblick die letzte Reserve aus der
Hand zu geben. Im Gesicht von der Tann's aber zuckte keine
Muskel; niemand ahnte, wie es in seinem Innern aussah; jetzt
war er ein Mann von Stein.

General Orff aber jagte zu seiner Brigade. Zuerst ließ
er seine Batterien* vorfahren, aufmarschieren und den wie eine
Wolke daherschiebenden Franzosen ein tüchtiges Granatenfeuer
entgegenwerfen. Unter diesem Schutz der Artillerie drang er bis
gegenüber der französischen Division vor. Es waren nicht 12,
sondern 13 Bataillone. Deren Anlauf stehend abzuwarten, war
nicht Sache des kleinen schneidigen Generals.

„Drauf!" war das Losungswort und mit frischem todes=
mutigem Hurra gingen die 4 schwachen Bataillone drauf, hielten
sich nicht lange mit Schießen auf, sondern stürmten ohne den
Chassepotshagel zu beachten, vor, wie wenn sie nicht mit 3000
Mann gegen 10,000, sondern mit überlegener Zahl auf einen
leicht zu werfenden Feind losgehen dürften. Eine solche Kühn=
heit verblüffte die französische Division Jauréguiberry derart,
daß die ganze lange und dichte Linie, die nur von beiden Seiten
hereinzuschwenken brauchte, um das kleine bayerische Häuflein
einfach zu erdrücken, zuerst ihr Vorgehen einstellte, dann ein
wirres Feuer eröffnete, schließlich sich wendete und anfangs noch
geordnet, bald aber völlig regellos zurückfloh. Freilich gelang

---

* Jede bayerische Infanterie=Brigade hatte 1 Batterie ständig
und in jener Zeit 2 weitere vorübergehend zugewiesen erhalten.

es dem energischen Admiral Jauréguiberry, der hier als In=
fanteriegeneral befehligte, seine Massen wieder zum Stehen zu
bringen, aber zu einem entschiedenen zweiten Angriff zogen sie
doch nicht mehr ordentlich und damit war die Gefahr für den
rechten Flügel der bayerischen Infanteriestellung vorläufig ab=
gewendet.

Noch weiter rechts tummelte sich der französische General
Reyau mit 10 Kavallerie=Regimentern herum. Sehr gerne
hätte er uns die Rückzugslinie gegen die Pariser Straße ver=
wehrt. Aber erstens eklärierten seine Leute so schlecht, daß er
die bei Tournoisis herumturnenden Franktireurs des Grafen
Lipowski für Preußen hielt, zweitens fürchtete er die beiden
preußischen Husaren=Regimenter des Generals von Barnekow,
sowie die zwei bayerischen Küraffier=Regimenter des Generals
von Tausch, die dort hielten, und drittens geriet er in das
Feuer der Batterien Lepel, Hellingrath und der 2ten Brigade,
was ihn überhaupt zum Rückwärtsausweichen bestimmte.

In Coulmiers selbst war der Kampf stündlich wütender
geworden. Dort hatten zwar jetzt auch die Batterien der 3ten
Brigade eingegriffen, allein das feindliche Granat= und Gewehr=
feuer riß immer größere Lücken in die Mauern des Parkes und
in die Linien der Verteidiger.

Dort im Garten des Gutes Cléomont war ein Baum,
von dem aus man das ganze Feld in der linken Flanke über=
sah. Ein Mann mußte stets auf demselben stehen, um die Be=
wegungen des Feindes zu melden. 3 Mann waren schon ver=
wundet herabgestürzt.

„Geht noch einer freiwillig da hinauf?"

„Ja, Herr Leutnant. Ich thu's!" Der Mann stieg
hinauf, nahm seine Säbelkoppel ab und hantierte mit derselben
herum. „Was machen Sie denn da?"

„I' schnall' mi an dem Bam fest, damit i`nit obi fall',
wenn's m'r an's afi schieß'n." Das war der Soldat Stelzer
des 13ten Regiments. Bald hatten sie ihm wirklich „an's afi
g'schoß'n", er meldete aber ruhig weiter. Schließlich war er

5*

still, ein Geschoß hatte ihm das treue Herz durchschlagen. Herunter fiel der Tote jedoch nicht; er hatte sich ja selbst festgeschnallt.

„Vive la France! En avant!" — „Donnerwetter, wo kommen denn die her? — Feuer! Feuer! — Drauf! Hinaus müssen sie wieder, sonst — „À bas les armes! Vive la France!" — „Herr Leutnant, dort links! — 2ter Zug vorwärts! Hurra! — Mon dieu, je suis perdu! — Halten, Leute, halten, feuern! So ist's recht! — En avant les chasseurs! Forcez cette ferme! À la baïonnette! Face à droite! — Nix Pardon! Brauch kan! — Gott sei Dank, die 12er! Jetzt wieder drauf! Hurra, hurra! — Battez en retraite! — Die Kerls reißen aus! Wieder vor bis an die Mauer! Hurra, hurra, hurra!"

Noch einmal war es gelungen, die übermächtigen Angreifer aus dem schon halb von ihnen genommenen Park hinauszuwerfen. Aber trotz der Hilfe der 12er konnte der Kampf gegen eine so enorme Überlegenheit nicht mehr lange durchgeführt werden, das erkannte man deutlich. Dazu gab es fast keine Patronen mehr. Das 3te Regiment hatte zur Aufnahme der aus la Renardière gewichenen 1ten Brigade den Wald von Montpipeau besetzt. Als Reserve besaß jetzt General von der Tann wieder 2 soeben bei Bonneville von Préfort Château her angekommene Bataillone (12er und 1te Jäger). Es waren die letzten des Armeekorps.

Sollte der Oberbefehlshaber sie auch noch einsetzen und dadurch den Kampf noch etwas hinausziehen? Dies wäre noch möglich gewesen; von einem Siege dagegen war gegen solche Massen keine Rede mehr. Hätte man das Letzte noch geopfert — was dann? — Keine intakte Truppe hätte dann unseren Abmarsch ermöglicht und gedeckt, wir wären einfach aufgerieben worden.

Da befahl General von der Tann im richtigsten Moment, etwa um 4 Uhr, mit einer Klarheit und Genauigkeit, wie wenn er eine mathematische Aufgabe löste, den Rückzug. Welchen Kampf er in dieser Stunde mit sich selbst durchgeführt, weiß niemand. Wie aber der 9. November tiefe Falten auf seine Stirne zog, wie sein Haar seit diesem Tage rasend schnell bleichte,

das sahen wir. Mit Recht sagt trotzdem ein berühmter Militär=
schriftsteller: „Wenn von der Tann in seiner Laufbahn als
Truppenführer nichts gethan, als diesen Abzug geleitet hätte, so
würde er immer in der Reihe hervorragender Feldherrn glänzen".

Die Schlacht stand um diese Zeit so: Unser rechter Flügel
hielt sich gut; das Zentrum in Coulmiers erlag beinahe der
Übermacht und besaß fast keine Munition mehr und unser linker
Flügel hatte zurückweichen müssen. Noch war der Rückzug nach
Nordosten möglich. Einige Stunden später konnten die von
Südosten heran marschierenden 35,000 Franzosen ihn abgeschnitten
haben. Hilfe von der noch zu weit entfernten 22ten Infanterie=
und der 4ten Kavallerie=Division war nicht zu erhoffen. Wir
mußten also gehen. Wir wichen auch, aber wie! Jede Truppe
jagte noch ein flottes Schnellfeuer hinüber, dann zogen sich die
Infanterielinien unter dem Schutze unserer Batterien aus dem
Chassepotsbereich, die Bataillone sammelten sich und nun mar=
schierten sie im Tritt, hinter den noch feuernden Kameraden
vorbei, in der befohlenen Richtung auf St. Sigismond zu. Der
linke Flügel fing an. Kein Bataillon, keine Kompanie, ja kein
Mann der Truppe, die noch nicht an der Reihe war, verließ
den Kampfplatz, ehe er Befehl erhielt. Einzelne Bataillone
ließen sogar wie bei einer Friedensparade die Entfernung von
den vorhergehenden abschreiten, um genau die vorgeschriebenen
300 Schritt einzuhalten; im Tritt marschierten die Leute auf
dem weichen Lehmboden so gut wie selten zu Hause auf dem
Lechfeld, und dazwischen schlugen die französischen Granaten und
rissen Lücken in die Reihen. Schnell wurden die Getroffenen bei
Seite geschafft, dann schlossen sich die Glieder wieder und von
neuem bemühte sich jeder, festen Tritt zu halten, der eigenen
Truppe zur Ehre, dem Feinde zum Trotz. So sind wir bei
Coulmiers abgezogen und zwar nur 1½ Kilometer vom Schlacht=
feld weg bis nach Gemigny und St. Sigismond, wo die Arrière=
garde biwakierte.

Die Artillerie war die letzte am Feind. Trotz der Däm=
merung feuerten die Geschütze fort, bis die französische Infanterie

auf wenige hundert Schritte herankam. Die Batterie Reder mußte, um ihre Geschütze fortzubringen, sogar aus ihren Bedienungskanonieren eine Schützenlinie bilden, die die nächsten feindlichen Tirailleure durch einen Gegenstoß ein Stück zurückwarf, wobei freilich der tapfere Führer der Artillerieplänkler, Leutnant Baron Laßberg blieb. Erst als die Kameraden der Infanterie ganz in Sicherheit waren, folgten die braven Artilleristen, staffelweise im Schritt abziehend. Mit ihnen hielten die preußischen Reiter des Grafen Stolberg und die bayerischen Chevaulegers bis zum Schlusse aus. Wiederholt flogen französische Granaten in die Schwadronen. Die schlossen rasch die durchschlagenen Reihen wieder und veränderten nur etwas ihre Stellung, aber sie wichen nicht. Das dauerte bis in die Nacht. Solche Reiter, mit denen man den Teufel aus der Hölle holen könnte, waren die Husaren, Ulanen und Kürassiere der 2ten preußischen Kavallerie-Division und unsere 3ten und 4ten Chevaulegers. Die bayerischen Kürassiere waren nach St. Péravy vorausgeschickt worden; sie hätten sonst geradeso mitgethan.

Zuerst der linke Flügel, dann das Zentrum, zuletzt unser rechter Flügel zogen also ab. Um 10 Uhr nachts, bei starkem Regen und völliger Dunkelheit traf die Arrièregarde (preußische Kavalleriebrigade Baumbach und 3te bayerische Infanterie-Brigade, Oberst Roth) in Gemigny ein. Die 6ten Husaren stellten ihre Vorposten so nahe an den französischen auf, daß sie dieselben sprechen hörten.

Vom Feinde hatten verschiedene neue Bataillone versucht, durch Angriffe unseren Abmarsch zu beschleunigen oder zu verwirren. Gegenstöße der 13er, 10er, 7ten, 4ten Jäger und anderer benahmen ihnen aber bald die Lust dazu. Der größte Teil des Korps brachte einige Stunden in den Orten St. Sigismond, St. Péravy und Coinces zu und der Feind wagte nicht, die in der Schlacht eingenommene Linie zu überschreiten.

Dies war der Tag von Coulmiers, an welchem zum erstenmale in diesem Kriege deutsche Truppen der feindlichen Übermacht weichen und an den Rückzug denken mußten. Trotzdem

herrschte bei den Abteilungen freilich keine freudige, aber noch
weniger eine gedrückte Stimmung. Man war überrascht, auf
eine solche Übermacht gestoßen zu sein und hatte mehr ein Ge=
fühl des Ärgers, als ein solches der Sorge. Man kam sich vor
wie ein Schachspieler, dem eine Partie, weil er den bisher immer
besiegten Gegner unterschätzt hat, mißglückt ist und der deshalb
eine Faust im Sack macht und sich denkt: wir treffen uns bald
wieder und dann geht es anders. Sicher aber erinnert sich jeder,
der das Treffen von Coulmiers mitgemacht hat, mit Stolz an
diesen ruhmreichen Tag des I. bayerischen Armeekorps und der
2ten preußischen Kavallerie=Division und an diese meisterhafte
Leistung des Generals von der Tann. Wehmütig berührte nur
der Gedanke, daß wir die verwundeten Kameraden der Gnade
des Feindes überlassen mußten.

Es ist noch notwendig, des Detachements Tauffenbach zu
gedenken. Dieses arbeitete in Orleans unermüdlich an der Weg=
schaffung des deutschen Materials. Um 11 Uhr ging die letzte
Depesche nach Versailles, wenige Minuten vor mittag verließ
der letzte Bahnzug die Stadt und punkt 12 Uhr marschierte das
Detachement ab, dem Kanonendonner zu auf der Straße gegen
Beaugency. Auf einmal hörte man nichts mehr vor sich, sondern
nur in nördlicher Richtung, d. h. seitlich. Plötzlich meldete der
Chevaulegersleutnant Muffel: „Herr Oberst, wir sind bereits
hinter dem linken französischen Flügel angekommen. Dort steht
eine feindliche Infanterie=Brigade." Es war so. Schleunigst
kehrte das Detachement wieder um und suchte Verbindung mit
dem Armeekorps zu erreichen. Erst bei völliger Dunkelheit,
nachdem die ausgesandten Chevaulegers wiederholt auf Franzosen
gestoßen waren, gelang dies. Sehr erschöpft kam das Detache=
ment spät abends in Cercottes an, wo es biwakierte. Am anderen
Morgen mußte es ein unbedeutendes Gefecht gegen die Spitzen
der Division Martin des Pallières bestehen, erreichte aber bald
das Armeekorps bei Artenay. General von der Tann war näm=
lich nach einer nur zweistündigen Ruhepause um Mitternacht
mit seiner ganzen Armeeabteilung wieder aufgebrochen und über

Artenay bis Toury marschiert. Kein Signal ertönte, ruhig sammelten die Unteroffiziere ihre Leute und ohne Laut verließen die Regimenter ihre Biwaks und Kantonnements. Die Franzosen hatten noch bei Tagesanbruch keine Ahnung, daß ihnen nicht ein einziger bayerischer Infanterist, kein preußischer Reiter mehr entgegen stand. Erst ein „zufällig" über das Schlachtfeld gehender Pfarrer mußte sie hierüber aufklären.

Der Marsch selbst war sehr ermüdend. Was die Truppen da leisteten ist kolossal. Die meisten Abteilungen hatten vor dem 9. November, d. h. am 8. vor- und nachmittags, die anstrengenden Alarmierungen durchgemacht, dann kam der 20 Kilometer betragende Nachtmarsch von Orleans nach Coulmiers, hierauf die Schlacht mit ihren auf dem 14 Kilometer weiten Kampffeld überaus anstrengenden Märschen und schließlich folgte der 36 Kilometer lange Nacht-Rückzug nach Toury. Dazu regnete und schneite es, die Wege waren eine Schmutzlache, der Boden neben den Straßen grundlos, und zu essen gab es nur, was man im Brotbeutel mitführte und nicht verweicht war. Und doch versagte kein Mann dieser abgehetzten, zu Tode ermüdeten Infanterie; kein einziger Akt von Indisziplin kam vor. Das waren die Bayern von der Tanns. Die Verluste bei Coulmiers betrugen auf der Seite der Deutschen:

47 Offiziere, 736 Mann,

bei den Franzosen 1500 Offiziere und Mann. Leider mußten wir auch die in Orleans liegenden Kranken und Verwundeten dort belassen. Am 10. November mittags stand alles in und um Toury bereit. Die dortige Stellung wurde befestigt. Bald trafen die Nachrichten ein, daß die 22te Division schon angekommen sei und die 17te preußische in einigen Tagen als weitere Verstärkung anlangen werde. Jetzt konnten wir wieder die Zähne weisen. Wären uns nur die Franzosen gefolgt; schon am 10. November hätten wir wieder zugebissen und wie! Allein sie hatten keine Schneid und folgten nicht. Nun denn auf später!

V.
In der Beauce und Perche.
Vom 10. November bis 1. Dezember.

Da waren wir also wieder nördlich des großen Waldes von Orleans und gerade vor uns lag das Gelände, in welchem wir genau 1 Monat vorher, am 10. Oktober, zum erstenmale die französische Loire-Armee auf die Finger geklopft. Dieses Mal hatten sie sich gerächt und uns etwas gezaust. Aber es war nicht durch die Haut gegangen und nagte nicht an der innern Kraft. Trotz der verlorenen Büschel Haare aus unserem Fell zeigte sich der Kern unversehrt und deshalb waren wir schon am 11. November früh wieder bereit, den Kampf aufs neue aufzunehmen.

Dies ging aber über den Willen und die Leistungsfähigkeit der Franzosen. Am 10. rührte sich nämlich General d'Aurelle de Paladines gar nicht, da er einen Gegenangriff der Bayern fürchtete. Nur Martin des Pallières marschierte bis an den Nordrand des großen Waldes nach Chevilly. Dort kam seine Division so ermüdet an, daß er beschloß, derselben Ruhe zu gönnen und deshalb stehen blieb. Nur fand am 12. in Orleans großer Kriegsrat statt, an welchem auch der aus Tours herbeigeeilte Gambetta teilnahm. Hier meldeten alle Generale, daß der Zustand der ihnen unterstellten Truppen ein so schlechter sei, daß man an einen weiteren Vormarsch gegen Paris vorderhand gar nicht denken könne. Man beschloß also die Anlage eines großen befestigten Lagers um Orleans und das einstweilige Verbleiben des XV. und XVI. Korps in und bei dieser Stadt. Außerdem betrieb aber Gambetta unermüdlich die weitere Aufstellung neuer Kräfte und organisierte zunächst ein XVII. Korps unter General Durrieu, später de Sonis westlich von Orleans. Bald folgten das XVIII. u. s. w. bis einschließlich des XXI. Korps.

Davon ahnte man beim deutschen Oberkommando nur allgemeines, was man nämlich aus den Nachrichten der geschwätzigen französischen Zeitungen entnahm. Wir speziell in der Beauce wußten überdies nur, daß direkt uns gegenüber eine Übermacht stand, die uns jede Stunde von neuem angreifen könnte, freilich um sich dann ihre Schläge zu holen. Die Stimmung, die am 11. unsere Leute ergriffen hatte, war eine geradezu klassische. Am 10. fühlten sie sich zu sehr ermüdet, um an etwas anderes zu denken, als an Ruhe und Erholung. Am andern Morgen aber, als sie erst durch die gegenseitigen Erzählungen genaueres über Coulmiers erfuhren — wir hatten Mühe, sie zu beruhigen, denn am liebsten wären sie wieder d'rauf gegangen, aber nicht um sich mit den Gegnern herumzuschießen, sondern um, wenn möglich, jeden einzelnen an der Gurgel zu packen und ihn solange zu schütteln, bis er „d'rwürgt war".

In Versailles hatte man aber doch schon vor dem Treffen von Coulmiers die Überzeugung gewonnen, daß es an der Loire ernster zugehen werde, als man vielleicht bis Ende Oktober angenommen. Deshalb war das II. Armeekorps nach der Übergabe von Metz sogleich mit der Bahn vor Paris geschickt worden, dagegen wurde die bis dahin der Zernierungsarmee angehörige 17te preußische Infanterie=Division nebst der 6ten Kavallerie=Division zur Sicherung der Belagerung von Paris im Süden der Stadt mitbestimmt. Die nunmehr neugebildete Armeeabteilung wurde am 7. November Seiner Königl. Hoheit dem Großherzog von Mecklenburg=Schwerin unterstellt und bestand also aus dem 1. bayerischen Armeekorps, der 17ten und 22ten preußischen Infanterie= und der 2ten, 4ten und 6ten preußischen Kavallerie=Division. Der Großherzog wollte mit der 17ten Division von Paris gegen Chartres marschieren, wandte sich aber auf die Nachricht von der Räumung von Orleans direkt gegen Süden.

Am 11. November standen nachmittags die nicht auf Vorposten kommandierten bayerischen 10er, 13er und 7ten Jäger in Toury auf den Straßen herum. Die einen putzten ihre Gewehre; andere plauderten u. s. w. Da ritten Dragoner in die Stadt.

„Leut! Do schaugt's hin! Was san denn bös für ane?"
Es war auch ein eigenartiger, fremder Anblick. Die Dragoner
sahen nämlich für unser Auge aus, als ob sie direkt aus der
Friedenskaserne kämen und zur Parade ausrückten. Bei unseren
Kavalleristen war es in diesen Tagen schwer, vor Schmutz die
Farben der Schabracken zu erkennen; an den hervorstehenden
Knochen unserer Pferde vermeinte man Helme aufhängen zu
können; uns selbst sah man an den verwetterten Gesichtern und
den eingefallenen Wangen deutlich genug an, daß die „Ruhe"
bei Orleans nur ein theoretischer Begriff gewesen, und da erschienen plötzlich scheinbar nagelneu gekleidete Dragoner mit
schönen roten und blauen Krägen, und saßen auf wohlgenährten
Pferden, deren Sättel hübsche Schaffell=Satteldecken verhängten,
kurz die reinsten Paradereiter gegen uns etwas zerrissene und
sehr schmutzige Gestalten. Bald klärte sich das Rätsel auf. Die
Dragoner gehörten zur Brigade Rauch, welche mit der 17ten
Division nach dem Süden gekommen war und nun die Vor=
posten übernahm.

„Bravo Mecklenburger! Hurra, es sind Verstärkungen
angekommen; jetzt kann es wieder losgehen!"

Am 11. übernahm auch der Großherzog den Befehl über
seine ganze Armeeabteilung, die sich in folgenden Stellungen
befand: das I. bayerische Armeekorps in der Gegend von Toury,
die 22te Division in Janville und Allaines, die 17te in Anger=
ville, die 2te Kavallerie=Division vor, die 4te hinter der 22ten
Division, die 17te Kavallerie=Brigade (Rauch) auf Vorposten um
Tivernon und die 6te Kavallerie=Division um Chartres.

General von der Tann war also mit seiner Armeeabteilung
in eine größere eingestellt worden. Am 10. schon erfuhr er in
Toury durch ein Schreiben diesen Befehl. Am Schluß desselben
stand als nunmehrige Direktive für ihn verzeichnet: „Ein Fest=
halten von Orleans ist nicht durchaus geboten, doch wäre es im
Falle der Räumung erwünscht, wenn möglichst viel Eisenbahn=
material gerettet würde." Nun, er konnte stolz sein, der schnei=
dige Feldherr, denn er hatte beide Befehle, den früheren und

diesen, erfüllt. Orleans war nur vor einem weit überlegenen Gegner geräumt und vorher alles Eisenbahnmaterial gerettet worden.

Für das große Hauptquartier kam nun eine Zeit, deren Schwierigkeit kein Laie ermessen kann. Wer nur oberflächlich von den sorgsamen Vorbereitungsarbeiten des Generalstabes liest, wer den Feldzug allein durch die Nachrichten über unsere Siege kennt und wer überhaupt nicht im Felde gestanden, sondern nur vom grünen Tisch aus urteilt, weiß nicht, was es heißt, im Ungewissen herumtappen zu müssen. So weit ging denn unsere Vorbereitung doch nicht, daß man Gambettas Pläne voraus in Berechnung ziehen konnte. Nun wußte man sicher, daß durch seine Energie ein Massenheer an der Loire entstanden war und durch das Treffen von Coulmiers kannte man auch dessen Standort bei Orleans. Aber man wußte nicht, ob dort wirklich die ganze französische Loirearmee versammelt sei und ob sie sich nun nord=westlich über Chartres gegen Versailles oder über Artenay oder Pythiviers gegen Paris wenden werde. Gerade in dieser Zeit blieben Kundschaftsnachrichten fast ganz aus und deshalb war man vollständig auf die Kavalleriemeldungen angewiesen. Wo unsere braven Reiter aber vordrangen, stießen sie auf Feinde. So wurden sie bei Pythiviers, vor der Front am Walde von Orleans, in der Richtung auf Châteaudun und südlich und sogar südwestlich von Chartres angeschossen. Besonders an dem oberen Loir (rechter Nebenfluß der Loire) und an der Eure zeigte sich eine große Rührigkeit des Feindes und bei Dreux stießen die Patrouillen der 6ten Kavallerie=Division sogar auf verhältnis=mäßig große Massen der Franzosen. Diese Haltung des Geg=ners und besonders seine Unthätigkeit bei Orleans trotz seines Erfolges berechtigten zum Schlusse, daß er mit seinen Haupt=kräften links abmarschiert sei, um das Einschließungsheer von Paris aus südwestlicher Richtung anzugreifen. Vielleicht rech=nete er dabei auf einen Erfolg noch vor Ankunft der von Metz heranmarschierenden zweiten deutschen Armee. Da sich dies alles von Versailles aus nicht genau übersehen ließ, hatte man dem

Großherzog von Mecklenburg ganz freie Hand gelassen und dieser beschloß nun, nur die 2te Kavallerie-Division bei Toury auf der Pariser Straße stehen zu lassen, mit den Hauptkräften aber sich nach der Gegend von Chartres zu wenden, um dann den Franzosen rechtzeitig entgegentreten zu können, ob sie nun über Orleans oder Châteaudun oder le Mans vordringen wollten.

Damit begann jener 3wöchentliche aufregende, ermüdende Rundmarsch, der die höchsten Anforderungen an die Ausdauer und Widerstandsfähigkeit gegen Strapazen aller Art an die Truppen stellte. Das Wetter war anfangs immer regnerisch und naßkalt. Einige schöne Tage Ende November bildeten eine kleine Abwechslung. Dann aber kam ein schneidender Nordostwind, der durch Mark und Bein ging und nicht nur Flüsse und Boden, sondern auch das Blut in den Adern erstarren zu machen drohte.

Am 13. November nachmittags marschierten wir also los. Das an diesem Tage zu erreichende Ziel war die Eisenbahn von Paris nach Tours. Am 14. lief die Meldung ein, daß in Dreux 12,000 Franzosen ständen. Also auf gegen Dreux!

Der Marsch des 15. und 16. bot keine Abwechslung dar. Trotzdem erhielt sich bei den Truppen eine gewisse Spannung, denn man erwartete jeden Moment auf den Feind zu stoßen. Das war deshalb recht gut, weil unsere Leute dadurch abgelenkt wurden, stets an das ganz infame Wetter zu denken. Es wechselte nämlich bloß zwischen Regnen und Schütten ab. Dazu wehte ein abscheulich kalter Wind und wenn man abends wirklich das Glück hatte, in ein Quartier zu kommen, so sah es auch dort so ungastlich wie möglich aus. Nun suchte sich jeder wie er eben konnte gegen diese Witterungsunbilden zu schützen. Am meisten bewährten sich die blauen kurzen Kapuzmäntel, die den französischen Magazinen in Orleans entnommen oder auf den bisherigen Schlachtfeldern erbeutet worden waren. Wo diese nicht ausreichten, mußten Decken den gleichen Dienst versehen, indem man einfach ein Loch hineinschnitt, durch dasselbe den Kopf steckte und einen Teil der Decke vornen, den anderen hinten über Uniform, Tornister ꝛc. hinunterhängen ließ. Das Mittel war gut, hatte aber den Nachteil, daß es den Mann ziemlich beschwerte und ihm das stramme militärische Aussehen benahm. Nun Excellenz von der Tann drückte ein Auge zu, die bayerischen Offiziere erst recht und bald machten es die preußischen ebenso. Helf was helfen mag!

Am 17. November ging der Rummel los. Wir wateten wieder in dem Morast dahin und beinahe wollte der gute Humor ausgehen, als plötzlich ein dumpfer, matter Schlag, gleich darauf noch einer, dann mehrere die Luft erschütterten.

„Aha, jetzt haben wir sie. Es muß aber noch weit sein, denn man hört die Kanonenschüsse so undeutlich."

Es war bei Dreux, wo die 17te Division auf das aus Mobilgarden, Marine- und Marsch-Infanterie-Regimentern und etwas Kavallerie bestehende Korps de Bretagne des Grafen Kératry stieß. Die mecklenburgischen 89er, gefolgt von 76ern, machten keine lange Einleitung, sondern griffen an, warfen den Feind aus den Dörfern Imbermais, Chambleau u. s. w. hinaus und ebensowenig umständlich verfuhren rechts neben ihnen bei Luray und St. Gemme die 90er und 14ten Jäger. Schade, daß es schon zu dunkel war, um dem Feinde mehr als 50 Gefangene abzunehmen. Die Division besetzte nun Dreux und schob Abteilungen auf das linke Blaiseufer vor. Durch dieses Gefecht hatte sich General von Treskow mit seiner 17ten Division auch bei unseren Truppen sozusagen angemeldet. Jetzt wußte selbst jeder Soldat, daß die Mecklenburger wirklich da waren und die Mannschaften eines weiteren deutschen Stammes bereit seien, mit uns Bayern, Thüringern und Hessen gegen den gemeinsamen Feind vorzugehen. Täglich wurde nun unsere Vereinigung inniger und noch heutzutage wenn man z. B. einem Bewohner der bayerischen Hochalpen, der damals mit in der Perche war, von den Mecklenburgern erzählt, dann schlägt ihm das Herz schneller und freudiger, denn er erinnert sich daran, wie am 2. Dezember diese Mecklenburger uns herausgehauen — doch davon später.

Auch die 22ste Division hatte bei Marville und Ferme

Villiers Widerstand gefunden, denselben aber eben so rasch gebrochen, wie die 6te Kavallerie-Division, die den sich ihr entgegenstellenden Feind rasch aus Châteauneuf verjagte.

Nun war die Fühlung mit dem Gegner gefunden und es verging von jetzt an bis zur zweiten Einnahme von Orleans kein Tag, an welchem es nicht Zusammenstöße gab, oder doch einzelne feindliche Abteilungen durch Granaten beschossen oder durch die Kavallerie rekognosziert wurden. Leider begann aber auch die Zeit, in der der Volkskrieg die schauerigsten Blüten trieb und in der auch wir zu sehr strengen Maßregeln gezwungen wurden. Kein Tag verging, an welchem nicht einzelne unserer Patrouillen, Eklärcurs, Ordonnanzoffiziere oder zum Befehlholen beorderten Offiziere und Leute in Hinterhalte gelockt, überfallen, erschossen oder nur angeschossen und dann erschlagen wurden. Meist hatten wir keinen anderen Nachweis ihres traurigen Schicksales als den, daß sie nicht zurückkamen, verschwunden waren und verschwunden blieben. Was half es, daß wir Höfe, nach denen z. B. die armen Patrouillen entsendet wurden, anzündeten, wenn sie von dort nicht heimkehrten? Die unglücklichen Reiter, Jäger oder Infanteristen waren und blieben verschollen. Wie sie geendet, weiß niemand. Am schwersten lag dieser Zustand der Unsicherheit und das Bewußtsein vollständiger Wehrlosigkeit auf den Ordonnanzoffizieren. Wer einmal in jener Zeit mit einem hochwichtigen Befehl in der Brusttasche, nur von einem Chevauleger oder Husaren begleitet oder ganz allein nachts durch die Waldungen der Perche z. B. an der Huisne geritten ist, wer da jeden Moment erwarten mußte, aus irgend einem Busch heraus mit Rehposten vom Pferd geschossen und dann, wie Leutnant Rudolph, mit Heu- und Mistgabeln erstochen oder mit Knitteln erschlagen zu werden, der weiß, was es heißt, eine enorme Verantwortung auf sich lasten zu haben, ohne sich sagen zu können, meine Kraft reicht aus, die mir gestellte Aufgabe zu erfüllen. Ja wenn es sich nur um das eigene Leben gehandelt hätte! Das wollte man ja gerne für König und Vaterland opfern! Allein der Befehl! Der Befehl, an dem vielleicht der

Erfolg einer Schlacht, das Leben von Tausenden hing! Wenn nur der ankommt! Mit solchen Gedanken beschwert empfindet man bange Sorge und Furcht. Zu den Schwierigkeiten, die uns der Feind, die bewaffneten Einwohner und die heimtückisch den Einzelnen überfallenden Meuchelmörder bereiteten, kam noch, daß gemäß der Anordnung Gambettas alle Augenblicke die Straßen abgegraben waren, überall hatte man die Wegweiser zerstört, die Kilometersteine entfernt, Brücken gesprengt u. s. w. Das verursachte Stockungen und Aufenthalte und veranlaßte manche Irrung besonders der ohne Karten umherreitenden Ordonnanzen. Ferner entwickelte sich in dieser Gegend ein einfaches, aber für die Franzosen sehr praktisches Signalsystem. Das bestand darin, daß in jedem Dorfe nachts eine Laterne, am Tag eine Fahne solange auf dem Kirchturm angebracht war, bis Deutsche den Ort betraten. Daraus erkannte man französischerseits leicht, wie weit wir vorgeschritten waren. Ferner besorgten die gehenden, bei unserer Ankunft aber stehen bleibenden Windmühlen den gleichen Dienst. Hier konnten wir jedoch schnelle Abhilfe treffen, denn mit Aschenhaufen kann man nicht mehr signalisieren, auch wenn die Asche vorher eine Windmühle war.

Schon am 16. hatte der Großherzog aus Versailles die Mitteilung erhalten, daß er vom Schutze der Straße Paris-Orleans entbunden sei, weil die zweite Armee, in Eilmärschen herangezogen, denselben übernehmen werde. Zugleich wurde die 2te Kavallerie-Division der zweiten Armee, dafür aber die 5te, welche durch 6 Landwehrbataillone und 1 Batterie verstärkt war, der Armeeabteilung des Großherzogs unterstellt.

Durch die Vertreibung des Korps des Grafen Kératry und die Einnahme von Dreux war die Gegend von Versailles und damit der südwestliche Teil des Einschließungsheeres vorläufig vor feindlichen Überraschungen gesichert.

Nun ruhig die Hände in den Schoß legen und abwarten, das gab es für einen Feldherrn, wie der Mecklenburger es war, nicht.

„Im Nordwesten gibt es nichts mehr zu thun, also auf nach Südwesten gegen die Armee von le Mans."

Wir führten sofort eine Viertelsschwenkung nach links aus und setzten uns auf die Straße von Nogent le Rotrou und le Mans. Bei Dreux blieb nur die 5te Kavallerie-Division zurück.

Der 18. November begann mit einem so dichten Nebel, daß man kaum 10 Schritte vor sich sah. Die Avantgarde der 22sten Division (13te Husaren, 94er und 2 Batterien) marschierte gegen Torcay und den dortigen Wald.

„Na nu! Das schießt ja!"

„Meldung von der Spitze. Der ganze Waldrand ist von französischen Infanteristen besetzt. Wie stark konnte man wegen des Nebels nicht erkennen."

„Das werden wir bald haben. Meine Herrn, wir wollen uns mit Schießen nicht aufhalten, sondern so nahe als möglich herangehen und dann mit dem Bajonett angreifen."

Zweimal ließen sich die 94er dies nicht sagen. Mit Hurra stürmten sie vor und ehe die überraschten Rothosen zur Besinnung kamen, saßen ihnen die preußischen Bajonette zwischen den Rippen, wenn sie nicht sofort um Gnade baten und sich gefangen gaben. Das kurze Gefecht kostete doch den Franzosen 60 Tote, 80 Verwundete und etwa 150 Gefangene.

Den Bayern war die Säuberung des Waldes von Châteauneuf übertragen worden. Dieselben kamen erst bei Einbruch der Dunkelheit in der Nähe der ihnen bestimmten Quartiere und des bezeichneten Waldes an. Als sich die Spitzen dem Dorfe St. Maxime näherten, hörten sie französische Kommandos.

„Still, Aurieder, die Kerls woll'n m'r uns amol lange'! Mir nach!" Wie Katzen schlichen sich die beiden Jäger an den feindlichen Doppelposten, der soeben lauter als nötig seine Vorgänger abgelöst hatte, heran. Das Aufpatschen des Regens und die starke Dunkelheit unterstützte ihr Unternehmen.

Die beiden französischen Infanteristen ahnten nichts von

dem ihnen drohenden Verhängnis und plauderten ohne Scheu mit einander.

„Eh, blaireau*, as tu encore quelquechose dans ton bidon**?" „Le voila!" Der alte Troupier trank einen tüchtigen Schluck. „Garde donc ton flingot***. Nous n'avons pas le temps pour piquer une romance†. Je ne veux pas que ces maudits prussiens nous surprennent — sapristi — au sec —." Es war zu spät. Der Hilferuf konnte sich seiner Kehle nicht mehr ganz entringen, denn die Faust des bayerischen Jägers drückte ihm den Hals so fest zu, daß dem armen Franzosen der Atem und die Möglichkeit zu schreien vergingen. Als er nun sein „flingot" zur Alarmierung der rückwärtigen Kameraden abdrücken wollte, erhielt er einen solchen Kolbenstoß auf den Magen, daß er die Kraft zu allem Widerstand verlor und sein Gewehr fallen ließ. Der junge „blaireau" aber lag bewußtlos im Straßengraben, wohin er nach dem Kolbenhieb des anderen Jägers gestürzt war. Nun brachten Aurieder und sein Begleiter den gefangenen älteren Franzosen, dem sofort, wenn er rufen wollte, wieder der Hals fast zugedrückt wurde, zu ihrem Vortrupp zurück und meldeten die ganze Geschichte. Wenige Minuten später standen die bayerischen 2er und die 4ten Jäger mitten im Dorfe und wer von den vollständig überraschten Franzosen nicht mehr ausreißen konnte, wurde gefangen. 2te Jäger und 1er hatten ein kurzes Gefecht in Jaudrais zu bestehen; 13er schossen sich in völliger Dunkelheit mit feindlichen Linien-Infanteristen bei Digny herum und leider mußte schließlich ein Teil des Armeekorps biwakieren, weil die ihm zugewiesenen Orte in Flammen standen. Der Erfolg des Tages waren für die Bayern 260 Gefangene und viele erbeutete Waffen.

An den nächsten Tagen, am 19., 20. und 21., spukte es

---

* Spottname für Rekrut.
** Feldflasche.
*** Gewehr.
† Kasernenausdruck für schlafen.

am meisten bei Bretoncelles, wo die 94er, 95er und 83er eine
sehr starke feindliche Abteilung so fest anpackten, daß wieder an
300 Gefangene in ihren Händen blieben. Unter letzteren be=
fanden sich zahlreiche Marine=Infanteristen. Dieselben waren
wenige Tage vorher direkt aus Cochinchina in Cherbourg ange=
kommen, mit der Bahn am 20. nach Nogent le Rotrou gefah=
ren worden und am 21. abends marschierten sie unter preußi=
scher Bedeckung in der Richtung gegen Deutschland, um wenige
Tage später dort bei irgend einem Straßen= oder Festungsbau
mitzuhelfen; gewiß eine Schnelligkeit der Beförderung, die für
die damalige Zeit nichts zu wünschen übrig ließ.

Nun führte die Armeeabteilung eine große Rekognoszie=
rung gegen le Mans aus. Dabei stieß man täglich an den
verschiedensten Orten auf den Feind. Von Ruhe war unter
solchen Verhältnissen natürlich keine Rede. Am Tag wurde
marschiert, der Feind zurückgeworfen und möglichste Aufklärung
erstrebt; abends warf man die Franzosen aus den angewiesenen
Dörfern und Höfen und legte, wenn der Ort dabei nicht in
Flammen aufgegangen war, einen Teil der Leute in die soeben
vom Feinde verlassenen Quartiere. Nachts bezog der andere
Teil der Truppen die in dem fremden, sehr bedeckten Gelände
der Perche äußerst schwierigen Vorposten, ritt und ging auf
Patrouillen und schoß sich mit dem stets in nächster Nachbar=
schaft stehenden Feinde herum. Wie bei einem solchen Leben
und noch dazu während des abscheulichen Wetters, das fort=
während zwischen Regnen, Schneien, Frieren und wieder Auf=
tauen wechselte, Leute und Pferde herunterkamen, kann man sich
denken. Sehr schlimm war es, daß man durchaus keine Zeit
fand, Uniformen und Stiefel reparieren zu lassen und die gro=
ßen Bagagen zurück gegen Paris geschickt hatte. Den bayeri=
schen Offizieren ging es am allerschlechtesten, denn damals gab
es in Bayern keine Kompaniekarren und die Koffer der Herrn
befanden sich franktireursicher in — Lonjumeau. 4 Wochen
habe ich selbst keinen Koffer gesehen und nur das, was ich auf
dem Leibe trug, bei mir gehabt. Ein einziges Mal konnte ich

ein neues Stück Wäsche requirieren. Es war ein Frauenhemd und dies mußte mir wieder vom 24. November bis zum 14. Dezember dienen. Während dieser ganzen eisigen Zeit trug ich an den Armen unter der Uniform — nichts. Das Hemd hatte keine Ärmel und wo meine letzten Manschetten lagen, weiß ich nicht mehr. Ein zu Fuß marschierender Kamerad hatte sich aus Brettchen Sohlen geschnitten und band diese mit Stricken jeden Morgen an die Reste seiner Stiefel; viele Leute ersetzten die vollständig unmöglich gewordenen Stiefel durch französische Holzschuhe mit Lederbesatz; Burschen und Kranke, welche auf den Wagen fuhren, mußten sogar ihre vielleicht noch brauchbare Fußbekleidung abgeben und sich mit den großen, ganz aus Holz gefertigten französischen Sappots, die teilweise mit Stroh ausgefüllt wurden, behelfen. Natürlich war es nach jedem Gefecht das Erste, allen gefallenen Franzosen die Stiefel auszuziehen und die Kapuzmäntel abzunehmen. Mäßig genug war auch die Verpflegung. Großenteils sollte man sie durch Requisitionen beschaffen. Allein erstens fand man keine Zeit zum Beitreiben und zweitens hatten die Franzosen das Meiste selbst verbraucht oder vernichtet. Nur Wein gab es in Menge und zwar ausgezeichneten. Der hat uns aber auch weiter geholfen und ist gewiß viel mit die Ursache, daß wir die gewaltigen Marsch= und Gefechtsanforderungen erfüllen und die strengen Strapazen durch Witterung, ungenügende Verpflegung und mangelhafte Quartiere überhaupt aushalten konnten.

Wir, die wir diese Zeit durchlebten, empfanden sie damals hart genug. Aber stolz dürfen wir doch sein, am meisten auf folgendes: auch nicht eine Stunde ließ die treueste Pflichterfüllung auch nur einer einzigen Kompanie nach; kein einzigesmal murrte man über unsere Kriegführung; kein Wort des Unwillens, nicht ein einziger Akt des Ungehorsams auf Grund unserer taktischen oder strategischen Verwendung kam vor und keine einzige Ungesetzlichkeit bedeutenderer Art gegen die Bewohner des unglücklichen, vom Kriege heimgesuchten Landes ließ auf eine Verminderung der Disziplin schließen. Wir Offiziere wußten, daß wir uns auf diese fast in Lumpen gekleideten, schlecht verpflegten Leute ebenso verlassen durften, wie auf die bestversorgten Friedensmannschaften und die Soldaten selbst gehorchten ihren Vorgesetzten genau so pünktlich als im Friedensmanöver. Das Franktireurwesen, das uns so sehr belästigte, hatte den ganz besonderen Vorteil, daß jeder Mann lieber bis zum letzten Atemzuge mitmachte, als daß er Schwächeanfällen nachgab und zurückblieb. Er wußte, bei seinem Offizier war er am sichersten; sich selbst überlassen, fiel er in die Hände der Franktireurs und Bauern.

Die Offiziere aber — doch von diesen brauche ich nicht viel zu sprechen. Wer die deutschen Offiziere kennt, weiß, daß ihr Pflichtgefühl, ihre Treue für König und Vaterland erst erlöschen, wenn mit dem letzten Blutstropfen der letzte Atem entflieht. Wir aber hatten ja noch Kraft und Ausdauer, wenn auch oft der Magen knurrte, der eisige Wind durch die fadenscheinige Uniform drang und das Regenwasser auf der Haut am Körper herablief.

Tagtäglich krachte es. Außer den vielen, vielen kleineren Gefechten mußten wir am 21. bei la Fourche, wo die 1te, und bei Thiron-Gardais, wo die 2te bayerische Division starke feindliche Kräfte aller Waffen schlugen, Kämpfe bestehen; am 22ten wurde Nogent le Rotrou besetzt, der Gegner von der 17ten Division bei Bellême geworfen und nachts 12 Uhr la Ferté Bernard von den bayerischen 1ten Jägern gestürmt.

Lustig war es, wie der Soldat Huber der 2ten Kompanie des bayerischen Infanterie-Leib-Regiments in erstem Gefecht einen französischen Gefangenen machte. Als Offiziersbursche führte er damals kein Gewehr bei sich. Dagegen hatte er sich mit einem tüchtigen Haselnußstock bewaffnet. In einer Waldparzelle lagen französische Infanteristen im Hinterhalte. Huber trollte hinter seinem Leutnant drein. Plötzlich bemerkte er in einem Busche einen feindlichen alten Unteroffizier, der im Anschlag auf den Offizier lag. Mit den Worten: „Obacht, der Kerl schießt! I will 's ihm aba vertreib'n! Hurra, hurra!" rannte Huber, seine Gerte hoch schwingend, auf den Franzosen los. Der zielte nun auf den Bayer. Wie der Blitz ist aber Huber neben ihm, der erste fürchterliche Hieb sitzt dem Franzosen auf dem Ohre, so daß er aus Schmerz das Gewehr fallen läßt und sich zur Flucht wendet, der zweite trifft den Fliehenden so über den Rücken, daß er zusammenbricht und nun von Hubers Fäusten wie von Eisenklammern gepackt und als Gefangener zur Kompanie geschleppt wird. Wenn später ein neueingestellter Ersatzmann über einen Bolandi (so nannte man in Bayern die Burschen) ungünstiges sagen wollte, so hieß es immer: „Sei nur staat;* der Huber leist' mehr mit sei'm Steck'n, wia Du mit Dei'm Schießprüg'l."

Der gute Humor ging den Leuten überhaupt durchaus nicht aus. Je erbärmlicher das Wetter — am 23. fand ein wahrer Wolkenbruch statt — desto lustiger klangen oft die altbayerischen Orleans-Schnadahüpfeln und laut schmetterte es z. B. aus den Gliedern:

„Was is denn in Orleans?
In Orleans is nett,
Die Mad'ln san sauber,
Net z'mager, net z'fett.
Und hob'n's uns a nausg'jagt
Ball' san' m'r wieada dort.
Nocher hoaßt aba deutli
Die Rothosen fort!
Holderri bi ho, holderri bi ha, juhe!"

Die Offiziere unterstützten auf jede Art die Heiterkeit der Leute und mancher brave Bursche, der halb erfroren noch die Laune fand, solche und ähnliche Schnadahüpfeln vorzusingen, bekam einen Extraschluck aus der Feldflasche seines Leutnants, vorausgesetzt, daß dieser selbst noch etwas darin hatte. Dafür aber wurden oft auch ganz kolossale Anforderungen an die Leute gestellt. So z. B. gehörten Ritte, wie ihn die 4te Eskadron der 2ten preußischen Ulanen unter Leutnant von Rudolphi am 27.

---
* still.

gegen Bonneval machte, 13 deutsche Meilen d. h. 97½ Kilometer in 16 Stunden, wenigstens für Adjutanten und Ordonnanzoffiziere nicht zu den Seltenheiten. Meistens aber lag die Hauptschwierigkeit der Ordonnanz- und Rekognoszierungsritte darin, daß man aus fast allen Orten, Höfen, Waldparzellen ꝛc. angeschossen wurde, wie Leutnant Müller von den 6ten Ulanen beim Ritte gegen Brou, der Schreiber dieser Zeilen in den Waldungen an der Huisne und Dutzende von Kameraden da und dort, bei Tag und bei Nacht.

Das Wort Ruhe war zu jener Zeit ein theoretischer Begriff geworden. Gerne wollte uns der Großherzog von Mecklenburg zu öfteren Malen die wirklich nötige Erholung gewähren. Allein es ging eben nicht, wie z. B. am 19., wo abends 9½ alarmiert wurde und unter anderen die 4te Kavallerie-Division die ganze naßkalte stürmische Herbstnacht auf blanker Erde ohne Stroh und Feuer, die Pferde stets gesattelt, zubringen mußte. Ebenso wurde unseres fürsorglichen Feldherrn gute Absicht für den 24. vernichtet, indem aus Versailles der Allerhöchste Befehl eintraf, der Feind sei gegen le Mans nur durch schwächere Abteilungen zu verfolgen, die Armeeabteilung habe aber in der Richtung auf Beaugency zu marschieren und dort am 25. und 26. einzutreffen. Also wandten wir uns wieder nach Südosten, klopften nun bei Mondoubleau, Yèvres, Brou, Duneau, Lorcy, Azai, Chevenelle und anderen Orten die sich zeigenden Franzosen tüchtig auf die Finger, warfen jeden Abend die in unseren Quartieren sich noch vorfindenden Feinde aus den Dörfern und trösteten uns mit dem Gedanken, „der Großherzog von Mecklenburg und der alte Tann werden schon wissen, warum wir einmal hier und einmal dort dreinschlagen müssen". Übrigens war es uns ganz egal, wo es Schläge setzte; die Empfänger waren ja überall die Franzosen. Am 26. erfuhren wir, daß unsere Armeeabteilung dem Prinzen Friedrich Karl unterstellt sei und daß es wieder gegen Orleans vorgehe. Nur die 5te Kavallerie-Division kehrte unter den Befehl der dritten Armee zurück. Also noch einmal nach Orleans!

Das war eine freudige Nachricht.

„Ja, ja, den kleinen schwarzen Lockenkopf in der Rue Jean d'Arc muß ich noch einmal sehen!" So meinte ein lieber, guter Kamerad. 3 Tage später haben wir ihn bei Varize begraben. Er sah Orleans nicht wieder. Und wie fiel er, der arme Oberleutnant Maurer vom 13. bayerischen Infanterie-Regiment! Beim Sturm auf den Park von Varize, wo wir mit den Franktireurs des Polen Lipowski eine gründliche Abrechnung hielten, wollte er seine Leute verhindern, in der Aufregung des Kampfes Franzosen, die mit weißen Tüchern winkten, zu erschlagen und drehte den Gegnern den Rücken zu. Da trat ein Franktireur de Paris vor und schoß ihm in dem Augenblick mit einem Revolver durch das Rückgrat, als Maurer das auf die Brust eines Franzosen gerichtete Bajonett eines seiner Leute zur Seite schlug.

Am 28. konnte uns wirklich einmal ein Ruhetag gewährt werden. Merkwürdiger Weise blieb derselbe für den größten Teil der Armeeabteilung auch ein solcher. Nur die 3te bayerische Infanterie-Brigade hatte das Vergnügen, alarmiert zu werden und teils gegen Varize, teils gegen Vendôme beobachten zu müssen. Die 4te schoß sich bei Civry ein wenig herum.

Am 29. betraten wir wieder die Beauce. Wir sahen die freie weite Ebene mit einem ganz eigenen Gefühl an, gerade als ob man in ein Land zurückkehre, das zwar nicht die Heimat war, aber durch langen Aufenthalt doch eine liebe Stätte geworden ist. Zudem empfand jeder Soldat größere Zuversicht, denn er wußte, daß in dem Gelände vor uns unsere Hauptüberlegenheit durch eine verhältnismäßig sehr starke Kavallerie und Artillerie ganz anders zur Geltung kommen werde, wie in den Schluchten und Waldungen der Perche. Und dann konnte hier der Feind doch nicht immer so schnell verschwinden und es war Hoffnung, durch einige große Schlachten ihm und damit dem lästigen Parteigängerkrieg ein Ende zu machen. Zuletzt winkte die Aussicht, wieder nach Orleans zu kommen, sehr aufmunternd und darum begrüßten alle Truppen freudigst unsere alte, wohlbekannte, jetzt freilich mit Schnee und Eis — am 29.

begann die strenge Kälte — bedeckte Beauce. Der 3wöchentliche Rundmarsch hatte der Armeeabteilung allein an Gefechtsverlusten 30 Offiziere und 493 Mann gekostet. Mehr noch waren den Strapazen erlegen.

VI.
Anmarsch der zweiten Armee. Die Schlacht von Beaune la Rolande.

Metz kapitulierte; die zweite Armee wurde frei. Nun bildete Paris den Punkt, der die Entscheidung des Krieges herbeiführen mußte. Eine der nächsten Hauptsachen war daher der Schutz der Einschließungsarmee, damit die Belagerung keinen Tag unterbrochen und die Übergabe dadurch verzögert würde. Auch die Franzosen erkannten genau, daß der Fall der Hauptstadt den Schluß des Krieges bedeuten und ihre vollständige Niederlage besiegeln werde. Daher ihre außerordentlichen Anstrengungen zum Entsatz von Paris und die fortwährende Aufstellung neuer Armeen, von deren Bildung zahlreiche ausführlichere Gerüchte bei den deutschen Kommandobehörden einliefen. Schweigen war ja nie eine französische Tugend. Dagegen gehört Ruhmredigkeit und Eigenlob von jeher zu den hervorragendsten Eigenschaften unserer Erbfeinde und deshalb bemühten sie sich auch im Oktober und besonders nach Coulmiers im November 1870, jedem deutschen Quartiergast zu erzählen, daß dort unten hinter der Loire sich eine kolossale Armee von mehr als 200,000 Mann sammle, um zuerst das Einschließungsheer von Paris zu sprengen und dann im Verein mit den befreiten Brüdern aus der Hauptstadt alle Deutschen zu erschlagen oder doch zu verjagen.

Wir glaubten ihnen ja nicht aufs Wort. Allein man

traf doch seine Vorsichtsmaßregeln und deren wichtigste war, die zweite Armee, von der, wie schon berichtet, das II. Armeekorps ausgeschieden und nach Paris geschickt worden war, gegen die mittlere Loire zu entsenden.

Daß man den Abmarsch aus der Umgegend von Metz möglichst beschleunigte und einzelne Truppen schon am 29. Oktober, also noch während der Übergabe in Bewegung setzte, hatte einen doppelten Zweck. Man wollte die Regimenter aus dem durch die lange Belagerung bei fast fortwährendem Regen in einen wahren Morast verwandelten Boden, der eine Reihe von gefährlichen Krankheiten erzeugte, schnell wegführen und man erleichterte sich die in der ausrequirierten Umgegend von Metz sehr schwierige Verpflegung, die nunmehr auch für die gefangene Armee besorgt werden mußte, wenn man rasch möglichst viele Abteilungen in Departements verlegte, in welchen sie sich selbst verpflegen konnten.

Prinz Friedrich Karl erhielt daher den Befehl, mit der nunmehr aus dem III., IX., X. Armeekorps und der 1. Kavallerie-Division bestehenden zweiten Armee gegen die neue französische Loire-Armee vorzugehen.

Vorher hatte Seine Majestät der König von Preußen eine Ordre erlassen, welche das ganze deutsche Heer, insbesondere aber die zweite und die dritte Armee mit größter Freude erfüllte. Es war die am 28. Oktober erfolgte Ernennung des Kronprinzen und des Prinzen Friedrich Karl zu Feldmarschällen. Jeder von ihnen hatte mit seiner Armee je eine der beiden ursprünglich gegen uns im Feld gestandenen feindlichen Armeen in einer Reihe von Schlachten besiegt, sie dann zur Übergabe gezwungen und kriegsgefangen nach Deutschland geschickt. Dafür war ihnen die höchste Würde, die ein Soldat erreichen kann, verliehen worden, ihnen und ihren braven Truppen als Lohn für treueste Pflichterfüllung in ernster Zeit. Es war der erste derartige Fall im hohenzollernschen Hause, aber auch zum erstenmale, daß das Geschick hohenzollernschen Prinzen Gelegenheit gab, so glänzende Ruhmesthaten zu verrichten. Die Truppen jubelten, als sie den königlichen Erlaß vernahmen, denn jeder, selbst der beschränkteste Mann, empfand klar, daß mit dieser hohen Auszeichnung nicht der Sohn und Neffe des Königs als solcher, sondern nur die erprobten, siegreichen Feldherrn und in ihnen jeder ihrer Soldaten geehrt worden war.

Die Regimenter begrüßten den Abmarschbefehl aus der Gegend von Metz auf das freudigste. Als ob von der Übergabe an überhaupt sich alles ändern sollte, trat nun auch gutes Wetter ein und lustig zogen die Kolonnen durch Lothringen nach der Champagne. Das ganze schöne Frankreich lag ja vor ihnen und Sorgen wegen bevorstehender weiterer Strapazen und Schlachten machte sich wenigstens innerhalb der verschiedenen Abteilungen niemand. War man doch mit den besten kaiserlichen Armeen fertig geworden! Was wollten nun die paar Häuflein zusammengeraffter Reste aus den Depots oder gar die bei der zweiten Armee nur vom Hörensagen gekannten Franktireurs noch machen? So dachte sich jeder und blau wie der schöne Himmel erschien ihm die Zukunft. Daß man vor der Rückkehr in die Heimat noch einen kleinen militärischen Spaziergang durch den hübschesten Teil Frankreichs machen müsse, erschien ganz angenehm, um so mehr als man ja um Metz vom eigentlichen Feldleben noch recht wenig kennen gelernt hatte.

Wenn auch nicht gerade so günstig, so doch ebenfalls sehr vertrauensvoll und zuversichtlich sah man beim Oberkommando der zweiten Armee und bei den höheren Stäben der Truppen die allgemeine Lage an. Man hatte eben noch zu wenig von der Leistungsfähigkeit der Franzosen, von der Thatkraft Gambettas und seiner Organe, sowie von den überaus zahlreichen Hilfsmitteln des reichen Landes erfahren und war doch ein klein wenig durch die bisherigen großen Siege verwöhnt worden. Auch die Haltung der Bewohner der zunächst durchzogenen Departements rechtfertigte eine gewisse sanguinische Auffassung der Verhältnisse. Den guten Lothringern hatte man nämlich von französischer Seite aus alles nur Mögliche von der Barbarei der Preußen erzählt. Wie sich nun die letzteren als ganz gesittete und im Vergleich mit den französischen Soldaten sehr bescheidene Menschen erwiesen, atmeten die Bauern der Mosel-, Maas- und Marne-Gegend förmlich auf und stellten sich auch ihrerseits auf besten Fuß mit ihrer Einquartierung. Da fanden sich oft, nachdem der nach Lebensmitteln fragende Musketier zuerst nur das wohlbekannte „rien du tout, du tout" 2c. zu hören bekommen, nachträglich doch noch ein „roti" mit „Endivien-Salat", einige „Biskuitts de Reims", „Madeleines de Commercy", „Vermicelles" (Nudeln) und die überall ausgezeichnet bereiteten „pommes de terre fruits" (in Fett gesottene Kartoffelschnitze) ein. Dafür lieferte der Musketier seinen Kaffee, Speck u. s. w. und bald war in Küche und Wohnstube zwischen dem prussien und seinen Quartierleuten ein ganz gutes Einvernehmen hergestellt. Je mehr sich aber die Truppen dem Süden und der Mitte von Frankreich näherten, desto seltener kamen solche Szenen freundlichen Verkehrs vor und schließlich hörten sie ganz auf.

Der Vormarsch fand in der Art statt, daß das IX. Armeekorps (General von Manstein) den rechten Flügel, das III. (General von Alvensleben II) die Mitte und das X. (General von Voigts-Rhetz) den linken Flügel bildeten. Rechts vorgeschoben marschierte die 1te Kavallerie-Division (Generalleutnant von Hartmann). Um die Leistungsfähigkeit der Truppen möglichst zu erhöhen, hatte man aus allen Regimentern die schwächlichen und kränklichen Mannschaften in eigene Kompanien zusammengestellt und diese als Rekonvaleszenten-Kompanien in der Gegend von Metz zurückgelassen. Dadurch war freilich die Stärke der Abteilungen sehr vermindert worden und betrug nach dem Abmarsche nur:

	Infanteristen,	Kavalleristen,	Geschütze
beim III. Armeekorps:	17,904	1133	84
„ IX. „	16,638	1690	90
„ X. „	16,457	1085	84
bei der 1ten Kavallerie-Division	—	3157	6
mithin bei der ganzen II. Armee:	50,999	7065	262
	Infanteristen,	Kavalleristen,	Geschütze

Anfangs beabsichtigte Prinz Friedrich Karl den Ansichten des Generals von Moltke folgend mit je einem Armeekorps gegen Bourges, Nevers und Châlon sur Saône vorzugehen und allgemein glaubte man in den ersten Novembertagen noch, daß es möglich sei, die an den bezeichneten Orten etwa angesammelten Truppen des Feindes zu vertreiben, die Städte schnell einzunehmen und die militärischen Anstalten von Bourges zu zerstören. Deshalb ging die erste Marschrichtung der Armee über Bar le Duc, Commercy und Toul auf Troyes und Chaumont. Allmählich änderte sich der Charakter der Märsche. Man näherte sich ja der Umfassung der von Gambetta bearbeiteten Zone und nicht nur die immer systematischer auftretenden Zerstörungen der Straßen und Brücken, sondern auch die täglich unfreundlicher werdenden Mienen der Einwohner zeigten, daß man bald auf Widerstand stoßen werde. Schon am 6. November fielen die ersten Schüsse und zwar bei Provenchères, wo Oberst von Conta durch die Füsiliere der Leib=Grenadiere, 2te Dragoner und einige Geschütze französische Infanterie vertreiben lassen mußte.

Am 7. November gab es bei Bretenay kleine Zusammenstöße. Wieder verjagten Leib=Grenadiere, 2te und ferner 12te Dragoner nebst 1 Batterie des 3ten Feld=Artillerie=Regiments den Feind. Derselbe hatte das Dorf Bretenay und das Gehölz la Tillande besetzt. Als die Leib=Grenadiere gegen ersteres vorgingen, eröffneten die Franzosen ein kolossales Schnellfeuer, freilich auf eine unsinnige Entfernung, weshalb sie einfach gar nichts trafen.

„Na die kofen sich wohl for en paar tausend Patronen Courage!" meinte ein lustiger Grenadier. „Wir wollen nu man sehen, ob se nich Talmicourage for echte erhalten haben!" Wahrscheinlich war es so, denn als sich die Grenadiere dem Dorfe näherten, rissen die Franzmänner so rasch aus, daß es nur einigen besonders schnellfüßigen Preußen gelang, mehrere zu lange sich aufhaltende Gegner noch zu erwischen und gefangen zu nehmen. Im Walde war der Widerstand heftiger. Die 12te Kompanie erreichte zwar bald den Waldrand, den der Gegner verlassen hatte. Nachdem erstere aber das Gehölze selbst durchsuchte, erhielt sie von allen Seiten, sogar von den Bäumen herab Feuer und wiederholt kam es vor, daß im Gebüsche versteckte Franzosen aus nächster Nähe noch auf Füsiliere schossen und dann um Gnade baten. Was für einen Begriff solche Leute von einem völkerrechtlichen Betragen in der Schlacht hatten, ist rätselhaft. Meinten doch verschiedene, sie könnten noch als Gefangene ein zur Hand liegendes Gewehr auf einen Deutschen abfeuern und dann schnell noch Schonung beanspruchen. Wenn hierauf die erbitterten Preußen sie einfach wegen ihrer meuchlerischen Verräterei niederstachen, so schrien und schrieben später die solchen Szenen anwesenden anderen Franzosen nur über die Barbarei ihrer Besieger. Von der völkerrechtswidrigen, gemeinen Handlungsweise ihrer Landsleute schwiegen sie aber still. So wurde und wird in Frankreich Geschichte gemacht und dabei verlangen die Leute noch Glaubwürdigkeit.

Obwohl man bei Bretenay auf einen mindestens 2000 Mann starken Feind gestoßen war, kam es doch an den folgenden Tagen zu keinem Scharmützel mehr. Die Armee setzte daher ihren Vormarsch unbelästigt fort und kam am 10. November in breiter Front in der Linie Troyes-Chaumont an. In ersterer Stadt traf mittags 12 Uhr 35 beim Prinzen Friedrich Karl nachstehende telegraphische Nachricht des Generals von Moltke ein:

„Starke feindliche Streitkräfte sind von der Loire bei Orleans im Vormarsch, daher eine Beschleunigung im Vorrücken der zweiten Armee nötig. Das IX. Korps muß den Ruhetag am 11. ausfallen lassen und am 14. Fontainebleau zu erreichen suchen."

Nicht einen Augenblick zögerte der prinzliche Feldherr, auf das Verlangen des Generalstabschefs einzugehen. Die schon in Arbeit befindlichen Befehle für den folgenden Tag wurden sofort abgeändert und Prinz Friedrich ordnete nicht nur das Vorrücken des IX. Armeekorps gegen Westen an, sondern beschloß mit seiner ganzen Armee in dieser Richtung abzuziehen und sich gegen die Straße Orleans-Paris zu wenden.

Jetzt nach dem Kriege sagt freilich jedermann: „Das war ja notwendig und darum klar." Damals erschien es aber nicht so klar. Von der außerordentlichen Stärke des Feindes hatte man auch zu jener Zeit noch keine Ahnung. Immer noch erschien die Einnahme von Bourges und Nevers leicht und dieselbe mußte dem siegreichen Führer großen Ruhm einbringen. Wohl mancher General hätte in diesem Fall das IX. Korps allein gegen Westen entsendet und wäre mit dem Reste der Armee weiter in der gleichen Richtung vorgedrungen, um einerseits einen scheinbar leichten ruhmreichen Feldzug zu führen, anderseits allein und selbständig zu handeln und alle Ehren für sich selbst einzuheimsen. Prinz Friedrich Karl dachte anders. Er opferte die eigenen Wünsche, fügte sich der Aufforderung des Generals von Moltke, bedachte nur das Interesse des großen Ganzen und marschierte mit seiner ganzen Armee gegen Westen, wo er zwar mehr dem Einfluße des Oberkommandos unterlag, aber, wie er richtig ahnte, notwendig war. Er handelte eben echt hohenzollerisch, indem er die eigene Person dem Vaterlande unterordnete und sich nicht nur als vorzüglicher Führer, sondern auch als treuer gehorsamer Soldat erwies — ein Beispiel für alle Untergebenen.

Die Armee vollzog sofort die ihr anbefohlene Rechtsschiebung. Vor größeren feindlichen Abteilungen hatte man wieder Ruhe. Dagegen schlug die Witterung um und Kälte und Schneegestöber erschwerten die Märsche. Dennoch wurden dieselben beschleunigt und deshalb gelang es auch dem IX. Armeekorps wie befohlen am 14. November die Gegend von Fontainebleau und Moret zu erreichen. Von hier wurde es auf direkten Befehl des Oberkommandos zur Deckung der Straße Orleans-Paris noch weiter westlich geschoben und erreichte am 15. Milly und Malesherbes. Das III. Armeekorps war am 16. in Sens eingerückt, das X. ließ zur Sicherung gegen Langres eine Brigade in Chaumont zurück und gelangte am 15. nach Laignes. Die 1te Kavallerie-Division war mit der 2ten in Verbindung getreten und rekognoszierte links derselben gegen Pithiviers.

Trotzdem nunmehr die Nachrichten über Coulmiers eingetroffen waren, konnte man beim Oberkommando der zweiten Armee doch noch nicht an das Vorhandensein einer sehr stark überlegenen feindlichen Armee glauben und vermeinte es mit etwa 60,000 Mann lose zusammengefügter Truppen zu thun zu haben. Gegen einen solchen Feind erschien ein rasches entschlossenes Vorgehen am angezeigtesten und deshalb beschloß der Prinz mit den vereinten beiden nächsten Korps IX und III Orleans wieder einzunehmen. Bald aber mußte man diesen Plan aufgeben. Kundschaftsnachrichten sprachen von einer Stärke der französischen Loire-Armee von Hunderttausenden und die Kavalleriemeldungen ließen bald erkennen, daß diese Angaben voraussichtlich auf Wahrheit beruhten. Dazu kam, daß das Verhalten der Einwohner so kühn wurde, wie es nur sein konnte, wenn ihnen sehr starke Kräfte einen Hinterhalt boten. Nun ordnete der Prinz auch das Heranziehen der 3 Brigaden des X. Korps an und gab diesem die Richtung auf Montargis. Die ganze zweite Armee wendete sich jetzt auf Pithiviers und gegen die Straße Orleans-Paris.

Von nun an fanden täglich Zusammenstöße mit dem Feinde statt und der Krieg nahm überhaupt einen anderen Charakter als bisher an. Die zweite Armee empfand eben jetzt auch, was ja die Armee-Abteilung des Großherzogs von Mecklenburg schon lange wußte, daß man nicht mehr gegen die französische Armee allein, sondern gegen das aufgestandene französische Volk zu kämpfen habe. Alle Straßen waren durch Gräben und Verhaue gesperrt; überall traten Franktireurs, Mobilgarden und auch feindliche Linientruppen auf, die zwar rasch zurückgeschlagen wurden, aber sofort neuen Widerstand leisteten, sobald sich ihnen das Gelände dazu günstig erwies; aus Dörfern und Gehöften wurde auf Patrouillen geschossen; einzelne Offiziere und Leute verschwanden spurlos. Kurz es traten dieselben Schwierigkeiten auf, wie sie westlich der Pariser Straße schon seit Wochen den Preußen und Bayern des Großherzogs sich tagtäglich entgegenstellten.

Zu verschiedenen Scharmützeln kam es am 20. bei allen drei Armeekorps, indem das IX. Armeekorps bei Brigny, das III. bei Beaune la Rolande und das X. bei Chevillon den Gegner zurückwarf.

Nun trafen Nachrichten aus Versailles ein, welche in Zweifel ließen, ob nicht die ganze Armee nicht nur gegen Orleans, sondern sogar gegen Châteaudun verwendet werden müsse. Ferner erfuhr man, daß die Franzosen genau über den Anmarsch und die Stärke der zweiten Armee aufgeklärt waren. Vor allem mußte man jetzt Gewißheit darüber erlangen: „Wo · steht die feindliche Loire-Armee?" Nach Toury und Outarville entsendete Generalstabsoffiziere kamen an langen zusammenhängenden französischen Vorpostenstellungen vorbei; die in den täglichen Scharmützeln gemachten Gefangenen erklärten, daß sie zu den bisher unbekannten XVII., XVIII. und XX. Armeekorps gehörten und Gerüchte entstanden, daß die ganze feindliche Armee sich nach links ziehe. Dies schienen auch die fortwährenden, von den Truppen des Großherzogs von Mecklenburg zu bestehenden Gefechte zu bestätigen. Die Lage wurde täglich verwickelter und schwieriger. Das Notwendigste war nun Eile, um in Verbindung mit den letztgenannten Truppen zu gelangen. Am 24. fanden bei der ganzen zweiten Armee viel ernstere Gefechte als bisher statt. Alle drei Armeekorps schickten nämlich starke Rekognoszierungsdetachements vor und diese stießen sämtlich auf energischen Widerstand. Bei Artenay und Creuzy warfen 11te Grenadiere, Leib-Küraffiere und 2te Ulanen, sowie je 1 Batterie der Feld-Artillerie-Regimenter Nr. 2 und 6 den Gegner zurück; bei Chilleurs au bois, Santeau und vor allem Neuville au bois kämpften 48er, 20er, 35er, 12te und 2te Dragoner und 1 Batterie des Feld-Artillerie-Regiments Nr. 3, und bei Ladon, Maizières und Montbarrois führte der größte Teil des X. Korps ein glänzendes Gefecht.

Die zähe Haltung des Feindes und das Auftreten sehr zahlreicher Linientruppen zeigte, daß man wirklich auf den rechten Flügel der so lange vergeblich gesuchten Loire-Armee gestoßen sei. Besonders der entschiedene Widerstand, den 20er und 35er bei Neuville fanden und auch nicht zu brechen vermochten, bestärkte diese Ansicht. Ein Glückszufall brachte Gewißheit. In dem Tagebuch eines an diesem Tage gefallenen irländischen Abenteurers, der als Kapitän bei den Franzosen Dienste leistete, fanden sich genaue Angaben über die Stärke des hier stehenden XX. französischen Korps, sowie ein Brief Gambettas, der wichtige Aufschlüsse über die Absichten der französischen Heeresleitung gab.

Ein Laie kann sich gar nicht vorstellen, wie drückend eine solche Ungewißheit, wie sie bisher bei der zweiten Armee herrschte, auf allen Gemütern lastet. Die ganz kolossale Verantwortung, welche auf den Schultern eines Feldherrn ruht, raubt ihm jede Ruhe und wie von einem Alp befreit atmet er auf, wenn sich endlich die Lage klärt. Was liegt daran, wenn man Schwierigkeiten vor sich sieht? Mit diesen kann man fertig werden; nur Klarheit und Gewißheit! Das empfinden die Truppen freilich nicht in gleichem Maße. Die machen ihre Strapazen durch, kämpfen und siegen oder sterben, und sind sie in Erfüllung der Pflicht auf dem Felde der Ehre geblieben, so preisen sie die Überlebenden und in der Geschichte ihres Vaterlandes wird ihnen ein Ruhmesblatt geweiht. So glücklich ist der Führer nicht. Wenige fragen, wenn ihn das Unglück verfolgt, ob er daran schuld trägt oder nicht, und wenn er auch gleich einem einfachen braven Soldaten, den Tod auf dem Schlachtfeld findet, so tadelt ihn oft die urteilslose Menge, weil sie nur nach dem Erfolge richtet und nicht mit den Verhältnissen rechnet. Prinz Friedrich Karl war jedoch nicht der Mann, sich durch solche Gedanken den klaren Blick trüben zu lassen. Dennoch mag er erleichtert aufgeatmet haben, als er endlich wußte: „die französische Loire-Armee steht vor uns".

Sein Entschluß war sofort gefaßt. Zuerst wollte er den Feind anlaufen lassen und dann erst gegen Orleans vorrücken. Am 25. November erhielt er die Nachricht, daß ihm die Armeeabteilung des Großherzogs von Mecklenburg unterstellt sei.

Sofort erteilte er derselben die Weisung auf Beaugency zu marschieren, während er mit seiner Armee stehen blieb, gewärtig, die Zähne zu zeigen, wenn die Franzosen wirklich den Vormarsch gegen Paris versuchten.

Die Gelegenheit hierzu ließ nicht lange auf sich warten. Am 25., 26. und 27. November kam es nur zu unbedeutenden Scharmützeln. Dagegen mehrten sich die Nachrichten, daß die nach verläsfigen Angaben wirklich 200,000 Mann starke Loire-Armee sich zum Vormarsch nun wirklich anschicke.

Deshalb ließ Prinz Friedrich Karl dem Großherzog von Mecklenburg befehlen, sich nunmehr an die Pariser Straße heranzuziehen und mit den Spitzen am 29. Toury zu erreichen.

Am 28. früh standen die 3 vom X. Korps vorhandenen Brigaden konzentriert und zwar die 38te (von Wedell) in und bei Beaune la Rolande, die 39te (von Valentini) südöstlich, und die 37te (Lehmann) nördlich davon in Erwartung eines Angriffs bereit.

Die 40te bisher bei Langres verbliebene und nunmehr wieder herangezogene Brigade (von Kraatz-Koschlau) befand sich um diese Zeit noch im Anmarsch auf Montargis, so daß General von Voigts-Rhetz bei Beaune la Rolande nur über 8500 Gewehre, 1200 Kavalleristen und 70 Geschütze verfügte.

Vom III. Korps erhielt die 5te Division Befehl nach Dadonville und Boynes, die 6te nach Pithiviers heranzumarschieren, das IX. Korps übernahm die Vorposten an der Pariser Straße. Der Tag warf seine Schlagschatten voraus. Die Ahnung einer ernsten Schlacht lag sozusagen in der Luft. Man wußte, daß der Feind bedeutend überlegen sein werde. Mit vollem Vertrauen sah man aber den kommenden Ereignissen entgegen, denn man verließ sich nicht auf die Zahl der Truppen, sondern auf deren innere Tüchtigkeit, Disziplin und Gefechtsgewandtheit, sowie auch auf die Überlegenheit der Artillerie. Diese Eigenschaften der preußischen Abteilungen berechtigten vollständig den Entschluß, Stand zu halten, es komme, was da wolle. Das Vertrauen des Feldherrn wurde nicht getäuscht;

7*

die Truppen siegten aber nur, weil sie ihr bestes Können, ihre treueste Opferwilligkeit einsetzten und dadurch ausglichen, was der übermächtige Feind an Zahl vor ihnen voraus hatte.

Gambetta's Thatkraft hatte bis zu dieser Zeit ganz Hervorragendes geleistet. Gegenüber Beaune la Rolande standen das XVIII. von General Billot befehligte und das XX. Armeekorps, dessen General (Crouzat) zugleich den Oberbefehl über beide Korps führte. Dieselben waren 55—60,000 Mann stark und bestanden nicht nur aus guten, meistens Linien=Truppen, sondern wurden auch größtenteils von tüchtigen Offizieren befehligt. Alle erfüllte eine feste Zuversicht, weil sie sich ihrer kolossalen Übermacht bewußt waren.

Die Schlacht zerfiel in 3 selbständige Abschnitte, nämlich den Angriff des XVIII. französischen Korps gegen die Vorposten südöstlich, den des XX. Korps gegen jene südwestlich von Beaune und den Angriff auf die Stadt selbst.

Es war kalt und nebelig. In dem mit Dörfern, Gehöften, Waldparzellen und Weinbergen bedeckten Gelände zwischen Beaune und dem großen von den Franzosen besetzten Walde von Orleans konnte die Vorpostenkavallerie nur wenig Verwendung finden. Desto mehr waren die Infanterie=Schleichpatrouillen am Platze.

„Meldung von der Patrouille Nr. 7. Gegen les Côtelles und Juranville gehen starke feindliche Schützenzüge vor."

„Gut. Ich sehe sie dort schon ankommen. — Auf die feindlichen Schützen — 450 Schritte — lebhaftes Schützenfeuer!"

Es knattert und prasselt los.

„Vive la France! En avant les 9mes chasseurs!"

„Donnerwetter! Wir werden links umgangen! — Schützen=feuer! — Stopfen! — Langsam zurück!"

Das befolgten die braven 79er buchstäblich, denn kein Mann schlug eine schnellere Gangart an.

„Herr Hauptmann! Da kommen die 56er!" Oberst von Valentini hatte sie selbst geschickt und Major von Lindeiner führte sie mit ausgezeichneter Tapferkeit vor. Der Gegner stutzt und hält.

„Meldung von den Vorposten bei Lorch. Der Feind greift uns mit etwa 4facher Übermacht an. Unsere Artillerie muß zurück."

„Werdet Unterstützung bekommen." 2 Geschütze und die 9ten Dragoner eilten hin. Nun bringen die 10ten Jäger den Feind bei Lorch schnell zum Stehen. In der Front aber müssen die 56er und 79er dem Kreuzfeuer der sich fortwährend verstärkenden Franzosen weichen.

„Gott sei Dank! Da kommen 91er!" Oberstleutnant von Hagen und Hauptmann von Tahsen rückten mit den Füsilieren der 91er heran.

Hurra klingt's auf dem rechten, hurra schallt's auf dem linken Flügel und „ramm, tamm", „ramm, tamm" schlagen die Tambours in der Mitte, wo die Füsiliere der 56er den 91ern folgen. Von 3 Seiten bohren sich nun Oldenburger und Westfalen wieder in das geräumte und von den Franzosen rasch zur Verteidigung eingerichtete Dorf Juranville ein; langsam, aber stetig arbeiten sie sich vor und endlich 12¼ Uhr ist der Feind wieder hinausgeworfen; 250 Gefangene blieben in den Händen der Preußen. Der Feind aber bringt neue Massen heran; ein wahrer Hagel von Granaten überschüttet Juranville und die seitlich davon haltenden Preußen; bald erkennen derer Führer, daß ein längeres Halten unmöglich und zähneknirschend, aber der Notwendigkeit folgend ordnen sie den Rückzug an. Nochmals geht es im Schritt zurück; 300 Gefangene nehmen sie mit; Hauptmann von Tahsen führt 2 Kompanien geschlossen in eine Aufnahmsstellung und nun hält die ganze Linie wieder. So oft auch die Franzosen versuchen, einen neuen Sturm zu unternehmen, so oft werden sie abgewiesen und in der Höhe von Longcour versammelte schließlich General von Voigts-Rhetz die Hauptkräfte seines Korps. Damit trat hier auf dem linken Flügel, nachdem der Kampf von 8 Uhr bis 2 Uhr gedauert, Ruhe ein. Das französische XVIII. Korps sammelte sich der preußischen Aufstellung gegenüber bei Corbeilles und zwang dadurch seinen Gegner jeden Mann für einen neuen Kampf bereit

zu halten und die Verteidiger von Beaune sich selbst zu über=
lassen.

Auf dem rechten preußischen Flügel war Beaune durch
die 16er unter Oberstleutnant von Sannow besetzt und schon
seit 2 Tagen möglichst zur Verteidigung eingerichtet worden.
Fast die ganze Stadt umgaben starke Mauern und die Eingänge
wurden von den Preußen verbarrikadiert. Der westlich vorge=
schobene Kirchhof bildete eine gute Flankenstellung zur Bestreichung
des Stadtrandes.

Merkwürdig war es, daß es hier vor der Front noch
lange ruhig blieb, während von links der heftigste Kanonen=
donner herüberschallte. Da, nach 9 Uhr ging's auch hier vor
der Front bei den Vorposten los; vor den übermächtigen Vor=
truppen des XX. französischen Korps mußten die bei Batilly
stehenden 57er weichen. Auch sie thaten es nur Schritt für
Schritt. Der Gegner aber verlängerte fortwährend seinen linken
Flügel, so daß er stets den preußischen rechten umfaßte. Frei=
lich wurden die Franzosen oft genug durch die von General von
Woyna gesendete preußische Artillerie aufgehalten, allein schließ=
lich mußte der tapfere Verteidiger doch der Übermacht weichen
und von Stunde zu Stunde schoben sich die Franzosen mehr
gegen die Straße von Pithiviers heran.

Etwa um Mittag drangen neue dichte Schützenschwärme
der Franzosen auf die 57er vor. Sie konnten nicht mehr halten.
Der Feind hatte sie aber schon so weit umfaßt, daß ihnen bei=
nahe der Rückzug abgeschnitten worden wäre. Da raffelte Haupt=
mann Knauer im Galopp mit seinen Geschützen herbei. Bis
auf 800 Schritte fuhr er an die französischen Schützen heran
und dann gings los. Zuerst wetterten Granaten in den Feind.
Als dieser dennoch weiter vordrang, folgten Kartätschen. Trotz=
dem ließen sich die Franzosen nicht aufhalten. Sie zeigten
überall an diesem Tage eine an ihnen durchaus nicht gewohnte
Tapferkeit und stürmten schneidig weiter vor. Erst als sie auf
400 Schritt heran waren, folgte auch die Batterie den unter=
dessen unbelästigt zurückgewichenen 57ern. Das letzte Geschütz

sollte noch nachkommen. Vorwärts Leute, sonst" —. Da fiel der brave Zugführer, Vizefeldwebel Aly, getroffen aus dem Sattel. Ein Gefreiter und 2 Kanoniere wollten noch aufprotzen. Sie sind zu schwach. Major von Schöler eilt mit Leuten seiner 57er herbei. Die ziehen die Kanone mit fast übermenschlicher Kraft aus dem Lehmboden an die Protze heran. „Gott sei Dank, es gelingt!" Das Geschütz ist aufgeprotzt. „Jetzt vorwärts!" Der einzige Fahrkanonier gibt die Sporen und peitscht das Handpferd, daß die armen Tiere die äußerste Kraft ansetzen und „hurra es geht!" Plötzlich ein Schlag, ein Blitz, eine Dampfsäule, die französische Granate hat den letzten Fahrer, die letzten Pferde zerrissen — bewegungslos steht das Geschütz da; der Feind stürmt in Massen frohlockend drauf los; Major von Schöler kann mit seinen Leuten gerade noch entkommen; das Geschütz ist verloren.

Nachdem die Franzosen auf diese Art die preußischen Vortruppen von allen Seiten zurückgedrängt und die Stadt Beaune fast vollständig umfaßt hatten, begannen sie den Angriff auf dieselbe mit größtem Nachdruck. Schon seit frühem Morgen bewarfen sie Beaune mit Granaten. Nun drang ihre Infanterie von Süden, Westen und sogar Nordwesten gegen die Umfassung vor. Dahinter hielten die 16er des Oberstleutnant von Sannow und Teile der von der Vorpostenstellung zurückgedrängten 57er unter Hauptmann Feige. Etwa um 1 Uhr war es, als der erste große Angriff von Westen her erfolgte.

„Herr Hauptmann, sie stürmen! Es sind mindestens 4 Bataillone!"

„Nur Ruhe, Ruhe! Kein Mann feuert, ehe ich es befehle. Herr Kamerad richten Sie Ihre Aufmerksamkeit nach rechts, ich werde nach links das Hauptaugenmerk legen! Halten Sie vor allem auf Ruhe und sorgen Sie, daß die Munition möglichst gespart werde."

„Herr Hauptmann! jetzt stürmen sie im Laufschritt heran. Darf ich feuern lassen?"

„Es ist noch zu weit. — Visiere auf 400 Schritt stellen laſſen!"

Eine neue Pauſe trat ein, eine herzbeklemmende, ſcheinbar endloſe Pauſe. Wie Erzfiguren ſtanden Hauptmann Feige und Hauptmann Natzmer da und beobachteten den Feind. Die Musketiere lauerten hinter den Schießlöchern der Mauer und über die Barrikaden nach den mit lautem „vive la France" anſtürmenden Franzoſen, aber keiner zuckte, keiner brachte den krampfhaft gebogenen Zeigefinger an den Drücker; kein Schuß fiel. Das iſt deutſche Gefechts=Disziplin, das waren preußiſche Truppen, denen man eine ſolche Beherrſchung vertrauensvoll zumuten konnte, denn ſie leiſteten, was man überhaupt nur von Truppen verlangen darf.

„Herr Leutnant, wie weit ſchätzen Sie jetzt die Entfernung des Feindes?"

„Noch vielleicht 450 bis 500 Schritte, Herr Hauptmann!"

„Danke. Ich ſchätzte es auch noch ſo weit!"

Neue Ruhe. Eine Granate ſchlug in der Nähe ein. Dem ſchwer getroffenen Musketier ging im Fall das Gewehr los. Ehe ein zweiter Mann, durch den Schuß verleitet, nachfeuern konnte, ſchrieen die nächſten Leutnants und Unteroffiziere: „Stopfen! ſtopfen!" Kein Schuß fällt weiter; jeder Mann harrt in fieberhafter aber bewältigter Ungeduld auf den Befehl. Das ſollen uns einmal die Franzoſen nachmachen! Sie würden beim erſten Verſuch ſcheitern, denn zu einer ſolchen Leiſtung gehört etwas, das ſie nicht haben und nie erreichen: „Die deutſche Disziplin!"

„Herr Hauptmann, jetzt ſchätze ich nur noch 400 Schritt."

„Sie werden Recht haben." — Noch eine kleine Pauſe machte der Hauptmann, dann ſchöpfte er voll Atem und nun: „Auf die feindlichen Schützenlinien — Ziel aufſitzen laſſen — Schnellfeuer!"

Oh die armen Franzoſen! Wie ein Hagelwetter ſchlug es unter ſie ein und peitſchte ſie reihenweiſe nieder. Aber ſie erholten ſich nach kurzem Stutzen und ſtürmten kühn und tapfer weiter vorwärts. Bis auf 150 Meter kamen ſie an die Stadt=

umfassung heran. Dann freilich kehrten die Überlebenden um
und eilten in Auflösung zurück. Das preußische Feuer verfolgte
sie erbarmungslos, bis sie etwa 400 Meter entfernt waren.
Dann ertönten Signale und sofort wurde es in Beaune wieder
still; kein Schuß fiel mehr; man mußte ja die Patronen sparen.
Nun sausten Granaten über Granaten in die Stadt. Viele
Häuser standen in Flammen; die Straßen waren mit Qualm
und Rauch erfüllt. Gegen 3 Uhr stürmte die 2te französische
Division des XX. Korps unter General Thornton an. Gleicher
Erfolg wie vorhin. Wieder rafften sich die durch das erste Feuer
zum Stutzen gebrachten Franzosen auf und stürmten von neuem
vor — bravo ihr 3ten Marsch=Zuaven; bravo ihr tapfern
Mobilgarden von Deux Sèvres, von Savoyen und vom Ober=
rhein! Freilich es war wieder erfolglos.

 Jetzt erhöhte sich das französische Granatfeuer noch mehr.
Eine vorübergehende Erleichterung trat nur ein, als General
von Woyna die unterdessen gesammelten 57er neu vorführte und
diese und die reitenden Batterien des Majors Körber den linken
französischen Flügel wieder etwas zurückdrängten.

 Bald aber wütet das französische Feuer mit neuer Kraft
gegen Beaune und abermals sammeln sich gewaltige Massen zum
Sturm auf die Stadt. Die Munition beginnt zu mangeln und
konnte nicht mehr ersetzt werden, weil die Wagen rückwärts in
Sicherheit gebracht waren. Was sollte Oberstleutnant von
Sannow, der sich seiner überaus kritischen Lage wohl bewußt
ist, thun? Soll er den kurzen Erfolg der 57er benützen und die
Stadt unter deren Schutze räumen?

 Nein, nein. Er schwankt nicht; er beschließt, sich bis auf
den letzten Mann zu halten; so gebieten es Ehre, Pflicht und
Notwendigkeit und außerdem hat er die feste Überzeugung, daß
man ihn nicht im Stiche lassen werde, denn das bei Pithiviers
stehende III. Korps hat ja jetzt gewiß Nachricht erhalten und
wird die Kameraden vom X. schon heraushauen. Er täuschte
sich nicht; er kannte die deutsche treue Kameradschaft genau. Bei
Vionville war es ja ähnlich gewesen. Dort stand es der feind=

lichen Übermacht gegenüber schlimm genug um die Branden=
burger, hätten sie nicht die Westfalen rechtzeitig herausgehauen;
heute konnten diese jene Hilfe erwidern und sie thaten es voll
und glänzend.

Schon von früh 9 Uhr an war die 5te Division alar=
miert, bald aber wieder in ihre Quartiere entlassen worden, weil
die ersten eintreffenden Nachrichten aus Beaune nur auf ein
kleines Gefecht wie alle Tage schließen ließen. Um mittag aber
marschierte sie vor und beeilte sich infolge der jetzt bringenden
Meldungen immer mehr. Äußerst frühzeitig schon gegen 4 Uhr
trat an diesem Tage die Dämmerung und rasch darauf die
Dunkelheit ein. Gerade wollte eine neue Brigade des XX. fran=
zösischen Korps wieder zum Sturm ansetzen, da erschienen die
Spitzen der 5ten Division. Links 52er, rechts die 3ten Jäger
kamen sie heran; kein langes Feuergefecht verzögerte den An=
marsch, sondern mit Hurra gings drauf und bald war der Feind
bis Batilly zurückgeworfen. Nun sprachen die Batterien des
III. Korps mit und 12er und 48er trieben in Verbindung mit
den erstgenannten Truppen den Gegner vor sich her. Bald war
die Westseite vor Beaune wieder frei. Wie jubelten die West=
falen aus der Stadt ihren märkischen Kameraden zu, obwohl sie
sich gegenseitig noch nicht vernehmen konnten! Wie atmete Oberst=
leutnant von Sannow auf, obgleich die Gefahr für die Stadt
noch nicht ganz abgewendet war! Und wie ganz anders blickten
alle Offiziere des Korpsstabes und Excellenz von Voigts=Rhetz
selbst drein, denn jetzt wußte jeder, die Schlacht wurde gewonnen.

Aber der diesesmal hervorragend tapfere Feind ließ noch
nicht nach. Schon war es so dunkel geworden, daß man dicht
vor der Front nichts mehr erkannte, das Feuer aus der Stadt=
umfassung hatte aufgehört, weil man fürchtete die vorgegangenen
Bataillone der 5ten Division zu treffen, da ertönten plötzlich
dicht vor der Mauer laute Kommandorufe: „En avant! A la
baïonnette! Vive la France!" Bis in die brennenden Häuser,
bis hart an die Barrikaden drangen noch einmal Abteilungen
der französischen Division de Polinac, unterstützt von Truppen

des XVIII. Korps heran. Sie wollten durchaus siegen, aber sie fanden nur den Tod. Ein kurzes, aber rasendes Schnellfeuer wies sie gründlich ab. Jetzt war der Kampf um Beaune la Rolande entschieden. Wie ein unzerstörbarer Fels dem wütenden Anprall der Wogen widersteht, wie an seinen Klippen die Gewalt der Wasser sich bricht und nur zerstäubte Gischt zurückfällt, so war an Beaune aller „élan" der Franzosen zerstoben und statt der tapferen Scharen kehrten entmutigte, aufgelöste, wirre Haufen zurück. Trotz ihrer geringen Zahl, trotz der so sehr spärlichen Munition hatten die 16er dies erreicht nicht allein, weil sie es gut verstanden, die natürlichen Deckungsmittel der günstig gebauten Stadt zu verwerten, sondern vor allem, weil sie zu gehorchen wußten und weil ihre Offiziere in klarer überlegter Weise die Verteidigung leiteten und sich keinen Augenblick zu Übereilungen hinreißen ließen. Beaune ist ein Triumph deutscher Kriegskunst, ein Erfolg der Tüchtigkeit preußischer Offiziere und ein Beweis der Disziplin preußischer Soldaten.

Die 12er und 52er setzten die Verfolgung bis Montbarrois fort. Letzteren war es auch gelungen, das am Vormittag verlorene Geschütz zurückzuerobern.

Nun setzte die vollständige Dunkelheit der weiteren Verfolgung ein Ziel; nur 8 preußische Batterien vermehrten durch ihre Granaten die Unordnung des gegen Bellegarde und in den Wald von Orleans fliehenden Feindes. Auf dem linken deutschen Flügel hatte das XVIII. französische Korps nach einem nochmaligen vergeblichen Versuche gegen Longcour auf weitere Kämpfe verzichtet.

Der Sieg war errungen dank der zähen Ausdauer des X. und dem rechtzeitigen energischen Eingreifen des III. Korps.

60,000 Franzosen mit 138 Geschützen hatten sich vergeblich bemüht, 11,000 Preußen mit 70 Geschützen zurückzuwerfen. Freilich unterstützte letztere eine gute Stellung und das Bewußtsei, im Rücken keinen Feind, sondern Unterstützungstruppen zu haben, während die Bayern bei Coulmiers keinen Freund hinter sich hatten und durch längeres Verweilen der Gefahr, durch neue feindliche Massen umzingelt zu werden, ausgesetzt waren.

Am nächsten Tage zogen sich die Franzosen noch weiter nämlich nach Nibelle, Bellegarde und Ladon zurück. Ihre beiden Korps brauchten fast einen Monat bis sie sich von dem bei Beaune la Rolande erlittenen Schlage nur einigermaßen erholten.

Die Preußen aber erkannten erst jetzt den Erfolg ihres Feuers. An 1300 französische Tote und Verwundete lagen auf der Walstatt vor Beaune und in dessen Umgegend und 1800 unverwundete Gefangene befanden sich in deutschen Händen. Die Preußen dagegen hatten 40 Offiziere und 858 Mann verloren. Zählt man freilich dazu noch den Verlust der zweiten Armee in den bisherigen Gefechten, besonders bei Ladon-Maizières, von 32 Offizieren und 493 Mann, so ergeben sich für den Heranmarsch der Armee des Prinzen Friedrich Karl als Gefechtsverluste:
72 Offiziere und 1351 Mann.

An den folgenden Tagen zog der Prinz seine Abteilungen näher zusammen. Es kam zu kleineren Gefechten aber ein neuer größerer Angriff des Feindes fand hier nicht mehr statt. Die Franzosen verzichteten von nun an auf ein Vorgehen auf ihrem rechten Flügel. Es war nämlich aus Paris die Nachricht in Tours eingetroffen, daß General Ducrot einen großen Ausfall aus der Hauptstadt gegen Süden unternehmen wolle. Um diesen Versuch zu unterstützen, beschloß d'Aurelle de Paladines, unverzüglich mit der ganzen Loire-Armee auf Pithiviers vorzurücken und da sich sein XVI., XVII. und XV. Korps noch nordwestlich und nördlich Orleans befanden, so traf er zunächst wieder auf die Armeeabteilung des Großherzogs von Mecklenburg.

VII.

Der 1. Dezember. Das Gefecht bei Villepion.

Da waren wir, d. h. die Armeeabteilung des Großherzogs von Mecklenburg, also wieder in der Beauce. Sie hatte sich seit den 3 Wochen, während welcher wir sie nicht gesehen, recht gründlich geändert. Von den herbstlichen bunten Farben des Laubes keine Spur mehr, weil es an den Bäumen überhaupt keine Blätter mehr gab. Schnee und Eis bedeckten den fest gefrorenen Boden und von Nordosten her wehte ein so schneidender Wind, daß man meinte, spitze Nadeln drängen durch die Haut in den Körper. Dazu war die Verpflegung eine sehr magere geworden, denn in der nun seit mehr als 7 Wochen ausrequirierten Gegend gab es fast nichts mehr zu finden und das Herbeischaffen von Lebensmitteln durch Zufuhr blieb der Franktireurs halber immer eine äußerst unverläßliche Geschichte. Trotzdem begrüßten wir die ebenen Flächen der Beauce freudig, denn wir sahen in ihnen nur einen ziemlich bequemen Übergang zu den Fleischtöpfen Orleans', das wir ja doch bald wieder besetzen würden. Das geschah denn auch, aber, aber —!

Am 29. November hielten wir, wie schon erwähnt, eine gründliche Abrechnung mit den Scharen des Grafen Lipowski, indem die 4te bayerische Brigade die Franktireurs de Paris im Parke von Varize fast vernichtete. Der 30. verlief mit dem Marsche der Bayern nach Orgères und Umgebung, der 22sten Division um Toury, der 17ten um Allaines und der 4ten Kavallerie=Division hinter die Bayern und dann an Stelle der zur zweiten Armee abrückenden 6ten Kavallerie=Division auf Vorposten gegen Terminiers. Die 2te wieder dem Großherzog unterstellte Kavallerie=Division behielt die Vorposten an der Pariser Straße.

Am 1. Dezember vormittags fanden nur größere Rekognoszierungen statt. Während derselben stand das nunmehr den äußersten rechten Flügel der Deutschen bildende Korps des Generals von der Tann bei Orgères bereit, wartete umsonst auf den Anmarsch der Franzosen und fror ganz jämmerlich. Etwa um 1 Uhr brachte ein Ordonnanzoffizier der 4ten Kavallerie-Division die Meldung, der Feind verhalte sich vollständig ruhig, es sei für den heutigen Tag kein Angriff der Franzosen mehr zu erwarten und die Division beziehe daher mit Ausnahme der Vorpostenbrigade ihre Quartiere.

„Das ist einmal eine angenehme Nachricht. Es wird eben den Franzosen auch zu kalt sein. Die sind ja gegen diesen eisigen Wind noch empfindlicher als unsere Leute. — Die Brigaden können ebenfalls in ihre Kantonnements abrücken!"

Excellenz von der Tann ritt selbst nach Orgères zurück und die hinteren Brigaden, jene der 2ten Division sowie die des Generals von Orff, machten sich sofort auf den Weg, die ihnen zugewiesenen Orte bei diesem Städtchen zu erreichen.

General von Dietl stand mit der 1ten Brigade zunächst am Feinde und war daher der letzte, der den Abmarschbefehl erhielt.

Es war etwa 2 Uhr, als ein Ordonnanzoffizier die angenehme Mitteilung zum Einrücken überbrachte. Gerade wollte der Brigadekommandeur die nötigen Befehle hierzu erteilen, als eine Kürassier-Ordonnanz herbeisprengte und eine Meldung des Kürassier-Generals von Tausch überbrachte. Der General las dieselbe, schüttelte zweifelnd den Kopf und gab sie dem neben ihm haltenden Adjutanten.

„Das kann gar nicht sein."

„Nein. Ich glaube es auch nicht."

„Herr General, es wird eine Gespensterseherei der Küras= siere sein. Die haben vielleicht die abziehenden Ulanen-Regi= menter der preußischen Brigade Bernhardi für anmarschierende Franzosen gehalten!"

„So wird es sein. Wir können ja mit dem Abmarsch noch etwas warten. Der Irrtum wird sich bald aufklären. — Nun, was ist los?"

Ein Kürassierkorporal sprengt herbei: „Meldung der 3ten Eskadron. Der Feind geht mit starken entwickelten Infanterie=linien zum Angriff in der Richtung hierher vor. Auch Artillerie ist dabei. Dort sehen der Herr General schon französische Schützen!"

„Wahrhaftig, Herr General, hier kommen sie an. Dort auch! Da krepieren schon Shrapnels!"

„Wo ist General von Dietl? Der neu ankommende Kü=rassier ist fast außer Atem, sein Pferd wankt, der Reiter springt ab und ruft von neuem: „Wo ist der Herr General!"

„Hier, was gibt's!"

„Mindestens eine ganze Division greift uns an. Weitere Kolonnen folgen!"

„Donnerwetter! Das wird ernst. Das war also keine Gespensterseherei! Die Kürassiere behalten recht!"

„Das I. Bataillon des Leib=Regiments sofort Gommiers besetzen! Ebenso 1 Kompanie des 2ten Jägerbataillons! Die Bat=terie Schleich und das III. Bataillon Leib=Regiments westlich Gommiers. 1 Kompanie Jäger zur Batterie Hutten, 1 östlich des Dorfes, die letzte als Reserve dahinter. — Oberleutnant Graf Bothmer, die übrigen Bataillone der Brigade sollen sofort umkehren und hierher marschieren!"

Hu wie kam auf diesen Befehl des Generals Leben in die umstehenden Offiziere und in die Truppen!

„Laufschritt vorwärts marsch!" hieß es bei den 2ten Jägern; im Nu hatten sie den Dorfrand besetzt und fast gleichzeitig langten daselbst die Kompanien des Leib=Regiments an. Es war aber auch höchste Zeit. Über eine sanfte Höhe kamen sie heran, die Franzosen nämlich, und zwar nicht mit einer Avantgarde, sondern mit der vollständig entwickelten Infanterie=Division des Admi=rals Jauréguiberry. Freilich eröffneten die genannten Batterien, sowie die beiden reitenden der Kürassierbrigade sofort das Feuer, freilich eilten die zurückgerufenen Bataillone der 1ten Brigade im Laufschritt herbei und bald rollte ein lebhaftes Schützenfeuer den Franzosen entgegen, aber dieselben antworteten mit einem

Teile ihrer Truppen noch stärker und mit dem anderen, der Brigade Deplanque, blieben sie gegen den rechten deutschen Flügel im Vorgehen.

„Herr General, eine ganze feindliche Kavallerie-Division umgeht unsere rechte Flanke. Die preußischen Ulanen sind gegen Cormainville abgedrängt worden."

„Meldung vom 2. Jägerbataillon. Der Feind entwickelt neue, auf 4 Bataillone geschätzte Truppen gegen Gommiers."

„Gut! Die Bataillone sollen sich in die Stellung bei und westlich Villepion zurückziehen!"

Das geschah. Grimmig genug wichen die Bayern, aber gegen eine solche Übermacht konnten sie nichts machen. Nun erwies sich das freie übersichtliche Gelände als sehr ungünstig, denn der Feind konnte mit Leichtigkeit sehen, mit welch' einem kleinen Häuflein er es zu thun hatte. Dafür erkannte man aber auch deutlich, wie es die Absicht der Franzosen war, beide Flügel der Bayern zu umfassen und mit Übermacht dieselben zu erdrücken.

In Villepion hielten die Bataillone des Generals von Dietl wieder. Ein rasendes Feuer entstand.

Die 2te Brigade war unterdessen ruhig nach ihren Quartieren weiter marschiert. Wegen des starken Nordostwindes hörte man keinen Schuß des vorne entbrannten Kampfes. Plötzlich meinte ein Adjutant: „Wie sonderbar, man sollte meinen, hinter uns blitzt es."

„Meine Herrn, das sind ja französische Shrapnels! Dort schießt man!"

„Keine Idee! Es ist ja nicht ein Schuß zu hören. — Und doch! Ja, Sie haben Recht. Allein es muß sehr weit sein. Wahrscheinlich handelt es sich nur um gegenseitige Kavallerie-Rekognoszierungen."

„Da kommt der Oberstleutnant von Heinleth angesprengt!"

In wenigen Minuten stand dieser, der Generalstabschef des Armeekorps, neben den Herrn vom Stabe der 2ten Brigade. „Die 1te Brigade ist in ein lebhaftes Gefecht verwickelt. Die

2te hat sofort umzukehren, über Villeve gegen Nonneville zu marschieren und den Verhältnissen gemäß in den Kampf einzugreifen." Eine Minute später wandten sich die Bataillone des Generals von Orff gegen den Feind. Sie kamen gerade rechtzeitig, um der französischen Brigade Deplanque die Bedrohung der rechten bayerischen Flanke zu verbieten. Nun entwickelte sich ein stehendes Gefecht. Bald herrschte eine solche Dunkelheit, daß man die gegenseitigen Stellungen nur beim Aufblitzen der Schüsse erkannte. Aber nur kurze Zeit gelang es, den französischen Vormarsch aufzuhalten. General Chanzy wollte durchaus Raum gewinnen und deßhalb setzte er alle 3 Infanterie=Divisionen und die ganze Kavallerie und Artillerie seines, des XVI., Korps ein. Er konnte dies leicht unternehmen, weil ihm links rückwärts das XVII. und rechts rückwärts das XV. als Reserven dienten. Daher kam es, daß trotz des Eingreifens der 2ten bayerischen Brigade, ja sogar, nachdem der Generalstabshauptmann von Angstwurm noch die 4te Brigade, die auch keinen einzigen Schuß gehört, benachrichtigt hatte und von dieser schleunigst die 13er vorgingen, doch die Bayern bald wieder so von 3 Seiten umfaßt und mit einem solchen Massenfeuer überschüttet wurden, daß ein längeres Verbleiben äußerst schwierig erschien. Dennoch hielten sich die Verteidiger noch lange auf das zäheste.

In dem Augenblicke, als der Feind neue Bataillone entwickelte, kam die Artillerie=Abteilung Gramich daher. Rechts die Batterie Söldner, links jene des Prinzen Leopold fuhren sie auf und bald hagelte es Granaten in solchem Maße auf die Franzosen, daß diese hier den Vormarsch einstellten und nun ihrerseits ein kolossales Feuer eröffneten. Weiter rechts fuhr die Batterie Grundherr auf. Die geriet aber sofort in das heftigste Infanteriefeuer und mußte zurück.

„Um Himmelswillen das 6te Geschütz fehlt!"

„Wo ist es?"

„Eine Granate hat die Bespannung zerrissen. Das Geschütz ist stehen geblieben!"

So war es auch. Tot lagen die Fahrkanoniere und

Pferde um ihre Kanone. Französische Infanteristen setzten an, sie wegzunehmen. Die Oberleutnants Harrach und Arnold des 11ten Regiments sehen dies.

„Auf, 6te Kompanie! Auf, 7te Kompanie! Werdet doch den Rothosen keine bayerische Kanone lassen. Drauf! Hurra!" Half den tapfern 11ern nichts, sie mußten halten, sich niederwerfen und das feindliche Feuer erwidern. Nun stehen die Franzosen wenigstens auch; das Geschütz liegt aber vor der Front zwischen beiden feuerspeienden Linien. Als dies der Artillerie-Oberleutnant Freiherr von Stengel bemerkt, rafft er einige Infanteristen zusammen, bringt sie wirklich an das gefährdete Geschütz vor, überläßt es einstweilen ihrem Schutze, eilt zurück, holt eine bespannte Protze, kommt mit derselben wieder vor, läßt aufprotzen und fährt im Schritt mit der viel umstrittenen Kanone zurück. Mit dem Kühnen ist das Glück, Baron Stengel kam ungefährdet mit dem geretteten Geschütz zur Batterie. Kann man es dem Chef derselben verdenken, daß ihm Freudenthränen über die wettergebräunten Wangen liefen, als er dem Oberleutnant für seine That dankte?

Nicht weniger schlimm erging es den Batterien des hier verwundeten Majors Gramich. Ein höllisches Feuer prasselte überhaupt auf die ganze 2te Brigade hernieder. In ihren Reihen wurde auch der Kommandeur der 1ten Division, Excellenz von Stephan, durch einen Granatsplitter und ein Chassepotgeschoß schwer verwundet.

Die Batterie des Hauptmanns Söldner mußte abfahren, das Infanteriefeuer des Feindes war zu stark. Nun stand die Batterie des Prinzen Leopold allein. Die bayerische Infanterie wich rechts zurück; feindliche Schützenlinien drangen in der Flanke der Batterie vor. Darf sie weichen? — Ja. — Jeder Soldat hätte ihr Zurückgehen unter solchen Verhältnissen entschuldigt. Der Prinz aber entschloß sich anders. Er blieb. Durch das Herausziehen seiner, der letzten Batterie, sollte keine gefährliche Lücke in der Aufstellung entstehen, lieber die ganze Batterie aufs Spiel setzen. Dann hat sie durch ehrenvollen Untergang mehr geleistet, als wenn sie durch frühzeitigen Rückzug gerettet würde.

„Oberleutnant Reber schwenken Sie mit Ihrem Zuge rechts und lassen Sie mit Kartätschen auf die feindliche Infanterie feuern!"

Es geschah. Die andern Züge schießen geradeaus. Eine Granate demolierte ein Geschütz. Thut nichts, die Batterie feuert eben nur noch mit fünfen. Hoch zu Roß, mitten in der Stellung hält der Wittelsbacher Prinz.

„Mit Granat=Kartätschen geladen auf die feindlichen Schützen — 700 Schritt — Feuer!"

Ein Geschoß zerschmettert den Verschlußhebel des 5ten Geschützes; die Batterie feuert ohne Zaudern mit vieren weiter.

„Königliche Hoheit, unsere Infanterie geht zurück. Rechts umfassen uns die feindlichen Schützen fast vollständig. Jetzt weicht auch unsere Infanterie links."

Da kommt der Hauptmann Hoffmann des Infanterie=Leib=Regiments heran. Seine, die 9te Kompanie, hält in der Nähe der Batterie ohne zu feuern.

„Warum schießen Ihre Leute nicht Herr Hauptmann?"

„Wir haben nicht eine Patrone mehr, Königliche Hoheit. Allein ich bleibe hier, solange die Batterie bleibt und sollte feindliche Infanterie einen Sturm versuchen, so wird meine Kompanie die Geschütze mit den Bajonetten verteidigen."

Der Prinz sprach nichts. Die Blicke der beiden Hauptleute aber begegneten einander. Diese todesmutigen Offiziere verstanden sich. — Die feindlichen Geschosse räumen immer mehr in der Batterie auf. Die Offiziere springen von den Pferden und helfen ihre Kanonen bedienen. Nur der Prinz bleibt zu Roß, um alles zu übersehen und zu leiten.

Neue feindliche Geschoßgarben überschütten die Batterie. Das Pferd des hohen Chefs wird getroffen. Mit Gewalt hält es sein Reiter zurück.

„Um Gotteswillen, der Prinz ist verletzt".

Am Arm und an der Hüfte war er verwundet, aber troß=

dem hält er sich im Sattel. Oberleutnant Reber springt herbei. „Ich beschwöre Euere Königliche Hoheit, mir die Batterie zu übergeben und sich zurückbringen und verbinden zu lassen."

Dankend sieht der prinzliche Hauptmann seinen treuen Oberleutnant an. Dann sagt er fest und kurz:

„Nie werde ich in einem solchen Momente meine Batterie verlassen."

Der Kampf wütet weiter; ein Feuerhalbkreis umgibt die 4 Geschütze. Jetzt setzen die französischen Infanteristen zum letzten Stoße an. Bestimmt, klar, scharf leitet der Prinz die Kartätsch=lagen seiner zusammengeschmolzenen kleinen Batterie; Haupt=mann Hoffmann und seine Leute verwenden keinen Blick vom Gegner; einzelne Kanoniere lockern schon die Seitengewehre; jeder, ob Artillerist der 4ten Batterie, ob Infanterist der 9ten Leib=Regimentskompanie ist entschlossen, mit Wischer, Richthebel, Seitengewehr, Bajonett, Kolben, Messer und wenn es sein muß mit Fäusten und Zähnen sich zu wehren, die Batterie zu ver=teidigen und sich so des Beispiels würdig zu machen, das der Königliche Prinz aus dem Wittelsbacher Hause seinen Leuten gibt. Da auf einmal tönts freudig erstaunt: „Sie stehen; sie gehen nicht mehr vor." — Es war so.

Wie wonniges Entzücken ergreift es die Brust; ein neuer Rettungsstrahl durchdringt sie. Sich diesem Gefühl hinzugeben, hat aber niemand Zeit. Erst recht kracht nun das Feuer der 4 Geschütze auf die wieder rasend schießenden Franzosen und erst recht pressen die Leiber* des Hauptmanns Hoffmann die Lippen aufeinander und schicken grimmige Blicke dorthin, wohin sie nicht mehr feuern können, denn sie haben ja nicht eine einzige Pa=trone mehr. Unterdessen war es ganz dunkel geworden, ein Glück für des Prinzen tapferes Häuflein, denn die Franzosen, deren Linien wie ununterbrochene Feuerstreifen aussahen, trafen fast nichts mehr. Etwa gegen 5 Uhr war rechts und links dieser heroischen Kämpfer und ihrer im wahrsten Sinne des Wortes

---

* Siehe Anmerkung S. 7.

bis zum Tode treuen Kameraden vom Leibregiment alles in die nur wenige Hundert Meter hinter dem bisherigen Schlacht= feld bestimmte Linie zurückgegangen; die Batterie und die Kom= panie standen allein in der Dunkelheit gegen das ganze XVI. französische Korps. Jetzt durften auch sie sich zurückziehen, denn was vorher zum größten Heile des Ganzen war, würde jetzt zwecklos den Untergang der beiden Abteilungen veranlassen. Die Batterie fuhr ab. Die Geschütze wurden aber nicht aufgeprotzt, sondern mit dem Schlepptau zurückgezogen, um jeden Augenblick halten und wieder feuern zu können und die Kompanie marschierte nicht auf einmal zurück, sondern hielt noch oft und wartete, bis die Batterie wieder Vorsprung hatte. So kamen sie zurück; kein Feind hatte es gewagt, sie zu verfolgen; die Franzosen wußten wohl warum.

Trotz seiner Verwundung gab Prinz Leopold auch beim Rückzug das Kommando der Batterie nicht ab, ganz außer= ordentliches hatten er, seine braven Offiziere und seine schnei= digen Leute geleistet. Wo solche Thaten geschehen, hat's noch keine Not, auch wenn man vorübergehend einmal etwas zurück= weichen muß.

Es war auch nicht so stark mit dem Weichen. Mit klarem, festem Entschluß hatte der Generalstabshauptmann Angstwurm das allmähliche Eingreifen der auf dem linken Flügel eintreffenden Truppen geleitet und dieses und die Maßnahmen des bald an= langenden Brigadegenerals Rudolf von der Tann zwangen die Franzosen, sich mit dem ersten recht unbedeutenden Vorteil, den sie bei Gommiers erlangt, zu begnügen. Verschiedene einzelne Versuche französischer Abteilungen mißglückten, denn wenn sie sich einmal zu kühn zeigten, dann hieß es wie z. B. bei der 7ten und 8ten Kompanie des Leib=Regiments: „Auf! Drauf auf die Kerls! Hurra, hurra!"

Was hierauf die Altbayern mit Kolben und Bajonett sprachen oder auch nur drohten, verstanden aber die Wälschen gut genug, um nicht derartigen Auseinandersetzungen schleunigst aus dem Wege zu gehen.

Wenn auch der Erfolg des Gefechtes vom 1. Dezember,

daß den Bayern 37 Offiziere und 902 Mann kostete, kein günstiger genannt werden kann, so hatte dasselbe doch den Nutzen, daß man nun durchaus keinen Zweifel mehr zu hegen brauchte, ob man wirklich die ganze französische Loire=Armee vor sich habe.

Die Nacht zum 2. Dezember brachte dem Armeekorps wenig Ruhe. Die Vorposten standen fast direkt vor den Kantonnements und überdies in nächster Nähe des Feindes. Daher war von einer eigentlichen Einquartierung keine Rede. Auch hatte man mit dem Aufräumen des Schlachtfeldes, dem Unterbringen der Verwundeten und dem Neuordnen der Truppen u. s. w. soviel zu thun, daß man auch nicht zum Schlafen gekommen wäre, selbst wenn es freie Quartiere gegeben hätte. Die meisten derselben waren aber mit den armen Opfern des verflossenen Kampfes belegt und deshalb mußten die Truppen im Schnee und Eis sehen, wie sie ohne Stroh und Heu den andern Tag abwarteten. Waren dies Gründe genug, unsere Leute wach zu halten, so kamen bei uns Offizieren noch andere, die ernsten Gedanken, dazu. Jeder von uns wußte, daß große Ereignisse bevorstanden; jeder fühlte, daß es nur ein Vorwärts geben dürfe, koste es, was es wolle. Man erkannte klar, daß schon durch die wenigen Angriffsgefechte, welche die Franzosen in letzter Zeit führen durften, ihnen der Kamm ganz bedeutend geschwollen war; daß wir sie also um jeden Preis wieder zur Verteidigung zwingen und ihnen daher einen großen Schlag beibringen müßten. Aber wer hätte sich verheimlichen wollen, daß wir sehr schwach geworden und daher, wenn auch nicht moralisch, so doch physisch nicht mehr so leistungsfähig waren, als früher! Solche Gedanken scheuchen lange den Schlaf aus den Augen, auch wenn man noch so müde ist. Schließlich aber beruhigte man sich selbst mit dem festen Vorsatz, für seine Person eben seine Pflicht bis zum letzten Pulsschlag zu erfüllen und alles andere den höheren Führern und dem allerhöchsten Schlachtenlenker, dem allmächtigen Gott, zu überlassen; der wird es schon recht machen.

Was war der Morgen des 2. Dezembers kalt und stürmisch! Der Barometer im Schlosse des Souspräfekten von Or=

gères zeigte früh 7 Uhr 8 Grad unter Null. Das wäre freilich zu Hause, wenn man früh morgens nach dem Kaffee aus dem behaglichen Heim auf die Straße tritt, nicht zu viel. Wer aber wie wir die Nacht statt im Bette im Schnee zugebracht, wer sich gegen den an jenem Morgen beispiellos schneidigen Wind nicht mit einem gut gefütterten Mantel, sondern nur mit faden= scheinigen Uniformresten und höchstens einer auch schon sehr de= fekten, überdies fast steif gefrorenen Decke schützen konnte, wer mit dem nackten Fuß durch die zersetzten Stiefel direkt in den Schnee trat, wer statt des warmen Kaffees nur ein Stück eis= kalten Brotes und einen Schluck Schnaps im Magen hatte, wer endlich die Nacht über auf Vorposten und Patrouillenritten zu= gebracht hatte, der wußte, warum er schon bei 8 Grad Kälte so ganz erbärmlich frieren mußte. Daß bei solchen Verhältnissen der gute Mut der Leute — von uns Offizieren gar nicht zu reden — so frisch blieb, daß man zwar Verwünschungen genug auf die Franzosen, aber nicht ein einziges absprechendes Urteil über unsere Kriegführung vernahm, daß das unbedingte Ver= trauen der Mannschaften auf ihre Vorgesetzten nicht eine Se= kunde wankend wurde, das spricht für den ausgezeichneten Geist in unserm Heere und für die nachhaltige Kraft der Begeisterung, welche die Herzen unserer Soldaten noch heute wie am ersten Tag des Ausmarsches erfüllte.

Eine freilich derbe, aber lustige Szene, die bewies, wie selbst in einem stockaltbayerischen Herzen schon damals das Be= wußtsein der Zusammengehörigkeit von Nord und Süd, von Preußen mit Bayern Wurzel gefaßt hatte, trug sich an diesem Abend, kurz nach dem ungünstigen Ausgang des Gefechtes von Villepion zu. Zu einer Kompanie der 7ten bayerischen Jäger bei Villours trat ein deutschsprechender französischer Zivilist und suchte die umstehenden Leute durch Redensarten, wie: „Ihr Bayern müßt immer voran sein, während die Preußen in sicherer zweiter Linie bleiben", oder: „Was habt Ihr von Euerer Tapfer= keit? Ihr werdet erschossen und dann, wenn Ihr zu schwach seid, Euch zu wehren, jagen die Preußen Euern König fort und Ihr

müßt preußisch werden" u. s. f. aufzuhetzen. Ein alter Land=
wehrjäger mit dem Kreuz von 1866 auf der Brust hörte einige
Zeit ruhig dieses Gewäsch an. Plötzlich stand er auf, trat vor
den Franzosen hin und begann: „Woaßt' musje, i kenn' die
Preiß'n seit anno 66 besser als Du. So hundsg'moan wia D'
sogst, san höchst'ns Franzos'n, aba kani Deitsch'n. Damit aba
nit no amol so hinterlisti üb'r b' Preiß'n schimpf'st, do host an
Andenk'n an an Bayer'n, der nix üb'r an Preiß'n sog'n loßt.
Da!" Dabei erhielt der redegewandte „Mussje" eine so kräftige
altbayerische Ohrfeige, daß er der Länge nach in den Schnee
stürzte. Als er sich erheben wollte, folgten noch einige Fuß=
tritte und Püffe und erst allmählich konnte er sich den Fäusten
und Füßen des alten Jägers entziehen und durch schleunigste
Flucht retten. Das schallende Gelächter der übrigen Jäger be=
wies dem Gemaßregelten, daß er mit seinen antipreußischen
Aufhetzereien bei den Bayern hier an eine ganz falsche Adresse
geraten war.

Während sich auf dem rechten deutschen Flügel das ge=
schilderte ernste und verlustreiche Gefecht abgespielt hatte, blieb
es vor dem linken und in der Mitte ziemlich ruhig. — Bei der
zweiten Armee trafen so widersprechende Nachrichten ein, daß
Prinz Friedrich Karl sich noch immer in der Verteidigung hielt
und auf das Vorgehen des rechten Flügels der französischen
Loirearmee wartete. Als der Feind aber keine Miene machte,
wirklich anzugreifen, ordnete der Prinz starke Rekognoszierungen
gegen Bellegarde und Montargis an. Dieselben brachten spät
abends wohl eine Reihe von Nachrichten, welche aber noch so unklar
waren, daß man noch den 2. Dezember in der Stellung östlich
der Pariser=Straße abwarten mußte, ehe man sich für neue
größere Maßnahmen entscheiden konnte.

Anders sah es im Stabe des Großherzogs von Mecklen=
burg aus. Dort war man schon am Vormittag des 1. Dezember
sich darüber klar, daß der hier gegenüber stehende Teil des Feindes
einen Vormarsch gegen Norden versuchen werde. Kurz gefaßt,
beschloß der schneidige Feldherr diesem erwarteten Unternehmen

der Franzosen zuvorzukommen. Als abends die Nachrichten über das Gefecht von Villepion einliefen, beharrte der Großherzog erst recht auf seiner Absicht und damit handelte er vollständig nach dem Wunsche und nach der Meinung von allen seinen Untergebenen. Wir hatten ja nicht wie Prinz Friedrich Karl den großen Wald, sondern ein offenes, ziemlich freies Gelände vor uns, in welchem unsere Artillerie gut einen Angriff vorbereiten, unsere Kavallerie uns vor seitlichen Überraschungen schützen und wir flott drauf losgehen und tüchtig zuhauen und so manchen Kerb auf unserem Schuldholz austilgen konnten.

Zur Durchführung seiner Pläne erbat der Großherzog vom Prinzen Friedrich Karl, von der Deckung der Pariser-Straße entbunden zu werden und angriffsweise vorgehen zu dürfen. Dann ordnete er an, daß am 2. Dezember früh 11 Uhr für weitere Operationen bereit zu stehen habe:

„Die 17te Division bei Lumeau, die 22te Division bei Baigneaux, das I. bayerische Korps bei la Maladrie und Goury Château und die 4te Kavallerie-Division links der Bayern".

Bei den Franzosen gab man sich am Abend des 1. Dezember ganz der Freude über den erlangten Vorteil hin und General d'Aurelle de Paladines beschloß am 2. Dezember mit dem XVI., XVII. und XV. Korps in der Richtung auf Toury vorzustoßen, um dem, wie man hoffte, siegreich aus Paris ausgefallenen General Ducrot zur Unterstützung entgegenzugehen. Durch einen Irrtum entnahm man nämlich aus einer Depesche aus Paris, daß dieser General mit seinen Ausfalltruppen schon in dem südlich Paris bei Lonjumeau liegenden Epinay angekommen sei, während die Nachricht nur mitteilen sollte, daß Epinay les Saint Denis (nördlich Paris) auf kurze Zeit den Preußen abgenommen war. Im Siegestaumel blind forschte Gambetta gar nicht näher über die Wahrscheinlichkeit der Depesche nach, sondern drängte d'Aurelle zu dem erwähnten Angriffsbeschluß. Es sollten also am 2. Dezember die 3 linken Flügelkorps der französischen Loirearmee in nördlicher, dagegen die

Armeeabteilung des Großherzogs in südlicher Richtung vor=
gehen und dadurch entstand die Schlacht von Loigny—Poupry.

VIII.
Der 2. Dezember.
Die Schlacht von Loigny—Poupry.

Die Sonne ging mit jenem halb durch Nebel verschleier=
ten Glanze auf, der auf weitere grimmige Kälte schlie=
ßen läßt. Aus Nordost pfiff es so schneidend, daß
jedermann schleunigst in südwestlicher Richtung schaute,
wenn er nicht unbedingt gezwungen war, sich nach einer anderen
Seite zu drehen, um den eisigen Hauch des unbarmherzigen
Boreas wenigstens nicht mit dem Gesichte auffangen zu müssen.
Das war aber gut, denn von Südwesten her stand ja unser
Feind zu erwarten, und darum mußten wir ja an und für sich
unsere Blicke dorthin wenden. Die ersten Strahlen der leuchten=
den Himmelskönigin fanden die Bayern von der Tann's schon
lange munter, denn seit 6½ Uhr war das Armeekorps bei la
Maladerie versammelt. Dabei trippelte und drehte sich ein jeder
auf dem Platze herum und stampfte mit den Füßen, um sich
nicht die Füße zu erfrieren, die Ohren stacken fast überall in
den irgendwo requirierten französischen Kapuzen und für den
Schutz der Hände erfanden schlaue Köpfe alle nur möglichen und
unmöglichen Mittel. Am gescheidesten machte es der Jäger=
gefreite Mögele. Der hatte in irgend einem „Schatole" (Chateau)
zwei hübsche Federdaunenkissen „gefunden", hing sich dieselben
vermittels eines Strickes um den Körper, machte einen Schlitz
in die Überzüge und fuhr mit beiden Händen sofort mitten in
die Federn, wenn ihm das Kommando „Rührt Euch" dies
erlaubte.

Etwa um 8 Uhr traf ein Generalstabsoffizier des Großherzogs ein und brachte uns den Befehl zum Vormarsch in südlicher Richtung. Kaum hatten sich die ersten Bataillone in Marsch gesetzt, so balancierten schon Reiter mit äußerst wichtigen Meldungen daher. Galoppieren konnte man nämlich die Gangart ihrer armen Pferde nicht nennen. Die guten, treuen Tiere trugen ja noch die glatten, überdies recht abgelaufenen Sommereisen. Wie sich ein Reiten mit solchem Beschläge auf gefrorenem Schnee und auf Eisflächen ausnimmt und mit welchen Gefahren es verknüpft ist, kann sich ein Mensch, der nie zu Pferde gesessen, gar nicht vorstellen. Jeder Reiter aber weiß es; es ist schauerig. Aber die Chevaulegers kamen doch an und berichteten, daß ganz gewaltige französische Massen gegen uns im Anmarsch seien.

General Chanzy ließ ebenfalls um 8 Uhr seine 2te Division gegen Loigny, die 3te auf Lumeau vorrücken und die 1te als Reserve folgen.

Östlich Beauvilliers liegt das Schloß Goury, dessen Parkmauer eine gute Stellung zur Bestreichung des Vorgeländes bietet. Dorthin wandten sich die Spitzen des Feindes.

„Das III. Bataillon des 10ten Regiments soll den Park von Goury Chateau vor den Franzosen erreichen und aufs äußerste verteidigen."

„Zu Befehl, Herr General! — Leute, es gilt vor dem Feinde jenen Park zu erreichen! Laufschritt vorwärts marsch!"

Das begriffen die 10er sofort und nun ging ein Jagen an. Gott, was hätte der arme General Leberecht von Knopf* sich ob des entstehenden Durcheinanders entsetzt. Von Richtung und Tritt keine Spur. Allmählich gerieten sogar die Züge und später selbst verschiedene Kompanien untereinander. Das kam eben daher, daß nicht alle Leute den immer rasender werdenden Laufschritt aushalten konnten und deshalb die kräftigeren sich

---

* Hauptfigur einer militärischen Humoreske über Zopf und Gamaschendienst.

bald alle an der Spitze, die schwächeren dagegen rückwärts befanden. Es gelang aber wirklich den Park zu erreichen und die Mauer zu besetzen, ehe sich die nur noch wenige hundert Meter entfernten Franzosen derselben bemächtigen konnten. Ein lebhaftes Feuer der rasch wieder geordneten 10er und der bald zur Unterstützung eintreffenden andern Bataillone der 4ten Brigade (mit Ausnahme des II. vom 13ten Regiment und der 7ten Jäger) wies die französische Avantgarde ab. Nun fuhren die Batterien der 2ten bayerischen Division auf und bald begann wieder das gewaltige Konzert, dessen lufterschütterndes Getöse weithin verkündet: „Hier zerfleischen sich Menschen!"

Dicht hinter der 4ten war die 3te Brigade gefolgt. Das Gelände war ziemlich eben. Nur in südlicher Richtung stieg es sanft an wie das Glacis einer Festung, so daß ein nur einigermaßen richtig abgefeuertes Geschoß hier kaum fehl gehen konnte. Wer den Kamm dieser Erhöhung hatte, beherrschte die ganze Strecke vor sich; wer ihn stürmen mußte, stürmen unter dem Feuer des Verteidigers, der rannte gegen eine Hölle an und glücklich kam nur der durch, dem Gott gnädig war. Diese Höhe haben wir Bayern der 3ten Brigade dreimal gestürmt!

Die Bataillone dieser Brigade waren soeben gegenüber derselben entwickelt, da erschienen auf dem gefährlichen Rande dichte Linien französischer Tirailleure.

„Leutnant Tanera, reiten Sie zum Oberst Schuch, das 3te Regiment soll zum Sturm antreten! Die Höhe muß unser werden! Das 12te Regiment folgt."

„Zu Befehl, Herr General!"

Der Ordonnanzoffizier jagte zu dem Kommandeur. Dieser gab einige Kommandos und Befehle und dann ging's los. Hei wie klang da der alte Avanciermarsch schneidig! Wie stolz sahen die kleinen Bataillone aus, denn in einem Tritt wälzten sie sich heran! Wie grimmig schauten die drohenden Blicke der kampferprobten Krieger drein und wie funkelten die aufgepflanzten Bajonette in den Strahlen der jetzt glänzend das Schneefeld erleuchtenden Sonne! Es liegt eine mächtige Kraft in einem solchen Anmarsch zum Sturm. Da gibt's keinen, der zittert, keinen, dem die Angst schauerige Bilder vormalt. Jeden reißt es mit; die Tapfern geben den Takt an; erhobenen Hauptes schreiten die Offiziere voraus und mit muß auch der zaghafteste, nicht weil ihn der physische Druck der Masse vorwärts schiebt, sondern weil das Herz ihn treibt, der Mannesmut, der in solchem Augenblick in jedes Mannes Brust erwacht und eines jeden Gesicht mit dem Glorienschein der Begeisterung verklärt. Beim Angriff geschlossener Massen gibt es keinen Feigling, denn es gibt kein Herz, wenigstens kein deutsches, das bei einem solchen Anblick nicht gepackt wird und lebhafter schlägt, und keinen Soldaten, der da einen anderen Gedanken hat als den: „Siegen müssen wir; drauf, hurra! hurra!"

So schmetterte es jetzt auch los und zwar so gewaltig, daß die ganze französische Division Barry in ihrem Vormarsch überrascht einhielt.

„Hurra, hurra!" erschallte es aber von neuem; immer näher kamen die Augsburger und die Lech- und Wertach-Schwaben heran und da hielt es die französischen 31er, 38er, die 22sten, 66sten Mobilgarden und die 7ten Jäger von Vincennes nicht mehr, sie kehrten um, drängten zurück und warfen ihre eigenen Unterstützungstrupps über den Haufen.

Dies begeisterte die Angreifer alle so, daß sämtliche Offiziere und Mannschaften unaufhaltsam immer weiter stürmten, wie ein Wirbelwind alles, was Feind war, vor sich herjagten und kein Ende fanden, bis die schwachen Bataillone dicht vor der französischen Hauptstellung und der 1ten dort aufmarschierten Division des Korps Chanzy teils aus Erschöpfung, teils wegen der feindlichen Übermacht schließlich halten und sich niederwerfen mußten. Da lagen sie nun 1500 Schritte vor der eigentlichen deutschen Gefechtslinie, ohne Unterstützung und ohne Aussicht auf eine solche, denn die Bataillone des zweiten Treffens hatten sich gegen einen Flankenangriff des Gegners halbrechts wenden müssen. Nun wurden sie mit einem Feuer überschüttet, das sich gar nicht beschreiben, sondern nur ahnen läßt, wenn man sich nämlich vorstellt, daß immer etwa 6 Mann mit vorzüglichen Gewehren auf je einen schlechter bewaffneten unaufhörlich losknallten. Und nicht einmal unsere Artillerie konnte den armen 3ern viel helfen, denn erstens hatte sie zu viel mit der des Feindes zu thun und zweitens fand der Kampf derselben so weit vorwärts statt, daß man sie und ihre Gegner kaum unterscheiden, also erstere nicht beschießen konnte, ohne letztere zu gefährden. Zum allgemeinen Vorrücken waren wir aber noch viel zu schwach und den 3ern hätte ein solcher Versuch doch nicht mehr genützt. Einige Zeit hielten sie Stand. Dann war es jedermann klar: „Man muß zurück!"

Was das in diesem Augenblick sagen wollte — wir Offiziere wußten es. Und doch mußte es sein, denn wollte man liegen bleiben, so waren alle die braven 3er verloren, sei es, daß sie den Geschossen des Feindes erlagen, oder schließlich sich gefangen geben mußten. Brachten wir aber wenigstens einzelne unverwundet zurück, so konnten doch diese noch mitwirken, wenn es galt zum zweitenmale vorzustürmen und damals kam es uns schon auf jeden einzelnen Mann an. Also noch ein kräftiges Schnellfeuer und dann Signal: „Schützen, Schützen geht zurück; Schützen, Schützen geht zurück, der Hauptmann hat's befohlen!"*

Was es heißt, 1500 Schritt gegen eine feuernde feindliche Linie vorgehen, kann man sich vorstellen; was es aber bedeutet 1500 Schritt im Schnellfeuer einer 5 bis 6 fachen Übermacht zurück zu müssen, davon hat nur der eine Idee, der bei so etwas dabei war. Mir blutet noch das Herz, wenn ich an diesen Rückzug denke.

Während hier die 3er wirklich einen Todesmarsch ausführten und zwar mit einer Ruhe und Kaltblütigkeit, die schwer ihres Gleichen finden, stürmten die 12er und Jäger gegen Fougeu vor. Ich sprengte ihnen nach, um einen Befehl zu überbringen. Bald konnte ich zu meinem General zurücktraben. Ein Jäger, den ich selbst, als er Rekrut war, ausgebildet, lag in einer Kiesgrube sichtlich unverwundet und deckte sich ohne zu feuern. Ich parierte und fuhr ihn an.

* Kasernenspruch, um sich das Signal leichter zu merken.

"M.! Willst Du etwa einen Feigling spielen? Schämst Du Dich nicht? Und Du willst ein Jäger meines Zuges sein? Auf der Stelle mach', daß Du vorkommst, dorthin, wo ein braver Jäger hingehört!"

Der Mann schielt mich an, raffte sich auf und rennt vor. Etwa 1 Stunde später stand ich bei Beauvilliers. Da hinkte er auf mich zu, drückte die linke Hand auf die Brust und rief schwach: „Herr Leutnant! J' hob's wieda guat g'mocht! Frog'n's den Oberjäger Renner, daß i do — als braver — Jaga — mei Pflicht — thoan hob. — Verzeih'n's m'r — a". Dann sank er um und gleich darauf war er tot. Ich konnte ihm nicht mehr sagen, daß ich ihm verziehen; ich mußte wieder fort zu unseren Batterien. Wie ich später erfuhr, hatte sich der Mann wirklich ausgezeichnet gehalten.

Die französische Division Jauréguiberry war den 3ern gefolgt. In unserer Hauptstellung aber empfing sie ein so wohl= gezieltes Feuer, daß sie bald diesen, schließlich noch durch die Division Maurandy unterstützten Angriff aufgaben. Es entstand ein wütendes Feuergefecht, in das bald unser ganzes Korps und zwar die 1te Division rechts, die 2te links von Beauvilliers ver= wickelt war. Neue französische Bataillone stürmten gegen unseren rechten Flügel heran. Diesem Angriff wollte Oberst von Täussen= bach, der die 1te Brigade führte, weil General Dietl die Division kommandierte, zuvorkommen. 1er und Leiber stürmten vor und die Pausen, welche zum Feuern gemacht werden mußten, waren kurz genug. Unaufhörlich prasselten Chassepotgeschosse, Granaten und Shrapnels den kühnen Angreifern entgegen. Das nahm denselben aber den Mut nicht. Freilich traf nur zu viele das kleine Blei. Thut nichts, die andern kommen vor und bald werden sie so nahe heran sein, daß der Gegner weichen muß, ob er will oder nicht.

Da traf die blaue Pille einen der lustigsten Soldaten des 1ten Regiments, während er dicht neben seinem Kompaniechef marschierte, mitten durch die Brust. „B'hüt Gott, Herr Haupt= mann!" Dann sank er um und der Mund, der die Kameraden stets durch heitere Lieder erfreute, verstummte für immer. Weiter rechts drang die 9te Kompanie des Infanterie=Leib=Regiments, allen voran der tapfere Hauptmann Hoffmann, gegen ein feuer=speiendes Waldstück vor. Der Kompaniechef hielt sich nicht viel mit Schießen auf. Das entschlossene dreiste Vorgehen dieser Kompanie veranlaßte den Gegner die vorderste Linie bald zu räumen.

„Heunt i's ganz wos anders als gestert, Herr Hauptmann", meinte einer der Soldaten. „Dös is nix' bal mer d'Leut spar'n muaß, als wia n' Zucker in'n Kaffee!"

Der Hauptmann entgegnete diese Anrede durch die Auf=forderung, schneidig mit draufzugehen, mutig auszuharren und schloß mit den Worten: „Haltet Euch so brav wie gestern. Heute ist mein Geburtstag und ein schöneres Geschenk könntet Ihr mir nicht machen!"

Eine halbe Stunde später mitten im heftigsten Feuergefecht sah Hauptmann Hoffmann plötzlich auf dem linken Flügel 2 seiner Leute flügellahmen Rebhühnern nachjagen. Einer gab bald die vergebliche Jagd auf; der andere rannte aber den flüchtigen Tieren weit über die Schützenlinie hinaus nach. Da, ein Schlag, ein Knall, der Soldat Andreas Lehmann flog der Länge nach auf den Boden, man sah in der durch die krepierende Granate entstandenen Dampf= und Schneewolke nichts mehr. Bald darauf, mitten im Vorgehen, rief es hinter dem Kompanie=chef: „Herr Hauptmann, Herr Hauptmann!"

„Was gibt's?"

„Herr Hauptmann! Do hob' i Ehna a Rebheanel g'fange zu Ehne Ihr'm Geburtstag."

Damit hielt der totgeglaubte, ganz unverletzte Lehmann dem Offizier ein Rebhuhn entgegen.

Ein Händedruck lohnte den guten Willen. Zum Kochen kam es erst am andern Tage, wo der Hauptmann und sein treuer Soldat das Huhn gemeinsam verzehrten.

Ganz hervorragend brav hielten sich bei diesem Gegen=angriff die 5te und 8te Kompanie des Infanterie=Leib=Regiments.

Trotzdem Leutnant Ehrne von Melchthal und Hauptmann Freiherr von der Tann die Übermacht des Gegners genau erkannten, stürmten sie mit ihrer Handvoll Leute doch bis über die Ferme Morâle vor, trieben die feindlichen Plänkler und geschlossenen Abteilungen mit den Bajonetten zurück, jagten sie noch aus einer zweiten Stellung, setzten sich daselbst fest und hielten den eroberten über 1½ Kilometer vorgeschobenen Posten trotz des immer fühlbarer werdenden Munitionsmangels, bis sie endlich Unterstützung erhielten.

Solche gewagte Unternehmungen waren nur möglich, weil die Offiziere wußten, daß sie sich durchaus auf ihre Leute verlassen konnten; dieselben hingen oft mit rührender Zuneigung an ihren Führern. Wenn kein Kommando mehr die Ermattung der erschöpften Soldaten bewältigen konnte, dann genügte ein Zuruf wie „Nun N. und N.! Ihr werdet doch Euern Hauptmann nicht hier im Stiche lassen?" oder: „Wer seinen Leutnant gern hat, geht jetzt noch mit vor!" Es ist eine Eigenheit des altbayerischen Charakters, daß die Leute, bei ihrem Gemüte gefaßt, zum mindesten ebensoviel, wenn nicht mehr leisten, als irgend ein anderer deutscher Stamm, dagegen eher nachlassen, als z. B. die nordöstlichen Grenzbewohner, wenn sie etwa nur durch scharfes Kommando geführt werden. Es paßt eben nicht das Gleiche für alle. Die bayerischen Offiziere aber wußten und wissen ihre Leute zu fassen.

Der Vorstoß der 1ten Brigade hielt den feindlichen Ansturm etwas auf, aber er brachte ihn nicht ganz zum Scheitern. In der Mitte ließen die Franzosen neue Massen gegen die arme 3te Brigade los.

Bei dieser war das ganze zweite Treffen bereits in den Schützenlinien entwickelt. Reserven gab es nicht mehr. Also hieß es aushalten um jeden Preis. In und bei der Ferme Beauvilliers hielten die 1ten, 2ten und 7ten Jäger, sowie 1 Bataillon Leiber und 13er Stand, obwohl sie nicht allein den Granaten und Chassepotgeschossen des Feindes, sondern auch den herabfallenden Balken und Steinen der brennenden Gebäude und einfallenden Mauern trotzen mußten.

Links neben ihnen hatten sich die aus Loigny zurückgeworfenen 3er und die 12er auf dem Höhenrande festgesetzt, als der nachdrängende Feind mit neuen Reservetruppen wieder heranstürmte. Was half das ruhige Feuer der Bayern! Sie hatten nicht Munition genug, um genügend unter den übermächtigen Angreifern aufzuräumen.

Jetzt suchte der Feind auch unsern linken Flügel, die 4te Brigade zu umfassen.

„So geht's nicht weiter. Lassen wir sie herankommen, so erdrücken sie uns. Besser wir greifen an! Sind denn keine Reserven mehr für einen Gegensturm verwendbar?"

„Keine!"

„Nun in Gottes Namen! Dann gehen wir ihnen mit den Schützen entgegen!"

Oberst Graf von Ysenburg führte sofort seinen so bekundeten Vorsatz aus. Es war ein schöner Anblick, den kleinen Mann mit seinem silbergrauen Haar und Bart vor die Schützenlinien eilen, den Säbel hoch schwingen und ihn kühn voranstürmen zu sehen. Da blieben aber auch seine 13er, die 10er und die daneben liegenden Infanteristen und Jäger der 3ten Brigade nicht zurück. Freilich klang das Hurra recht schwach, nicht aber weil es den Leuten an Mut gefehlt hätte, sondern nur weil so sehr viele nicht mehr mitrufen konnten, denn das aus ihren Wunden entweichende Blut nahm ihnen den Atem und schließlich das Leben.

Trotz ihrer geringen Zahl griffen dennoch diese braven Bayern, die soeben von der feindlichen Übermacht abgewiesen waren, schneidig an und der Feind hielt. Von neuem prasselte ein Hagel von Geschossen auf die Kühnen. Einige Zeit hielten sie Stand; dann mußten sie wieder zurück. Zum zweitenmale warf der Gegner einen Feuerstrom nach und folgte dann mit seinen Divisionen. Jetzt waren es die Schwesterwaffen, die sich voll einsetzten, um die dichten Massen des nunmehr vorgehenden

ganzen Korps Chanzy zum Stehen zu bringen. Links von Beau=
villiers prellten die 4ten Chevaulegers so vor, daß dort die Fran=
zosen sofort hielten, um nicht in zu nahe Berührung mit den
grünen Reitern zu kommen. Die Hauptsache aber leistete die
Artillerie. Hier standen verteilt die Batterien Olivier, Malaisé,
Kriebel, Reder, Grundherr, Hutten, Böck, Baumüller, Neu, Sta=
delmann, Carl, Metz und andere und schoßen und feuerten, als
ob sie sich verdreifacht hätten und sich gegenseitig im Schnell=
feuer übertreffen wollten. Was kümmerten sie die einschlagenden
Granaten der Franzosen! Was störte es, daß die feindliche In=
fanterie immer näher und näher heranrückte!

Ein Unteroffizier meldete dem Hauptmann Stadelmann:
„Feindliche Schützen umfassen uns von rechts!"

„Gut; die 2 rechten Flügelgeschütze zum Hacken rechts
schwenken und mit Kartätschen feuern."

Ein Trompeter sprengt heran:

„Herr Hauptmann! Von links sind französische Plänkler
schon bis in unsern Rücken vorgedrungen!"

„Schadet nicht. Die beiden linken Flügelgeschütze zum
Hacken links rückwärts schwenken. Mit Kartätschen über den
Daumen feuern!"

Eine französische Granate reißt die ganze Bedienung des
4ten Geschützes nieder.

„1tes, 2tes und 5tes Geschütz je 1 Mann zur Bedienung
des 4ten abgeben."

Der Führer vom 6ten Geschütz und der Richtungskanonier
desselben stürzten nieder. Da greift der Leutnant selbst zu und
richtet die Kanone. Ein Mann nach dem andern fällt, die
Batterie feuert aber trotzdem weiter. Ähnlich ergeht es der
Batterie Kriebel und anderen.

Das Kartätschfeuer der Batterie Reder schmettert ganze
Reihen französischer Plänkler nieder. Deren Kameraden weichen.
Da läßt der bayerische Hauptmann seine Geschütze bis in die
vorher vom Feinde besetzte Stellung vorgehen, um von dort
aus den weichenden Gegnern besser nachschießen zu können. Hier

unter den verwundeten und gefallenen Franzosen fanden die Artilleristen die Fahne eines französischen Marschregiments, die einzige an diesem Tage erbeutete. Von Minute zu Minute mehrten sich zwar die Verluste der Batterien, aber sie hielten Stand und bildeten den unerschütterlichen Kern der ganzen bayerischen Stellung. Zum zweitenmale war der übermächtige Angriff der Franzosen abgewiesen.

Während dieses gewaltigen Kampfes hielt der alte General von der Tann mit den Herrn seines Stabes hinter der bedrohtesten Stelle der ganzen Linie. Von allen Seiten stürmten die verschiedenartigsten Meldungen auf ihn herein. Dazwischen schlugen Granaten und rissen Offiziere und Pferde des Stabes nieder. Von der Tann verlor aber nicht einen Augenblick seine Ruhe. Mit freundlicher Miene hörte er jeden Bericht an. Dann besann er sich einige Sekunden und hierauf erteilte er mit staunenswerter Klarheit seine Befehle. Freilich als die Meldungen über den abgewiesenen Angriff der 3ten Brigade, über das wiederholte vergebliche Bemühen der 2ten Division eintrafen, da wurde sein Gesicht ernster und ernster und er selbst immer wortkarger. Eben war er im Begriff, zum Armeeabteilungskommando zu schicken und die Bitte zu stellen, sein Korps zurücknehmen zu dürfen, da trafen nach einander der Generalstabshauptmann von Bronsard und der Husarenleutnant von Bentheim aus dem Stabe des Großherzogs von Mecklenburg bei ihm ein und brachten die dringende Aufforderung desselben, „unter allen Verhältnissen stehen zu bleiben".

Tanns Miene wurde geradezu düster, aber kein Wort verriet, was in seinem Inneren vorging. Dann klang es ruhig und fest: „Melden Sie Seiner Königlichen Hoheit, die Bayern verlassen ihre Stellung nicht."

Es war umsonst. Beide Offiziere wurden vor dem General von Granaten niedergeschmettert; sie konnten keine Meldungen mehr erstatten. Wir blieben also. Am schauerigsten sah es von Beauvilliers bis Coury=Château aus, wo sich immer noch die 2te Division in aussichtslosem Kampfe abmühte.

„Wo ist der Stab der 3ten Brigade?"

„Gibt keinen mehr. General Roth ist verwundet, Hauptmann Menges tot, Hauptmann von Xylander und Oberleutnant Lobenhofer sind ebenfalls verwundet; ich bin noch allein im Sattel."

„Reiten Sie zum Oberst Schuch, er soll das Brigadekommando übernehmen und die Stelle bei den Kiesgruben um jeden Preis halten."

„Zu Befehl!" Ich sprengte zum 3ten Regiment.

„Wo ist der Oberst?" „Dort!"

Ja da war er auch. Aber aus 3 Wunden flossen Blut und Leben. Keine Sekunde durfte ich verweilen, den Armen zu bedauern. Fort zum Oberst des 12ten Regiments. Der rief schon von weitem: „Was bringen Sie Tanera?"

„Den Befehl, bis zum letzten Mann zu halten. Der Herr Oberst führen die Brigade." Ich konnte nicht weiter melden, da gings wieder los. General Chanzy durfte jetzt seine letzte Kompanie einsetzen, denn da bereits die Spitzen des XVII. französischen Korps in Sicht kamen, so sammelten sich andere Reserven genug hinter seinen 3 Divisionen an.

„Werden wir diesen Ansturm aushalten können?"

„Gewiß, es muß sein."

Aus den wegen Munitionsmangel zurückgegangenen Zügen waren hinter der Höhe von den wenigen noch vorhandenen Offizieren Haufen zusammengestellt worden, die aus Leuten aller Bataillone der Brigade bestanden. Diese bildeten unsere Reserve. Nun mußten sie wieder vor und sie gingen guten Mutes an die harte Arbeit.

Das sollen einmal fremde Truppen diesen deutschen Helden, den Resten der 3ten bayerischen Brigade, nachmachen! Dieselben Abteilungen, die durch die feindliche Übermacht zweimal abgewiesen waren, die ein Drittel ihres Bestandes verloren, ohne einen Mann Unterstützung zu erhalten, stürmten nun zum drittenmale vor und nahmen die umstrittene Höhe. Ähnlich hielten sich die Bataillone der 4ten Brigade bei Goury Château, die

auch dann die Stellung nicht räumten, als sie kaum mehr eine
Patrone im Lauf hatten und deshalb vorübergehend das Feuer
einstellen mußten.

Da lagen sie nun die braven 3er, 12er, 10er, 13er, 1ten
und 7ten Jäger und schoßen, was sie konnten, auf die langsam
aber unaufhaltsam heranrückenden französischen Massen. Wieder
kostete dieser Kampf viel Blut und jeder von den älteren Offi=
zieren der heldenmütigen Verteidiger erkannte, daß es so nicht
mehr lange fortgehen könne. Es war eine scheinbar endlose
Zeit, die wir hier im Feuer lagen, jeden Moment gewärtig,
überrannt zu werden und doch zeigte sich noch immer keine Unter=
stützung. Viel wirkte in diesen bangen Minuten die Haltung
des Generalstabschefs der 2ten Division, des Oberstleutnants Muck.
Dieser, der an Stelle des meist erkrankten Generals Schuhmacher
eigentlich das Divisionskommando führte, verzagte nicht eine
Sekunde.

„Sie kommen, sobald sie können", äußerte er auf jede
ängstliche Frage und meinte damit die Preußen der 17ten Di=
vision, und er täuschte sich nicht. Gerade als die Gefahr ihren
Höhepunkt erreicht hatte, wurde ich selbst entsendet, nach den
sehnlichst erwarteten Bundesgenossen auszuschauen und wirklich
entdeckte ich bald ihren von Lumeau her erfolgenden Anmarsch.
Das war ein glückliches Aufatmen, als ich der Schützenlinie
entlang sprengte und die frohe Botschaft verbreitete.

Vorher wurde uns aber schon von anderer Seite Hilfe.
Wieder wie bei Coulmiers marschierte General Orff mit seiner
Brigade heran, um auf dem rechten Flügel in die linke Flanke
der Franzosen zu stoßen. Ihm schloß sich die Kavallerie des
Prinzen Albrecht an und General von der Tann hieß die 1ten
Jäger mit den 11ern vorzugehen. Der erste Stoß scheiterte auch
hier an dem mächtigen französischen Feuer. Der zweite aber
gelang und besonders als die 4te preußische Kavallerie=Division
in den Rücken des Feindes anritt, da wich dieser, und die 1te
bayerische Division konnte sich in der eroberten Stellung bei
Moràle Ferme festsetzen. Schnell war daraufhin auch bei der 1ten

Brigade wieder der frohe Mut hergestellt und die Leute freuten sich schon ob des nun sicher zu erwartenden Sieges. Solche Gefühle lassen selbst die ärgsten Schmerzen vergessen und deshalb rief auch ein Gefreiter des Leibregiments mit zerschossenem Arme, dem das Blut aus dem Ärmel lief, einem Kameraden nur zu: „Mei Liaber, mi ham's g'flügelt. B'hüt di!" Damit verschwand er in der Richtung auf den Verbandplatz.

Während also auf dem rechten Flügel das Gefecht sich für die Deutschen allmählich günstig gestaltete, befand sich die 2te bayerische Division zwischen Beauvilliers und Coury Château noch immer in der mißlichsten Lage. Wieder trat der so verhängnisvolle Munitionsmangel ein und schon machten sich die zähen Verteidiger darauf gefaßt, mit den Bajonetten den Gegner abzuwehren, da — noch fühle ich es, wie mir bei diesem Anblick das Herz schneller schlug — erschienen links von uns lange schwarze Linien, die sich scharf von dem schneebedeckten Boden abhuben und schnell vorwärts drangen.

„Jäger, 12er, 3er, 10er! Dort schaut hin! Das sind die Mecklenburger, die uns heraushauen! Seht nur die strammen Grenadiere! Jetzt noch ein flottes Feuer auf den Feind. Bald fassen ihn die Preußen in der Flanke und die Mecklenburger greifen hier an! Hinaus mit den letzten Patronen! Der Sieg ist unser! Hurra! Hurra!"

Es war, als ob der Anblick der brillant vorgehenden 17ten Division uns alle elektrisiert hätte. Sorge, Müdigkeit, Kälte, alles war vergessen; jeder Mann fühlte, daß jetzt, wo die Preußen eingetroffen, ein Rückschlag unmöglich, daß die Schlacht gewonnen werde, und so war es auch wirklich. —

Wir müssen jetzt wieder auf einige Stunden zurückgehen und sehen, was sich während des blutigen Ringens der Bayern bei der 17ten und 22ten Division ereignete.

General von Tresckow war mit seiner 17ten Division auf der Straße Chartres-Orleans anmarschiert und die Avantgarde vernahm schon in Bazoches den Kanonendonner der Bayern. Ohne Besinnen jagten die 17ten Dragoner begleitet von der reitenden Batterie vor und letztere griff von der Flanke her in den Kampf mit ein. Unterdessen marschierte Oberst von Manteuffel mit seinen Mecklenburgern in beschleunigtem Tempo weiter. Kurz vor Lumeau wurde der Anmarsch der Franzosen gemeldet. Da hätte man nun die 90er sehen sollen! Wie der Wind waren sie in dem Dorfe und besetzten den Rand, ehe der Feind eine Ahnung von ihrer Nähe hatte. Der mochte überrascht gewesen sein, als er plötzlich preußische Granaten bekam und bald auch mecklenburgische Langbleis folgten, während er doch bisher nur bayerische Geschosse hatte verschlucken müssen. Da die französische Division Maurandy dadurch in ein recht unangenehmes Kreuzfeuer kam, so beschloß deren Führer sich der lästigen Gegner in seiner rechten Flanke durch einen kräftigen Vorstoß zu erwehren. Er ließ das 40te Marsch= und 71te Mobilgarden=Regiment vorgehen. Diese kamen aber bei den 90ern und den hinter denselben in den Park von Lumeau eingedrungenen 89ern gerade an die Rechten. Schnell hörte vor dem Feuer der Mecklenburger der französische Vormarsch auf und als nun noch die 14ten Jäger sich in der feindlichen Flanke festbissen, da suchten die armen Moblots so gut als möglich sich aus der ungemütlichen Nachbarschaft zu ziehen, d. h. sie fingen schon jetzt an, rückwärts auszureißen.

Während dieser Zeit war auch die 22ste Division heranmarschiert und sollte als allgemeine Reserve dienen. Wie sehr freuten sich nun die 94er und die Artillerie, daß auch gegen sie einige französische Infanterielinien vorgingen, denn dadurch hatten sie doch Gelegenheit, ebenfalls mitzuthun. Sofort fuhren die Batterien der Division neben denen der 17ten auf und eröffneten mit diesen ein furchtbares Feuer auf die gerade anmarschierende, oben erwähnte französische Brigade Séatelli (40stes Marsch= und 71stes Mobilgarden=Regiment). Gleich darauf gingen die 94er zum Angriff vor, gefolgt von den 83ern, und ehe der Feind nur recht zur Besinnung gelangte, waren ihm die wichtigsten Stellen, nämlich an den Windmühlen, abgenommen und über 200 Gefangene befanden sich in preußischen Händen.

„Donnerwetter, da fährt ja eine französische Batterie vor. Die soll uns nicht lange schaden!"

So sehr sich aber auch die Artilleristen beeilten, diesen neuen Feind niederzuschmettern, die Ulanen des Rittmeisters von Marschalck waren doch noch schneller. Es ertönten einige Signale und gleich überraschend für die preußischen Schützen wie für die Franzosen erschienen plötzlich die flinken Reiter mit den Lanzen auf der Lende, und trotzdem die feindlichen Tirailleure feuerten, was sie konnten und die Geschütze, rasch erkennend, daß es sich um Sein oder Nichtsein handle, ihnen Granate auf Granate entgegen sandten, hielt die Ulanen doch nichts auf, bis sie sich mitten in der französischen Batterie befanden. Nun half aller tapfere Widerstand den armen Kanonieren nichts mehr; entweder erlagen sie den Lanzen der Ulanen oder sie mußten sich ergeben, die Batterie war erobert. In das Gehöft Anneux drangen nun die 94er ein und machten auch dort viele Gefangene.

Schon wollte General von Wittich in der Erwartung, daß das IX. Armeekorps unterdessen gegen den von Artenay her gemeldeten Feind vorgehen werde, sich weiter gegen Loigny wenden, als neue Meldungen der Kavallerie-Brigade Colomb anzeigten, daß eine sehr starke feindliche Division von Artenay aus gegen die linke Flanke und sogar gegen den Rücken der 22sten Division sich wende, vom IX. preußischen Korps aber nichts zu sehen sei. Daraufhin entschloß sich der General, schnell seine Front zu ändern und statt wie bisher in südwestlicher nun in südöstlicher Richtung, nämlich auf Poupry, vorzugehen. Er ließ dies dem Großherzog melden und damit hörte die Thätigkeit der 22sten Division auf dem Gefechtsfelde bei Loigny auf. Sie mußte einen neuen Kampf beginnen, der sich bei Poupry abspielte.

Bei der 17ten Division waren, während die Mecklenburger die französische Division Maurandy abwiesen, auch die Hanseaten (75er und 76er) herangekommen. General von Treskow hatte die schwierige Lage der Bayern erkannt und schickte diese Brigade sofort gegen Loigny vor. Wie vorhin die 93er und 83er der

Brigade Séatelli, so stießen jetzt die 75er und 76er der Brigade Bourdillon in die rechte Flanke und brachten dadurch deren Angriff zum Stehen.

Dies war der Augenblick, in dem wir die Bayern verließen. Letztere atmeten jetzt frei auf, denn der Stoß der Hanseaten, hinter denen unmittelbar die rasch gesammelten Mecklenburger folgten, machte ihnen vollständig Luft. Das Vorgehen der 17ten Division begleiteten 8 Batterien und außerdem stürmten nun 3 bayerische Bataillone teils von Beauvilliers, teils von Goury Château aus in die Front und linke französische Flanke vor. Der Anmarsch der Division Tresckow war prächtig und entschied bald das Gefecht zu Gunsten der Deutschen. Immer noch versuchten zwar die Franzosen Gegenstöße, allein umsonst. Auch den 17ten Dragonern gelang es bei einer solchen Gelegenheit einzuhauen und viele Gefangene zu machen. Nun ging die gesamte zwischen Goury Château und Villeprévost stehende preußische und bayerische Artillerie auf Loigny vor und mehr als 80 Geschütze warfen mit tödlicher Sicherheit ihre Granaten auf die Brigade Deplanque. Diese suchte bei Villepion zu halten, weil unterdessen rechts dieses Dorfes die Avantgarden=Division des XVII. französischen Armeekorps (de Sonis) angekommen war. Nun ließ aber General von der Tann seine unterdessen gesammelte und neu mit Patronen versehene 1te Division vorgehen, um Villepion zu nehmen. Zuerst trabten auf dem rechten Flügel die Batterien Gruithuisen, Prinz Leopold und Söldner, auf dem linken 9 andere Batterien vor und „versahen Villepion mit Schwarzbrot", wie sich unsere Leute ausdrückten, wenn die Granaten massenweise in einem Orte einschlugen. Dann machte die Division eine Linksschwenkung, die vorauseilenden 1ten und 9ten Jäger warfen den Gegner aus dem Gehölze vor Villepion und nun ging die ganze Division auf das Dorf selbst los. Während dieser Zeit waren neue Abteilungen des XVII. französischen Korps unter General de Flandre bei Loigny angekommen. Auch General de Sonis traf selbst dort ein. Dieser war ein schneidiger Herr, der meinte, ein kräftiger Vorstoß der Volontairs de l'Ouest, der

Légion des Côtes=du=Nord, des 51ten Marsch=Regiments und
anderer Abteilungen seines Korps müsse den Sieg auf die fran=
zösische Seite bringen. Allein die Mecklenburger und Hanseaten
zausten diese Angreifer so tüchtig, daß sie mit blutigen Köpfen
heimkehrten. Nun setzte der brave General sich selbst an die
Spitze der päpstlichen Zuaven, der Franktireurs von Blidah und
Tours sowie einiger Mobilgardenbataillone und stürmte selbst
gegen die Deutschen an. Sein Beispiel wirkte ermutigend und
überdies waren ja die päpstlichen Zuaven des Oberst de Charette
die beste Truppe des Korps. Deshalb wurde dieser Vorstoß mit
großem élan unternommen und er hätte sicher Aussicht auf Er=
folg gehabt, wäre er nur nicht auf deutsche Truppen gestoßen.
Die 90er, 89er und 14ten Jäger aber, auf welche die Franzosen
zuerst trafen, ließen sich durch die lauten Schlachtrufe „vive la
France!" und „vive Pié IX.! En avant", womit die Zuaven
anstürmten, nicht irre machen, sondern: „Auf die feindlichen
Kolonnen — Standvisir — Schnellfeuer!" — so kommandierten
die Offiziere und genau wie auf dem Exerzierplatz führten die
Preußen diese Befehle aus. Die Franzosen stürzten unter dem
Hagel der Langbleis dutzendweise zusammen. Dennoch drangen
die Überlebenden vor, wiesen sogar die ihnen entgegengeworfenen
Kompanien (3te und 4te der 89er, 12te und 9te der 90er und
1te, 2te und 4te der 14ten Jäger) ab und drangen in dem Hofe
Villours ein. Da ließ General von Wittich seine Reserve=
bataillone, die 75er, angreifen und jetzt wendete sich das Blatt.
Rasch waren die Franzosen aus Villours vertrieben und rück=
sichtslos wurden alle geschlossenen, im freien Felde entgegen=
tretenden Abteilungen unter starken Verlusten über den Haufen
geworfen. Dabei brachen General de Sonis und der Zuaven=
oberst de Charette schwer verwundet zusammen und fielen in
deutsche Hand. Darüber verloren die Franzosen völlig den Mut
und bald flohen sie in gänzlicher Auflösung auf Faverolles und
von da auf Patay zurück. Zahlreiche Gefangene und eine
Mitrailleuse verblieben den Preußen, welche wegen der eintretenden
Dunkelheit bald auf eine weitere Verfolgung verzichten mußten.

Durch den Erfolg der nun auch von der 4ten Kavallerie-
Division und der bayerischen Kürassier-Brigade unterstützten 1ten
bayerischen Division auf dem rechten Flügel und der 17ten
Division bei Loigny war nun die Schlacht auf diesem Teile des
Gefechtsfeldes endgültig zu Gunsten der Deutschen entschieden
und ein neuer, wenn auch sehr blutiger Sieg reihte sich an die
bisher errungenen Erfolge.

Unterdessen war aber auch die 22ste Division nicht un-
thätig geblieben. Auf der großen Straße nach Paris rückte
nämlich, wie schon bemerkt, das XV. französische Korps mit der
3ten Division im ersten, der 2ten im zweiten Treffen aus Orleans
heran und war schon vorwärts Artenay angekommen, als General
von Wittich seine Division, wie ebenfalls erwähnt, umkehren und
gegen diesen neuen Feind Front machen ließ. Auch hier stand
es auf Spitz und Knopf, daß die Franzosen Poupry vor den
Preußen erreichten. Oberst von Kontzki führte die 95er jedoch
im Laufschritt vor und diese trafen die Mobilgarden des Generals
Peytavin noch mitten im Dorfe, ehe sie sich dort einnisten
konnten. Da machten die Thüringer nicht lange Umstände,
sondern warfen die Moblots mit dem Bajonett zum Orte hinaus
und besetzten dessen Ostrand. Als nun auch die 32er und schließlich auch Teile der 83er und 94er eingriffen, wurden verschiedene
Vorstöße aus Poupry versucht. Allein der Feind war auf seiner
Hut. General d'Aurelle, der hier selbst befehligte, ließ seine
Reserveartillerie sowie die 2te Division des XV. Korps eingreifen, wodurch ein äußerst hartnäckiges Gefecht um Poupry
und den Wald nördlich des Dorfes entstand. Eines der schmerz-
lichsten Opfer war dabei der Tod des Obersten von Kontzki.
Allmählich wurde das französische Geschützfeuer so überlegen,
daß sich Oberst von Bronikowski, der Kommandeur der preußischen Artillerie, gezwungen sah, seine Batterien näher an Poupry
heranzuziehen. Jetzt schien den Franzosen der rechte Augenblick
gekommen, durch einen allgemeinen Angriff die Preußen über
den Haufen zu werfen. Zeit und Ort waren gut gewählt, aber
die Thüringer und Hessen der 22sten Division waren doch anderer

Ansicht. Ein wohlgezieltes Feuer schmetterte den anstürmenden Feinden entgegen und riß breite Lücken in ihre Reihen. Waren aber brave Leute und wollten um jeden Preis den Wald nördlich Poupry in ihre Gewalt bekommen. Die dort stehenden zusammengeschossenen 94 und 95er wären nicht im stande gewesen, ihn gegen solche Übermacht zu halten. Da galoppierte die Batterie Gillern an und: „Mit Kartätschen geladen — auf die avancierenden Schützen — 400 Schritte Feuer! — Feuer!"

Das sprühte und krachte und schmetterte sie nieder, daß die Überlebenden die Lust verloren, auch solche Grüße abzuwarten, sich in die Büsche zurückwarfen und dadurch auch ihre Geschütze zum Abfahren zwangen. Jetzt ritten überdies die Leibküraffiere und 2ten Ulanen des Generals von Colomb an und warfen alle französischen Schützen auf ihre geschlossenen Abteilungen zurück.

Nun drangen 4 neue Bataillone des Feindes gegen den rechten Flügel der 22sten Division vor. Allein die 83er und und 94er wiesen sie gründlich ab.

Schließlich gegen 4 Uhr machte der Gegner noch einen letzten Versuch, sich Pouprys zu bemächtigen. Sein Bemühen war ein vergebliches und ein Vorstoß der 83er, unterstützt von Abteilungen von 94ern und 95ern, zwang die noch am weitesten vorgeschobenen Franzosen, sich in östlicher Richtung zurückzuziehen.

Damit war auch hier der Angriff der Franzosen völlig gescheitert und auf dem ganzen Schlachtfelde erklang es von Mund zu Mund: „Wir haben gesiegt! Hurra, hurra!" Freilich war unser Erfolg mit ganz bedeutenden Opfern erkauft worden. Die Verluste der Bayern waren sehr schmerzlich und auch die 17te und 22ste Division hatten stark bluten müssen.

Erstere verloren 104 Offiziere und 2192 Mann, obwohl der ganze Stand des Korps vor dem Gefechte nur 14,800 Mann Infanterie betrug. Am meisten hatte die 3te Brigade gelitten, die bei einem Stande von 115 Offizieren und 3936 Mann 39 Offiziere und 765 Mann einbüßte.

Die 17te Division verlor 55 Offiziere und 1033, die 22ste 31 Offiziere und 604 Mann.

Dafür aber hatte die Armeeabteilung des Großherzoges dem etwas mehr als doppelt so starken Gegner einen Verlust von über 4000 Toten und Verwundeten zugefügt und 8 Geschütze, 1 Mitrailleuse, 1 Fahne und 2500 unverwundete Gefangene abgenommen.

Je größer am Morgen des 2. Dezembers unsere Sorge war, desto größer am Abend desselben unsere Freude. Der zur Befreiung von Paris aufgebrochene Gegner war zurückgeworfen und bedeutend geschädigt worden und die Wiedereinnahme von Orleans mußte uns hierdurch wesentlich erleichtert werden. Die moralische Folge der Niederlage derjenigen Armee, auf welche ganz Frankreich so große Hoffnungen gesetzt hatte, mußte noch größer sein.

Dennoch war die Stimmung der Truppen besonders bei den Bayern eine sehr ernste. Wegen der herben Verluste konnte man des Sieges nicht so froh werden wie früher und trotz aller Erfolge erschien die Zukunft noch düster genug, denn wenn die Franzosen wieder neue Armeen gegen uns aufstellten — was dann? Schon heute frugen die Adjutanten und Ordonnanz= offiziere bei Aufstellung der neuen Ranglisten nicht mehr: „Wer fehlt bei diesem Regiment?" sondern: „Wer ist noch da, um ein Kommando zu übernehmen?" Was sollte werden, wenn noch weitere Verluste diese Schlacken von Bataillonen immer mehr ausbrannten? Freilich that man seine Pflicht nach wie vor und hoffte, daß doch endlich auch den Franzosen die Lust verginge, sich stets neue Schläge zu holen und endlich auch die Pariser zu Kreuz kriechen müßten. Aber es dauerte noch lange, bis sich unsere Wünsche erfüllten, und noch mancher brave Kamerad mußte zuvor ins Gras beißen!

In der Nacht zum 3. Dezember bin ich über das Schlacht= feld geritten. Die Luft war klar, die Sterne glänzten herrlich am Firmament und wenn man den Blick in die Höhe richtete, so zog's wie Friedensahnen durchs Gemüt, denn genau so schön, so freundlich leuchtete bei uns der Himmel, so glitzerten auch über der Heimat der große Bär, der Orion und all die anderen aus der Jugendzeit bekannten Sternbilder. Aber auf der Erde! Wie Schauriges fand da der entsetzte Blick; wie zog all dies Elend, dem man ohnmächtig gegenüberstand, das Herz zusammen! Zuweilen meinte man wohl, nur Schreckgestalten einer furchtbar erregten Phantasie zu sehen, aber sie vergingen nicht, sie waren Wirklichkeit, trostlose, grauenvolle Wahrheit. Geisterhafte Gestalten schienen auf dem schimmernden Schnee entlang zu huschen. Es waren die Schlagschatten, welche die Flammen aus Beau= villiers, Loigny, Ecuillon, Villours, Villerand u. s. w. von Reiter und Pferd und von den vielen, vielen herumliegenden Toten und Verwundeten warfen.

Die waren glücklich, die nichts mehr fühlten. Aber die verzerrten Mienen, die zersetzten blutigen Körper zeigten, daß ihr Todeskampf schrecklich gewesen. Da lag ein französischer Infanterist auf dem Rücken und streckte beide Arme mit den geballten Fäusten in die Höhe. Die grellen Schatten fielen genau in die Verlängerung der starren Glieder, so daß es aus= sah, als ob der Fluch, mit dem auf den Lippen er vielleicht ge= storben, fortwachse gegen Süden, gegen jene Gewalthaber in Tours, die ihn hierher geschleppt, wo er elend umkam, — nur eine Zahl in den Listen Gambettas, ein anklagender Racheengel vor dem Throne des Allmächtigen. Wie entsetzlich sah jener Artillerist mit dem eigenen Kopf zwischen seinen Beinen aus. Das Geschoß hatte ihm den Rumpf vollständig zersetzt; da war sein Kopf zwischen die Füße gefallen. So hat vielleicht Dante seinen Bertram de Born erschaut und dann ihn so meisterlich beschrieben. Dort lagen — entsetzlich schienen sich die blutigen Reste unter dem flackernden Flammenlicht zu bewegen — die von einer Granate gänzlich zerrissenen Glieder von 2 Fahr= kanonieren und 4 Pferden; daran reihten sich ganze Haufen der schon zusammengetragenen Leichen und dennoch wohin das Auge reichte Tote und immer wieder Tote. Vielen fehlten die Stiefel. Der Gefallene muß eben dem Lebenden noch durch Abgabe seiner

Munition und Bekleidung nützen. Das ist Kriegsbrauch, aber der Anblick der halbnackten Körper berührte noch fürchterlicher, als der der bekleideten. Meinte man doch, der schneidende Wind müsse ihnen noch weh thun, den armen Opfern der Schlacht, und hat man doch von Kind an das Gefühl, Gestorbene mit dem Bahrtuch zu bedecken und nicht enthüllt zu sehen.

All' dies ist hart und es gehörte viel Überwindung dazu, ruhig vorbei zu reiten und einfach an seine Pflicht zu denken. Das Entsetzlichste aber ist der Anblick der noch nicht abgeholten Verwundeten und die Notwendigkeit, ihre Klagen zu hören, ohne ihnen beistehen zu können. Mir war's, als ob mir jedesmal eine Teufelskralle ein Stück Herz abriß, wenn ein neuer Hilfe= ruf in mein Ohr schallte. Wie gerne wäre ich vom Pferde ge= stiegen, hätte mich neben sie gekniet, sie getröstet, soweit ich es verstand, verbunden und am liebsten mit zugefaßt, um sie aus dem Schnee und Eis zu heben und in irgend ein Haus zu tragen. Aber es durfte nicht sein. Ich mußte unsere Muni= tionskolonne holen, damit diese noch in der Nacht die Batterien und Bataillone neu versorge, denn morgen sollte es ja wieder losgehen und unsere Truppen hatten sich gründlich verschossen. Da hörte ich eben und hörte doch nicht. Wollte mein Herz mich übermannen, dann rief ich Verstand, Pflichtgefühl, ja Härte und sogar Grobheit zu Hilfe, um mich zu wappnen und nicht zu erliegen. Wirklich grob habe ich einen armen, besonders stark klagenden Verwundeten angelassen: „Schämen Sie sich, rief ich ihm zu, schämen Sie sich zu jammern wie ein altes Weib. Man wird Sie schon holen, sobald es nur irgendwie möglich ist. Bis dahin geberden Sie sich als Mann und nicht wie ein unver= nünftiges Kind!" Wenn der Unglückliche wüßte, wie schwer mir solche Rede ward, wie ich damit nur das eigene schwache, thörichte Herz bezwingen wollte und auch bezwang! Vielleicht starb er mit haßerfüllten Worten gegen mich.

Die für mich furchtbarste Erinnerung ist ein preußischer Musketier, der auf einem Feldstein, grell von den Flammen aus Loigny beleuchtet, saß und immerfort rief: „Hat denn kein Mensch

Erbarmen mit mir und schießt mich tot! Gebt mir doch ein Gewehr!" u. s. w. Dem Unglückseligen waren beide Augen und die Nase von einem Granatstück weggerissen. Mich schauderte es bis ins innerste Mark! Das war aber nicht mehr die eisige Kälte. Das war dieses Bild auf dem Schlachtfeld von Loigny etwa nachts ½12 Uhr am 2. Dezember 1870.

Ich versuchte anzutraben. Mein armes Pferd war zu schwach; es trug mich seit 11 Stunden und hatte heute noch nichts gefressen. Da ritt ich eben im Schritt weiter. Gott sei Dank fand ich bald die Munitionskolonne, dann die Batterien und der strenge Dienst die ganze Nacht hindurch, die Schlacht des folgenden Tages, neue Anstrengungen, neue Strapazen, neue Bilder verwischten vorübergehend die Szene jenes Nachtrittes in meinem Gedächtnis.

Unsere Vorposten standen auf den äußersten Teilen des eroberten Schlachtfeldes, die der Franzosen nicht weit davon. Es herrschte aber trotzdem verhältnismäßige Ruhe. Beide Teile waren zu sehr mit Bergung ihrer Verwundeten beschäftigt und beide — gestehen wir es offen, auch wir — zu erschöpft. Am nächsten Morgen sollte es ja wieder losgehen. Dazu brauchte man neue Kräfte und deshalb wurde es in den Biwaks und Kantonnements bald stille.

Auf dem Schlachtfelde auch. Wen dort die Krankenträger nicht bald erlösen konnten, den tröstete für immer der treueste Freund der Leidenden, der Tod. Kälte, eisige Kälte und Schlaf waren seine Bundesgenossen. Als ich früh 6 Uhr wieder über das Schlachtfeld reiten mußte, war alles still.

IX.

Der 3. und 4. Dezember.
Die zweite Einnahme von Orleans.

Vor einem stattlichen Hause des kleinen Städtchens Artenay lief ein fast ganz in seinem Mantel und der übergehängten Kapuze versteckter Posten unruhig hin und her. Hie und da beim Vorsetzen eines Beines erkannte man die roten Streifen der Garde nationale mobile und wenn gerade ein Strahl aus einem der hell erleuchteten Fenster auf das unter der Kapuze hervorschauende Käppi traf, war die Zahl 29 zu lesen. Der Mann gehörte also zur französischen Brigade Rébillard, die am vergangenen Tage, am 2. Dezember ebenfalls bei Poupry gekämpft. Es wollte dem armen Nationalgardisten gar nicht gefallen, daß er hier um Mitternacht bei einer ganz abscheulichen Kälte Posten stehen mußte, während er 4 Wochen vorher an den schönen Ufern der Mayenne noch bei seiner jungen Frau so behaglich am Cheminée gesessen und teils in das lustig flackernde Feuer, teils in ihre hübschen Augen geschaut hatte. Allein was half's? Jetzt war er Soldat und sollte helfen, die maudits prussiens aus dem Lande zu jagen. Wenn sie nur endlich einmal geschlagen werden könnten oder — er dachte es ganz leise bei sich — doch uns so gründlich besiegen würden, daß Gambetta und die anderen sicher und warm in Tours abwartenden Herrn der Regierung der Nationalverteidigung gezwungen wären, Frieden zu schließen. Dann käme er doch wieder heim in sein Haus, zu seiner Frau, zu den Kindern und könnte sich erholen von den für sein Alter durchaus nicht mehr passenden Kriegsstrapazen, von den ungewohnten Anstrengungen des Dienstes, des Biwaklebens u. s. w. Na wenn die Geschichte noch länger so fortgehe, dann mache er es auch wie Monsieur Tricoche aus der Rue de Rennes in Laval, d. h. er lasse sich von den Preußen fangen und nach Deutschland

schicken. Dort müsse er jedenfalls nicht in Schnee und Eis
Nachts Posten stehen. Nahende Tritte unterbrachen diese Ge=
danken des Nationalgardisten. Bald darauf waren zwei sich
rasch nähernde Reiter erkennbar.

„Halte — la!" Die Angerufenen parierten die Pferde und
hielten.

„Qui vive?"

„Capitaine Bois, aide de camp du général Chanzy".

„Avance au ralliement!"

Der Offizier, welcher bisher geantwortet, ritt näher an
den mit gefälltem Gewehr dastehenden Posten heran und gab
das verlangte Feldgeschrei ab. Nun durften er und sein Be=
gleiter passieren. Der Kapitän sprang aber aus dem Sattel,
warf dem anderen Reiter, einer Ordonnanz, die Zügel seines
Pferdes zu und trat ohne ein Wort zu sagen in das erleuchtete
Haus. Bald befand er sich in einem Zimmer, in dem ver=
schiedene französische Generale und andere Offiziere um einen
mit Karten bedeckten Tisch versammelt waren. Kapitän Bois
wandte sich direkt gegen den alten martialisch aussehenden Ge=
neral d'Aurelle de Paladines:

„Mon général, ich überbringe den Rapport des Generals
Chanzy über den heutigen Tag." Damit übergab er dem Ober=
befehlshaber einen verschlossenen Brief. Während dieser das
Schreiben las und dabei immer finsterer dreinblickte, frugen die
Generale Peytavin und Martineau den Kapitän Bois nach den
Einzelnheiten des Kampfes beim XVI. und XVII. Korps.

„Messieurs", entgegnete offen der Gefragte, „wir sind ge=
schlagen. Unsere Divisionen haben außerordentlich gelitten;
viele Leute sind in völliger Unordnung vom Schlachtfeld ge=
flohen; die Munition ist verbraucht und bei dem moralischen
Zustande, in welchem sich die Truppen befinden, ist es unbedingt
nötig, daß das XV. Korps sich zu unserer Unterstützung uns
anschließt."

„Wie sieht denn General de Sonis die Lage an?"

„Der ist schwer verwundet in die Hände des Feindes ge=
fallen."

„Und General de Flandre?"

„Ebenfalls schwer verwundet."

„Ja wer kommandiert denn das XVII. Korps?"

„Vorläufig der Brigadegeneral Guepratte."

Während dieser Gespräche hatte General d'Aurelle den Bericht Chanzy's gelesen, der die Worte des Hauptmanns Bois bestätigte. Nun erbat der Oberbefehlshaber die Meinung der anwesenden Generale und Stabsoffiziere.

Alle waren der Ansicht, daß es unmöglich sei, unter solchen Verhältnissen — auch die Generale des XV. Korps meldeten eine starke Erschütterung ihrer Divisionen — eine neue Bewegung nach vorwärts zu versuchen und daß nichts übrig bleibe, als sich in die befestigten Stellungen bei Orleans zurückzuziehen. Dies war auch das Einzige, was b'Aurelle de Paladines zu unternehmen übrig blieb, denn ähnlich wie der Posten vor seinem Hause dachten viele und mit solchen Leuten konnte man nicht einem Feinde, wie die Deutschen es waren, angriffsweise entgegen gehen. Der Oberbefehlshaber ordnete daher den all= gemeinen Rückzug in das verschanzte Lager bei Orleans an und Kapitän Bois nahm den betreffenden Befehl für General Chanzy gleich mit zurück.

Ganz anders sah es im Stabe des Prinzen Friedrich Karl aus. Vor der Front der zweiten Armee war es am 2. Dezember nur zu kleinen Rekognoszierungs=Gefechten gekommen. Dagegen lief nachmittags 1½ Uhr eine Mitteilung des Generals von Moltke ein, daß Seine Majestät der König es für erforderlich erachte, die Entscheidung an der Loire durch einen unmittelbaren Angriff auf Orleans herbeizuführen. Nun beschloß der Prinz am 3. mit allen Kräften vorzurücken und befahl daher die Zu= sammenziehung des III. Korps bei Pithiviers und des X. bei Boynes und Beaune la Rolande. Als abends die Berichte über die Schlacht von Loigny=Poupry einliefen, ordnete er für den 3. den Vormarsch des IX. Korps auf Artenay, des III. über

Chilleurs auf Loury und des X. hinter den beiden anderen als
Reserve an. Dem Großherzog von Mecklenburg wurde das Vor=
gehen westlich der Straße von Paris nach Orleans übertragen.
Als diese Weisung bei demselben nachts 2½ Uhr eintraf, hatte
derselbe schon die Verfolgung des Feindes in der Richtung auf
Patay angeordnet. Da aber die Vorposten meldeten, daß der
Rückzug der Franzosen auf der Straße Terminiers=Rouvray
St. Croix=Huetre und auf der Straße Patay=Ormes stattfinde,
so mußte er bereit sein, sowohl südöstlich gegen die Pariser
Straße zur Unterstützung des IX. Korps eingreifen, als auch
südwestlich gegen seinen bisherigen Feind schlagen zu können.
Die Anordnungen des Großherzogs waren nun so sorgsam ge=
troffen, daß man allen Ereignissen beruhigt und siegeszuversicht=
lich entgegensehen konnte. Die Armeeabteilung marschierte näm=
lich staffelweise vom linken Flügel in der Art an, daß die 22ste
Division die Richtung in die Gegend westlich von Artenay nahm,
rechts etwas dahinter die 17te Division blieb und rechts rück=
wärts dieser auf der alten Straße von Chartres nach Orleans
die Bayern folgten. Die 4te Kavallerie=Division rückte nach
Lumeau heran, die 2te setzte sich hinter die 22ste Division. Das
Gelände westlich der Straße Chartres=Orleans beobachtete die
8te preußische Kavallerie=Brigade, der das 3te bayerische Infan=
terie=Regiment (nur noch 900 Mann) und die bayerische Batterie
Stabelmann zugeteilt wurden.

Auf dem linken Flügel ging es zuerst los. Der franzö=
sische General Martin des Pallières konnte seine in Chilleurs
aux Bois und Neuville aux Bois stehende Division nicht schnell
genug zurückziehen, sondern wurde vorher vom III. Armeekorps
angepackt. Als er nun den Preußen 8 Bataillone und 6 Bat=
terien entgegenwarf, fuhren diese mit 78 Geschützen auf und
einer solchen eindringlichen Mahnung, wie sie die Granaten
dieser Feuerschlünde aussprachen, folgten die Franzosen bald,
räumten die Stellung und zogen sich in den Wald zurück. Aber
auch von dort wurden sie und zwar von Leib=Grenadieren, 3ten
Jägern, 48ern, 35ern, 20ern, 12ern und 52ern von Ort zu Ort

gejagt und mußten schließlich bis Orleans weichen. Die Preußen folgten durch den Wald bis Loury und stellten, weil von allen Seiten Kanonendonner herüberschallte, Vorposten gegen Osten (48er), Süden und Westen (64er und 35er) auf.

Rechts vom III. Korps ging es fast gleichzeitig bei St. Lyé und Artenay los. Während bei ersterem Orte das Detachement des Obersten von Winckler (1tes heff. Inf.-Reg., heff. Jäger und Reiter) nicht recht vorwärts kamen, gelang es den 85ern und 84ern über Dambron und Vilchat vorzudringen und den 11ern, Aßas zu nehmen. Vor der Besetzung des letzteren Ortes hatte nämlich General von Manstein seine Batterien tüchtig wirken lassen und bald warfen auch die herbeigeeilten Batterien der 22sten Division von Nordwesten her den Franzosen eiserne „Vergißmeinnichte", so nannten unsere Leute oft die Granaten, zu. Dem Feuer von 90 Geschützen mußte auch die Division des General Martineau weichen und daher konnten die nachstürmenden 11er mit leichter Mühe Artenay und die 85er Autroches einnehmen.

Nun ließ der Prinz Friedrich Karl den Großherzog auffordern, mit der 22sten und 17ten Division gegen Dorf und Schloß Chevilly vorzugehen, um den Angriff des IX. Korps zu unterstützen. Zweimal brauchte man an diesen tapferen Feldherrn ein solches Ansuchen nicht zu stellen. Die Batterien der Armeeabteilung sprachen an und für sich in der großen Debatte um den Nordrand des Waldes schon mit und seine Infanterie und Reiterei marschierten jetzt auch heran. Ehe diese aber eingreifen konnten, fügte sich der Feind den überlegenen Stimmen der deutschen Geschütze und wich ein Stück zurück. Das Erscheinen der Kolonne des Großherzogs in der linken französischen Flanke beschleunigte den Abmarsch der Division Martineau und erst als von Andeglou her die schweren dumpfen Schläge der Marinegeschütze aus den Schanzen herüber schallten, hielten die Franzosen wieder und versuchten sogar einige Gegenstöße. Auch jetzt war es die Artillerie, welche die Entscheidung herbeiführte, indem der Oberst von Jagemann 2 preußische und 2 hessische

Batterien 200 Meter über die deutschen Schützen vorführte und von dort aus in die französischen Bataillone hineinwetterte. Das hielten sie nicht aus und verschwanden.

Nun ereigneten sich zwei interessante Episoden, wie sie oft im Kriege vorkommen. Es liefen nämlich beim Stabe des Prinzen Friedrich Karl Meldungen ein, welche auf einen ernsten Widerstand der Franzosen schließen ließen. Da aber bereits die Dunkelheit hereinbrach, so beschloß der Prinz die Einnahme von Chevilly auf den nächsten Morgen zu verschieben und befahl dem General von Manstein, die schon sturmbereiten Kolonnen des IX. Korps zurückzuhalten. Dies geschah.

Unterdessen hatte aber der Leutnant von Stutterheim von den 13. Husaren dem General von Wittich gemeldet, daß der Feind Chevilly räume. Als Antwort hierauf befahl der Kommandeur der 22sten Division nur: „Vorwärts nach Chevilly!" Die 17te Division wurde hiervon verständigt und als der Befehl des Prinzen Friedrich Karl, die Erstürmung von Chevilly zu verschieben, eintraf, meldeten General von Wittich aus dem Dorfe und General von Tresckow aus dem Schlosse von Chevilly, daß ihre Divisionen in dem zu erobernden Orte bereits im Quartier lägen und die Vorposten südlich davon gegen Orleans vorgeschoben seien.

Auch der rechte deutsche Flügel, die Bayern und die 4te Kavallerie-Division waren mit dem Feinde zusammengestoßen. Obgleich General von der Tann noch am Abend des 2. Dezember einen tüchtigen Prellschuß auf den Fuß bekommen hatte, saß er doch am 3. früh 7 Uhr schon im Sattel. Sein Korps sah freilich schlimm genug aus. Obwohl in der Nacht Ersatz an Offizieren und Mannschaften eingetroffen war, mußten doch aus je 2 Kompanien 1 gebildet werden und die Bataillone bestanden nur aus je 300 Mann. Immerhin herrschte trotz der barbarischen Kälte eine frohe zuversichtliche Stimmung, denn es ging ja wieder auf Orleans zu und dort hoffte man sich gründlich zu erholen. Eine stattliche Zahl von Überläufern meldeten sich in den Biwaks und erzählten, daß man sich feindlicherseits nicht mehr schlagen wolle und alles zurückmarschiere.

Gegen 11 Uhr wurde, nachdem die 2ten Jäger und 1ten Kürassiere vorher Villepion gesäubert hatten, auf Befehl des Großherzogs angetreten und, wie es schien, war der Feind wirklich verschwunden. Etwa um 2 Uhr aber tauchten französische Linien auf und besetzten Trogny und das daneben liegende Donzy. Sofort wendete sich die 1te bayerische Division gegen die hier vorstoßende Division Barry und brachte sie vor allem durch Artilleriefeuer bald zum Weichen. Zugleich stürmten von der 17ten Division 75er und 90er Donzy und als die Franzosen in südlicher Richtung auswichen, gerieten sie unter die Säbel der Chevaulegersschwadron des Fürsten Wrede. Die Dunkelheit beendete hier die Verfolgung.

Zugleich mit dem Vorgehen auf Trogny waren auch bei Cormainville, also ganz in der rechten Flanke der Bayern, Franzosen erschienen. Nach einem heftigen Gefecht mit der 8ten preußischen Kavallerie-Brigade, dem dieser zugeteilten 3ten bayerischen Infanterie-Regiment und der Batterie Stadelmann zog sich der Feind hier ebenfalls zurück.

Auch auf dem äußersten linken Flügel, beim X. Korps, war es zu Kämpfen gekommen. Als General von Kraatz mit seiner Division (20te) in Chilleurs ankam und erfuhr, daß Oberst von Winckler bei Neuville vor stärkeren feindlichen Abteilungen nach la Tour zurückgewichen sei, beschloß er, trotz der Dunkelheit Neuville doch noch zu nehmen. Die 92er griffen an, fanden aber energischen Widerstand. Dennoch wagte der Gegner nicht, einen zweiten Sturm abzuwarten, sondern räumte das Städtchen und wollte nach der Pariser Straße ausweichen. Es war aber sehr dunkel, die Truppen verfehlten im Walde den Weg und kamen bei der Gegend von Loury heraus.

Plötzlich tönt es schrill durch die Nacht: „Halt!"

Im festen Vertrauen, auf befreundete Truppen zu stoßen; beeilten sich die in dichten Massen ohne Sicherung, weil sie die Deutschen ja hinter sich wähnten, marschierenden Franzosen des

Generals Minot mit „France" zu antworten. Es war ihnen der Ruf „Halt" nicht aufgefallen, da ja auch der französische vorschriftsmäßige Anruf der Posten „Halte-là!" heißt. Kaum war dies Erkennungszeichen gegeben, da schien der Wald in Flammen zu geraten und ein ohrenzerreißendes Krachen und Geknatter ging los. O weh, die armen Franzosen! Die 35er spielten ihnen aber auch schlimm genug mit. Ohne Rücksicht schossen sie drein und bei den auf diese Art Überraschten entstand eine heillose Verwirrung. Natürlich feuerten die vordersten Franzosen sofort ebenfalls, aber ohne zu zielen, ihre Gewehre ab, die hinteren machten es nach, hielten aber erstere für Feinde, schossen diese an, bekamen von denselben wieder Feuer und so fügten sich die Franzosen selbst ganz erhebliche Verluste zu, während sie fast keinen der in guter Deckung liegenden Preußen trafen. Nach kurzer Zeit wurde es aber wieder still, denn zersprengt nach allen Seiten suchten die Franzosen durch den Wald nach der Pariser Straße zu entkommen.

Auf allen Punkten, wo Zusammenstöße stattgefunden, waren also die Deutschen siegreich geblieben und hatten den Gegner vollständig zurückgeworfen. Dieser große Erfolg war mit dem verhältnismäßig sehr geringen Verluste von

50 Offizieren und 615 Mann

bezahlt worden. Das hatte seine Ursache darin, daß die heutigen Kämpfe meist durch Geschützfeuer entschieden worden und man deshalb die so sehr verlustreichen Infanterie-Angriffe mehr vermeiden konnte.

Auf den französischen Oberbefehlshaber d'Aurelle de Paladines machte der Anblick seiner aus den Kämpfen bei Chilleurs, Artenay, Chevilly und Trogny zurückkommenden Truppen einen so niederschlagenden Eindruck, daß er beschloß, Orleans nur als Arrièregardenstellung einige Zeit zu halten, seine ganze Armee aber zurückzuziehen. Infolge davon bestimmte er für das XVIII. und XX. Korps die Richtung auf Gien, für das XV. die Sologne und das XVI. und XVII. Beaugency und den Wald von Marchénoir als Rückzugslinien.

Die Deutschen aber, welche abends in Loury, Neuville, Artenay, Chevilly und la Provenchère standen, bereiteten sich vor, ihrem heutigen Siege einen neuen anzureihen und den Feldzug im Süden, wie man hoffte, durch die Wiedereinnahme von Orleans zu beenden. Der Sieg, die Eroberung der Stadt, gelang; der Kampf war damit aber noch lange nicht aus; doch davon später.

In der Nacht vom 3. zum 4. Dezember stieg die Kälte noch mehr und erreichte gegen 4 Uhr morgens fast — 13° R. Unsere Truppen hatten sich so gut als möglich einquartiert, allein was man damals unter Quartier verstand, verdient näher beschrieben zu werden. So lag z. B. die ganze 2te bayerische Division in Chevaux. Dies ist ein Weiler, der aus 4 größeren und einigen kleineren Höfen besteht, nicht einmal eine Kirche besitzt, und nun etwa 7000 Mann und 1000 Pferde beherbergen sollte. Es fanden aber doch fast alle Leute ein Plätzchen, das wenigstens ein Dach über sich und einen schneefreien Lagerplatz darbot.

Natürlich war aber jeder Raum so ausgenützt, daß z. B. unter einem Tische, auf dem 3 Mann eng aneinander gedrückt mit den Oberkörpern lagen — die Beine hingen herunter — sich ebenfalls 3 Mann zusammen drängten. In den Scheunen standen und lagen Pferde und Reiter bunt durcheinander und zwar so, daß oft mehrere Mann unter dem Leibe eines stehenden Pferdes schliefen, ohne Scheu, getreten zu werden. Das hatte wenigstens den einen Vorteil, daß es in den Scheunen warm wurde und die Glücklichen, die sich darinen befanden, doch für Stunden wieder fühlten, daß sie ihre Glieder noch vollständig gebrauchen konnten. Andere, die später kamen, wie z. B. ich selbst, weil ich erst noch den Befehl holen mußte, blieben eben im Freien, denn es fand sich trotz alles Suchens nicht ein einziger Quadratfuß freien Bodens vor. Nur eine meiner Ordonnanzen eroberte sich noch ein Schloß, wie der Mann am andern Morgen erzählte. Er kletterte nämlich auf den frei in einem Hofe stehenden Taubenschlag, brach eine Wand ein, stieg hinein und schlief prächtig. Ich erbeutete eine Schrankthüre trug sie unter einen Stabsgepäckwagen und schlief auf diese Art wenigstens auf Holz und nicht ganz im Freien, denn der Wagen bildete mein Dach. Mein armes Pferd mußte aber im Schnee stehen bleiben. Es knabberte die ganze Nacht an dem Bißchen Stroh, das ich ihm vorwerfen konnte.

Bei den Vorposten blieb es ruhig. Den Franzosen fror wahrscheinlich die Luft ein, uns zu belästigen und wir verschoben alle Unternehmungen auf den nächsten Morgen, um unseren Leuten möglichste Ruhe zu gönnen.

Der 4. Dezember war ein schöner, aber sehr kalter Tag. Die Luft erschien so durchsichtig, als ob überhaupt keine vorhanden wäre und darum erkannte man alle Gegenstände im Gelände und alle Feinde schon von weitem vollständig klar. Nur der gewohnte eisige Nordostwind mahnte an den Winter und zwar gründlich.

Auf dem rechten Flügel, bei den Bayern von der Tann's ging's wieder zuerst los. Kaum war das Korps bei la Provenchère in Bereitschaftsstellung aufmarschiert, da sandte die schwere bei Gidy stehende französische Marinebatterie ihre ersten Morgengrüße herüber. Die gewaltigen Eisen=Zuckerhütte fielen aber anfangs unschädlich vor der Front der in dichten Massen stehenden Truppen nieder. Nun gings gegen Janvry vor, die 4te Kavallerie=Division folgte auf Huetre. Da spieen die plumpen Marinegeschütze erst recht Feuer. Es ist ein ganz eigenartiger Eindruck, den das Ankommen einer solchen blockigen Marinegranate hervorruft. Steht man gerade gegenüber der Batterie und sieht zufälligerweise im Augenblick des Schußes dem Geschoße entgegen, so kann man es deutlich während seines Fluges beobachten. Das scheint gen Himmel zu steigen, nähert sich immer mehr, fällt allmählich wieder gegen den Boden, jetzt glaubt man eine schnell wachsende Zunahme der Flug=Geschwindigkeit zu bemerken, nun vernimmt man ein Rauschen und Surren als ob ein Eisenbahnzug über eine etwas entfernte Brücke fahre, schleunigst dreht man den Kopf, um dem Ungetüm nachzuschauen, da — plautz — schlägt es auf dem Boden auf, prallt ab, springt wieder in die Höhe, stößt nochmals auf, erhebt sich von neuem, so wiederholen sich die Sprünge noch einigemale und dann liegt der über einen Zentner schwere Erzkoloß ruhig und harmlos im Schnee. Glücklich, daß viele der schlecht geladenen Granaten so handelten. Andere freilich erfüllten auch ihren Zweck besser. Beim ersten Aufschlag entzündete sich ihre Sprengmaße, ein Blitz, ein neuer Knall, zahlreiche Eisenstücke und kleinere Blei= und Eisenkugeln schwirrten durch die Luft, trafen, verwundeten und töteten. Mir selbst wurde an diesem Tage vor der Front der Division, mitten im Stabe, mein Pferd unter mir völlig zersetzt und der Stiefel und die Säbelscheide zerrißen, nur der Reiter war gänzlich unversehrt. Das war eine Marine=Granate. Die bayerische Artillerie blieb die Antwort auf die ernst ge= meinte Aufforderung nicht schuldig. Die Batterien Grundherr, Prinz Leopold und Söldner, bald darauf noch Barth, Zöhnle und Kriebel redeten ein ernstes Wort mit den in Brich sich zeigenden Infanterieabteilungen, da vorläufig ihre Stimme doch nicht bis zu den groben Geschützen in den Schanzen reichte. Dies wurde den Franzosen bald zu ungemütlich und sie zogen sich gegen Boulay zurück. Die Bayern folgten mit der 2ten und 4ten Brigade im ersten, der 1ten und 3ten im zweiten Treffen. Bald erkannte man feindliche Schanzen bei Boulay und nun mußte man vorsichtiger auftreten. Wieder rasselte die Batterie Prinz Leopold heran. Kaum hatte sie abgeprotzt, da saß auch schon die erste feindliche Granate mitten zwischen den bayerischen Geschützen.

„Donnerwetter, schießen die heute gut! Aha, das sind die Matrosen, welche von der vergeblichen Unternehmung an den deutschen Küsten zurückkamen."

„Macht nichts, Leute! Müßt' eben noch besser schießen, daß denen dort drüben bald der Atem ausgeht!"

Schnell hatte sich die Batterie eingeschossen.

„Königliche Hoheit! Auf dem linken Flügel der Schanze scheinen ihre Munitionswagen aufgefahren zu sein!"

Der Prinz beobachtete mit dem Feldstecher.

„Sie haben Recht, Leutnant Sartor; richten Sie das Feuer ihres Zuges dorthin!"

Bald darauf stieg in der französischen Schanze eine riesige Feuersäule blitzschnell in die Höhe, nach einiger Zeit wurde ein heftiges Krachen und Knattern vernehmbar und eine dichte Qualmwolke legte sich über jene Stelle.

„Aha, die hat's. Da ist ein Munitionswagen in die Luft geflogen!"

Es war so; aber die Franzosen rächten sich durch vermehrtes und zwar mit vorzüglicher Genauigkeit geleitetes Feuer, so daß die Batterie Prinz Leopold in eine recht unbehagliche Lage kam, bis das Eingreifen der anderen oben genannten Batterien ihr etwas Erleichterung verschaffte.

Man war sehr erstaunt, daß die Franzosen noch so zähe Stand hielten, nachdem die bisherigen Anzeichen schon für einen Rückzug derselben sprachen. Das war daher gekommen, daß General b'Aurelle seine Ansicht wieder geändert und sich zur energischen Verteidigung von Orleans entschlossen hatte. Er schickte nun an alle Korps den Befehl, nach Orleans heran zu marschieren und bald darauf versuchten Chanzy mit dem XVI. und XVII. von Westen her und der seit 2 Tagen angekommene General Bourbaki mit dem XVIII. und XX. Korps von Osten her, sich der Stadt zu nähern und das bisher allein dort im Kampfe mit den Deutschen stehende XV. Korps zu unterstützen.

Dies führte bald in der rechten deutschen Flanke zu ernsten Zusammenstößen, auf die wir noch zurückkommen.

Der Kampf zwischen den Bayern und den Franzosen bei Boulay hatte für erstere solche Fortschritte gemacht, daß General von der Tann einen allgemeinen Angriff ins Auge fassen konnte. Es erschien um diese Zeit auch die 17te Division, bereit, links der Bayern gegen Orleans vorzugehen. Nun trafen von der rechten Seite Nachrichten über den Anmarsch des Korps Chanzy gegen die Flanke und sogar den Rücken der Bayern ein und man vernahm von Patay her, wo die 3er und die Batterie

Stabelmann der preußischen 4ten Kavallerie-Division zugeteilt
waren, heftiges Artillerie- und Infanteriefeuer. General von
der Tann stand vor einem schweren Entschluß. Sollte er kühn
in der Front weiter vordringen unter der Gefahr in Flanke
und Rücken gefaßt zu werden oder sollte er sich zuerst letzterer
erwehren.

 Herrlich beleuchtete in diesem Augenblick die Sonne die
in der Ferne auftauchenden Türme der Kathedrale und die hell
erglänzenden Häuser von Orleans. Mit verlangendem Blicke
bewunderten wir alle dies schöne Bild. Die Augen unseres
tapferen Feldherrn wandten sich ebenfalls wie musternd über die
Linien des Feindes weg in jener Richtung. Dort lag der Kampf-
preis, dort hoffte er Erholung und Ruhe für sein so sehr zu-
sammengeschossenes, so sehr überanstrengtes Korps zu finden.
Da ging es wie ein stolzes Leuchten über sein edelgeschnittenes
Gesicht und er befahl: „Vorwärts gegen Orleans!" Daß er
einen so kühnen Entschluß fassen konnte, beruhte auch vielfach
in dem unbedingten Vertrauen auf die Tüchtigkeit der preußischen Reiter des Prinzen Albrecht und auf die wiederholt be-
wiesene Umsicht ihres hohen Führers. Der würde schon für den
Schutz der Flanke sorgen und der Prinz, der selbst festes Vertrauen zu dieser schwierigen Aufgabe hatte, führte sie auch
meisterhaft aus.

 Schon morgens 8 Uhr hatte die Kavallerie-Brigade Hontheim durch die ihr zugeteilten bayerischen 3er und die Batterie
Stabelmann Patay angreifen lassen. Obwohl der Versuch nach
schweren Verlusten der 3er aufgegeben werden mußte, hatte er
doch das Vorgehen der französischen Avantgarde zum Stehen
gebracht. Nun entsandte General von der Tann auch die übrigen 4 Bataillone seiner 3ten Brigade, die Küraissiere und die
Artilleriereserve in die rechte Flanke und das Erscheinen dieser
neuen Truppen in Verbindung mit dem Anreiten der preußischen
Reiterregimenter war der eine Grund, daß General Chanzy auf
einen weiteren Vormarsch in den Rücken der Deutschen verzichtete.
Der andere, wichtigere, war aber der, daß er schon zu jener

Stunde ob des Vordringens der Bayern über Boulay selbst Sorge wegen seiner Flanke bekam und ganz von Orleans abgeschnitten zu werden befürchtete, was ja auch thatsächlich eintrat. Also General von der Tann beschloß den Angriff auf Boulay und das Vordringen gegen Orleans selbst, und General von Tresckow ließ seine 17te Division links der Bayern eingreifen. Der Großherzog von Mecklenburg war mit diesen Anordnungen vollständig einverstanden und befahl, daß die 22te Division zur Verbindung der Armeeabteilung mit dem IX. Korps die alte Straße von Chartres gegen Saran zu nehmen habe. Den Ernst eines solchen Entschlusses versteht ein Laie kaum. Der Großherzog mußte die ganze Verantwortung dafür übernehmen, daß man nun gegen die schwachen Kräfte in der Front vorging und die dreifache Übermacht in Flanke und Rücken unbeachtet ließ. Schlug das Unternehmen fehl, weil Chanzy mit Gewalt gegen unseren Rücken andrang, so konnten die gefährlichsten Folgen entstehen. Unter dem Drucke einer so gewaltigen Verantwortung so kühn zu entscheiden, wie es hier geschah, dazu gehören große Männer. Gott sei Dank, wir hatten sie an unserer Spitze.

Das französische Artilleriefeuer bei Boulay war niedergeschmettert. Es mochte etwa 12 Uhr sein, als der allgemeine Angriff begann. Das war ein majestätisches Bild! Die ganze Winterlandschaft schien in glänzendes Gold getaucht; scharf und klar hoben sich die Häuser und Waldstücke von dem weißen Untergrund ab und dort hinten leuchtete das Panorama von Orleans wie eine verlockende Frucht als Preis für das zu unternehmende Mühen. Wunderbar erglitzerte der Schnee wie von Milliarden von prächtigen Kristallen und über dem allen wölbte sich der reine, azurblaue Himmel.

Jetzt schob es sich heran wie eine von Minute zu Minute wachsende Sturmflut. Gleich dem Gischt vor den ersten Wellen eilten Schützenschwärme voraus. Dahinter folgten — die vordersten Wogen — die Unterstützungstrupps und Bataillone der Vortreffen. Und nun kam die gewaltige Flut. In 2 Treffen marschierten sie heran, die Bataillone des bayerischen Korps, der 17ten und links dieser der 22ten Division und Richtung und Abstand hielten sie, als ob sie zur Parade vor ihrem obersten Kriegsherrn und nicht zum Sturm auf eine verschanzte feindliche Stellung vorgingen. Jeder vorausreitende Kommandeur, jeder Mann hob sich deutlich vom Schnee ab, die Fahnen flatterten im Winde, die Musiken spielten Avanciermärsche, die Tambours schlugen ein, alle Leute erfaßte eine hohe Begeisterung und so drang es vorwärts, unaufhaltsam vorwärts; wir fühlten es, wir wußten es — zum Siege! Dazu schmetterten über 100 Geschütze ein furchtbares Feuer auf den Feind, der Boden dröhnte von dem ungeheuern Getöse und durch die Luft zischten unaufhörlich die todbringenden Granaten.

Wwar es anders möglich, als daß die Franzosen Fersengeld gaben, noch ehe wir sie erreicht? Die Geschütze ließen sie unvernagelt stehen, Gewehre, Tornister lagen herum, als die 7ten Jäger, die 13er, 10er, 9ten Jäger, 11er und 2er des Tannschen Korps die Schanzen erstiegen. Dazwischen ächzten Verwundete, starrten Tote uns entgegen und viel Schaueriges, was wir sahen, bewies, wie vorzüglich unsere Artillerie getroffen. Mehrere Bilder sind mir scharf in der Erinnerung. Etwa 20 Schritte hinter der Schanze stand ein völlig bespanntes Geschütz. Aber sämtliche Pferde und Fahrkanoniere lagen zersetzt um die Deichsel. Wahrscheinlich war dies die Ernte einer einzigen Granate. Geschwärzte Gliedmaßen umgaben die Stelle, wo vorher die Munitionswagen gestanden, und so zeigte es sich überall, daß hier die Franzosen nicht aus Feigheit, sondern nur der Gewalt weichend, sich zurückgezogen hatten.

Kaum erkannte der Großherzog den Erfolg der Bayern — die 17te und 22te Division waren hier fast nicht zum Feuer gekommen — so ordnete er das Vorbrechen der 2ten Kavallerie-Division an, um den Feind nördlich zu umfassen. Die ließ sich das nicht zweimal sagen.

Gegen 1 Uhr erschien eine aus Ormes vortrabende französische Kavalleriemasse, meist afrikanische Freiwillige, sogenannte

Gums. Diese arabischen Reiter sahen vorzüglich, freilich etwas theatralisch aus. Sie ritten prächtige Berberrosse, deren eigenartiges Zaumzeug mit roten Bändern verziert war. Sie selbst trugen weiße Burnusse, weiße wehende Mäntel, weiße Turbans und über den Schultern hingen lange Flinten. Diese sehen, zur Front einschwenken, angaloppieren und gleich darauf sich mit Hurra auf die frembartigen Kerls mit ihren broncefarbigen Gesichtern stürzen, war für die Blücherhusaren das Werk weniger Minuten. Die biederen Pommern hielten sich mit Bewundern der maurischen Gestalten gar nicht auf, sondern schlugen drein; ob das Gesicht des Feindes braun war oder weiß, das galt ihnen gleich.

Weiter nördlich geriet eine Wagenkolonne der Franzosen den 2ten Leibhusaren in den Bereich. Mobilgarden deckten dieselbe. Im Nu setzten die schwarzen Totenkopfhusaren mitten in sie hinein. „À bas les armes!" schrie der Führer den Moblots zu und: „Ach haun's uns nit tot; wir sind wohl alles Deutsche; ich bin a Uhrmacher aus Mühlhuse" lautete die Antwort. Die Husaren lachten und führten ihre Gefangenen und die erbeuteten Wagen triumphierend zurück.

Bei Coinces stießen die 1ten und 6ten Ulanen des Generals von Bernhardi auf die französische Kavallerie=Brigade Tucé. Daneben feuerte feindliche Infanterie (2 Bataillone). Die Spahis des Generals Tucé sahen noch romantischer aus als die Gums. Rote wallende Burnusse, rotes Zaumzeug, blaue weite Beinkleider, rote Turbans, ebenfalls lange Flinten, wenn möglich noch schönere Pferde und darauf elegante, flotte Reiter, das waren würdige Gegner für die kaum ihre Ungeduld bemeisternden Ulanen. „Ob sie wohl halten werden?" Sie thaten es, wahrscheinlich weil die Ulanen erst 400 Schritt vom Feinde aufmarschierten und die Franzosen also vorher die Absicht der deutschen Reiter nicht genau erkannten. Kaum war die Linie derselben hergestellt, da übertönte das laute Hurra der alten Lützower das Fanfaro=Signal, und wie vor etwa 60 Jahren so auch heute, sauste die wilde Jagd dahin, nahm etwa 60 Schritt

vor dem Feinde fliegend einen breiten Schützengraben und dann
sprachen die Lanzen so scharfe Worte, daß bald viele der hoch=
roten Spahisburnusse dunkelrote Blutflecken zeigten und zahl=
reiche der allmählich sich zur Flucht wendenden Franzosen aus
dem Sattel zur Erde stürzten. Ebenso war ein Teil der feind=
lichen Infanteristen niedergeritten worden und erst als das Feuer
aus dem Orte St. Péravy und von einer neuen Infanterielinie
her zu stark wurde, rief das Signal „Appell" die schneidigen
Reiter zurück.

All' diese Erfahrungen bestimmten den General Chanzy
immer mehr, jeden Versuch nach vorwärts aufzugeben und er
wollte sich nach Orleans zurückziehen. Aber auch dies war jetzt
nicht mehr ausführbar. Der Großherzog hatte es befohlen und
Tanns Bayern führten es brillant aus, nämlich sich wie ein
Keil zwischen die feindlichen Massen hinein zu schieben und diese
auseinander zu sprengen. Jetzt waren die beiden linken fran=
zösischen Flügelkorps schon abgedrängt; sie mußten zurück gegen
Beaugency und Orleans und das dort noch kämpfende XV. Korps
seinem Schicksal überlassen.

Nun schob auch die 17te Division so lebhaft nach, daß sie
vorwärts Villeneuve sich mit den bayerischen Spitzen kreuzte.
Sie hatte nur bei Heurdy Widerstand gefunden und traf nach
Überwältigung desselben etwa 3½ Uhr bei le grand Orme ein.
Um ein Durcheinander zu vermeiden, erhielten die Bayern Befehl,
sich südwestlich über Ingré gegen das Gelände zwischen la Cha=
pelle und Orleans zu wenden, der 17ten Division aber ihren
bisherigen Weg zu überlassen. Letztere drang nun weiter gegen
die Stadt vor, die ersteren bezogen, als sie keinen Feind mehr
vorfanden, in der wohlbekannten Gegend von Ingré, Chaingy
und la Chapelle Quartiere. Die Kavallerie=Divisionen drangen
noch gegen Coulmiers und die Loire abwärts vor.

Im Zentrum der deutschen Linien war das IX. Korps
über Chevilly vorgegangen und nördlich Cercottes auf den Feind
gestoßen. In einem ziemlich verlustreichen Waldgefechte gelang
es aber den 85ern, 36ern und 9ten Jägern den Gegner langsam

aber unaufhaltsam zurückzudrängen und mit dem ersten Anlauf das Dorf Cercottes einzunehmen. Jetzt fuhren die Batterien der 18ten Division auf und 42 Geschütze gaben den weichenden Franzosen das Geleite. Langsam folgten die Preußen und gelangten nun in das Weinberggelände um die nördlichen Vorstädte, das auch den Bayern am 11. Oktober viele Schwierigkeiten bereitet hatte. Neben den erwähnten Abteilungen traten auch die 11er auf und bis zur völligen Dunkelheit zog sich das heftige Schützengefecht hin. Ein Angriff der 11er auf eine stark besetzte Barrikade mißlang. Dagegen wurden aber auch verschiedene Angriffsversuche der Franzosen erfolgreich abgewiesen. General von Manstein wollte ein Nachtgefecht in den Vorstädten und in dem schwierigen, seinem Korps ganz unbekannten Gelände vermeiden und befahl daher gegen 7 Uhr den Kampf abzubrechen. Die Truppen bezogen in den zahlreichen Gehöften Alarmquartiere.

Auf dem äußersten linken deutschen Flügel rückte das III. Korps von Loury aus gegen Orleans vor und gelangte anstandslos bis Baumainbert. Unterwegs hatte man zahlreiche Gewehre und 7 verlassene Geschütze erbeutet. Erst in genanntem Orte setzten sich Marineinfanteristen zur Wehr. 35ern und 20ern gelang es aber bald, sich des Dorfes zu bemächtigen und nun setzte das ganze Korps den Marsch auf Orleans fort. Das gleiche Ziel verfolgte aber auch der französische General Bourbaki mit dem XVIII. und XX. Korps. Als die Spitzen dieser Armee etwa 2½ Uhr bei Pont aux Moines auf ein linkes Seitendetachement der 5. Division (8er und 12te Dragoner) stießen und sowohl dieses als die rasch herbeigeeilten 48er und 1 Batterie sofort schneidig anbissen, verzichtete General Bourbaki auf den Vormarsch, machte mit seinen beiden Korps Kehrt und zog sich gegen Gien zurück. Nun ließ General von Stülpnagel die 52er, 3ten Jäger und 2 Geschütze gegen Orleans vorgehen, um die Verbindung mit der 6ten Division herzustellen. Diese drangen in den Vorort St. Loup trotz des heftigen französischen Widerstandes ein, mußten aber vor neuen feindlichen Kräften weichen und den eroberten Abschnitt wieder aufgeben. 160 Gefangene blieben jedoch in ihren Händen. Da auch hier die energische Haltung der Franzosen noch ernste Kämpfe erwarten ließ und es ganz dunkel geworden war, befahl General von Alvensleben seinem Korps, ebenfalls vom Kampfe abzustehen und Alarmquartiere zu beziehen.

Gegen 8 Uhr abends herrschte also auf dem linken deutschen Flügel und in der Mitte Ruhe. Die 17te Division aber war im Vormarsche geblieben und die Kavallerie der Bayern, des Grafen Stolberg und des Prinzen Albrecht dehnte sich gegen die Loire, gegen Coulmiers und Châteaudun aus. Den Bayern kam es öfters sehr zu statten, daß sie gerade das dortige Gelände von ihrem früheren Aufenthalte her sehr genau kannten. So bat der mit seinen Geschützen an der Kavallerie-Division Stolberg vorbeifahrende bayerische Artillerieoberleutnant Freiherr von Stengel, ihm einige Eskadrons bis an die Loire mitzugeben und erbot sich, sie sicher zu führen. Das war dem kühnen General Grafen Stolberg gerade recht. Er folgte mit seiner ganzen Division dem Bayern. Flott trabten Husaren und Geschütze an; was von Rothosen getroffen wurde und nicht schleunigst ausriß, wurde gefangen und bald stand die Spitze, bei ihr die bayerischen Geschütze, bei la Chapelle an der Loire.

„Himmel noch einmal! Da ist ja eine Schiffsbrücke und auf derselben fährt gerade eine französische Trainkolonne hinüber!"

„Wahrhaftig, es ist so. Nur zurück mit den Eklaireurs, daß sie uns nicht merken, und so schnell als möglich die Geschütze heran."

In wenigen Sekunden standen die bayerischen Kanonen des Barons Stengel und die beiden preußischen Batterien der Division Stolberg bereit, „Feuer!" kommandierten die Offiziere und ehe die vollständig überraschten Franzosen recht sahen woher, hatten die deutschen Granaten schon ihre Brücke zerschossen. Das war ein Auseinanderrennen. Die Wagen blieben stehen; alles, was Beine hatte, lief aber davon, und Brückentrümmer schwammen die Loire hinunter. Nun jagten die Batterien ihre

Geschosse in die jenseits abziehenden Kolonnen. Da sauste ein Eisenbahnzug heran. Schnell wandten sich einige Geschütze gegen ihn und jagten ihm eiserne Grüße entgegen, die deutlich erkennbar in den Wagen einschlugen, leider aber die Lokomotive nicht trafen. Der Zugführer hielt und dampfte gleich darauf wieder dahin zurück, wo er hergekommen. Wie schade, wie schade, daß niemand ahnte, daß sich der Diktator Gambetta auf diesem Zuge befand! Dann hätte man sicher den Zug näher herankommen lassen, statt ihn zurückzujagen und ihn einfach gefangen genommen. Das Gesicht des Gewaltigen, wenn deutsche Reiter ihn gebeten hätten: „Bitte steigen Sie gefälligst aus; wir haben einige Worte miteinander zu reden!"!! So entkam er ungerupft.

General d'Aurelle hatte schon nachmittags 5 Uhr die Unmöglichkeit weiteren Widerstandes erkannt und nun endgültig den Rückzug befohlen. Mit Aufbietung aller Kräfte wurde an der Bergung der in Orleans aufgehäuften Lebensmittel- und Munitions-Vorräte gearbeitet. Ferner sollte die steinerne Eisenbahnbrücke gesprengt werden. Oberst Marcilly bereitete alles vor, baute die schönsten Minenöfen und alles war prächtig hergerichtet; es fehlte nur eine ganz unbedeutende Kleinigkeit, nämlich das Sprengpulver; also blieb die Brücke stehen.

Die 17te Division war ohne noch auf besonderen Widerstand zu stoßen, gegen Orleans weiter marschiert. Dicht hinter der Spitze ritt der Großherzog mit seinem Stabe. Man kam an die Thorwache. Große Überraschung der Franzosen.

„Lassen Sie sofort ihrem Oberbefehlshaber sagen, er möge einen Unterhändler senden, sonst würde die Stadt bombardiert!"

Das wirkte. Nach einiger Zeit erschien der Generalstabshauptmann Pendezec im Auftrage des Generals Martin des Pallières.

„Überzeugen Sie sich, daß jeder weitere Widerstand unmöglich und sorgen Sie für die schleunigste Übergabe der Stadt oder ich lasse Orleans noch in der Nacht bombardieren und stürmen!"

Der Mann war nach diesen energischen Worten des Großherzogs völlig zerknirscht. Der Anblick der im Mondschein deutlich erkennbaren Massen der 17ten Division that sein übriges; Hauptmann Pendezec verschwand und meldete seinem General, wie es stehe. Bald kam er wieder und berichtete, daß man französischerseits mit der Übergabe einverstanden sei, aber um eine Räumungsfrist bitte. Der Großherzog genehmigte 2 Stunden (von 10½ Uhr bis 12½). Der daraufhin ebenfalls zum Großherzog entsendete französische General Darries konnte keine Verlängerung erzielen und deshalb räumten die Franzosen über Hals und Kopf noch vor Mitternacht die Stadt.

Freilich wurden viele Abteilungen und einzelne Leute von der Übergabe nicht benachrichtigt und dann von den einrückenden Deutschen überrascht und zu Gefangenen gemacht. Wie gerne sie damit einverstanden waren, beweisen verschiedene später zu erwähnende Beispiele.

Der Großherzog schickte noch an General von der Tann Mitteilung von dem geschlossenen Abkommen und befahl ihm, 1 Brigade zur Besetzung der östlichen Teile der Stadt zu entsenden. Es wurde die 2te hierzu bestimmt, welche kurz vor 1 Uhr nachts durch die Porte Madeleine einrückte.

Um 12½ Uhr nachts hielt der Großherzog durch die Porte St. Jean seinen Einzug. Eine kleine Avantgarde marschierte voraus, dann kam er selbst mit seinem Stabe und hinter diesem folgte die 17te Division. Die Stadt schien wie ausgestorben, die deutschen Musiken hallten durch die öden Straßen, das Echo der Trommeln tönte von den Wänden zurück und der feste Tritt der mecklenburgischen Grenadiere und der Hanseaten machte die Fensterscheiben erzittern. Auf der Place du Martroy blieb der Großherzog stehen. Gruppen von französischen Soldaten aller Waffen kauerten um kleine Feuer herum im Schnee. Einzelne Bewohner liefen über den Platz, auf welchem bayerische Kürassiere die Ordnung aufrecht erhielten. Mit Mühe machten die in ihren weißen Mänteln ganz gespensterhaft aussehenden Reiter eine Bahn für den Vorbeimarsch der mecklenburgischen

Bataillone frei. Der Vollmond beleuchtete magisch den ganzen Platz, die Statue der Jeanne d'Arc und den etwa 2 Schritte vor seinem Stabe stehenden Großherzog. Nun fand das Defilieren statt. Es war ein eigenartiger Paradenmarsch bei Mondschein, auf dem Hauptplatze der in 3tägiger blutiger Schlacht eroberten Stadt, in Gegenwart zahlreicher ganz unbeachtet gelassener Franzosen vor dem siegreichen Feldherrn, dem Großherzog von Mecklenburg.

Die Truppen besetzten nach und nach den ganzen östlichen Teil von Orleans, während im westlichen sich noch immer Franzosen befanden, die teils in der Nacht noch über die Eisenbahn abzogen oder am Morgen von den einrückenden Truppen des IX. und III. preußischen Korps gefangen genommen wurden. Auf dem Boulevard St. Jean biwakierte ein französisches Zuaven-Regiment. General von Treskow ritt mit seinem Stabe hin und ließ 1 Kompanie zur Abführung der Gefangenen folgen. Die Leute lagen bei den Feuern zwischen ihren Gewehrpyramiden. Kein Schuß fiel. Alle waren sehr vergnügt, als man ihnen bedeutete, sie seien gefangen. Sie baten nur, ihren Kaffee fertig kochen zu dürfen.

Wie General von der Tann in sein Quartier in la Chapelle bei M. Leroy reiten wollte, fand er im Hofe etwa 80 französische Soldaten. Ihre Gewehre standen in Pyramiden. Auch hier folgten erstere freudig der Aufforderung verschiedener Herren des Stabes sich als Gefangene an der Kirche zu melden.

Ein Jägerleutnant sollte mit einigen Mann an 200 Franzosen nach Orleans bringen. Er marschierte mit seinen 4 Jägern voraus. Als er an der Kathedrale ankam, hatte er über 400 Gefangene. Die neuen hatten sich heimlich herangeschlichen. So waren die Truppen des XV. französischen Korps zerrüttet; sie hatten jeden moralischen Halt verloren.

Orleans war also wieder in deutschen Händen. In der Nacht rückte die ganze 17te Division ein. Von den Bayern nahm nur die erwähnte 2te Brigade an der Besatzung Teil. Am frühen Morgen fand an der Porte de Bourgogne eine lustige

Szene statt. Vorsichtig rückte die Avantgarde des III. Korps von St. Loup her an. Da sieht der die Spitze führende Gefreite ein Gewehr an einem Hause der leeren Straße lehnen.

„Aha, da sind Franzosen drinnen! Die fangen wir!" Er erfaßt leise das Gewehr, schleicht in den Hausvorplatz, lauscht an einer Thüre, hinter der man Gemurmel hört, reißt dieselbe auf, stürzt mit vorgehaltenem Bajonet hinein und findet — einen bayerischen Jäger, der soeben sein französisches Schätzchen im Arm hält.

„Na nu?" — „Oho!"

„Sind denn hier keine Franzosen?"

„Na, g'wiß nit. Do san blos i un mei Schatz."

Der Gefreite lacht los und bald klärt sich die Sache so auf, daß der auf der Place du Martroy einquartierte Jäger in aller Frühe in sein ehemaliges Quartier geeilt war, um dort die Schöne zu begrüßen, deren Herz er bei seinem ersten Aufenthalte in Orleans gewonnen. Nun erkannte der Gefreite auch, daß er statt eines französischen ein bayerisches Podewilsgewehr in der Hand hielt.

„Adieu, Kamerad!" — Adieu!"

Der Preuße verschwand wieder und klärte weiter, wenn auch nunmehr unbesorgter, den Weg seines Korps auf, und der Bayer — der küßte weiter.

Der Erfolg der Schlacht war ein ganz gewaltiger. Außer der großen Stadt Orleans waren 74 Geschütze und 18,000 Gefangene in die deutsche Gewalt gefallen. Dazu kamen für das XV. französische Korps noch etwa 2000 Mann an Toten und Verwundeten, so daß dieses Korps zur Hälfte vernichtet war.

Dafür traf die Deutschen am 3. und 4. Dezember ein Verlust von 123 Offizieren und 1623 Mann. Die Gesamtverluste der II. Armee und der des Großherzogs vom 1. November bis 5. Dezember betrugen 541 Offiziere, 9695 Mann.

So befand sich also in Orleans wieder wie vor 4 Wochen eine deutsche Besatzung. Das war besonders für uns Bayern eine große Genugthuung. Allein wir hatten dieselbe mit schweren

Opfern, mit vielem Blute erkauft. Ungerechnet der Verluste, welche uns die Strapazen der fortwährenden Märsche, sowie Kälte, Schnee und Eis gekostet, waren Tausende von Kameraden (223 Offiziere und 4598 Mann) auf den Schlachtfeldern der Beauce und Perche liegen geblieben. Eine solche Zahl hatte kein Korps der im Süden von Paris stehenden Armeen daran setzen müssen und trotzdem stand uns unser schwerster Tag noch bevor. Die Hoffnungen, daß wir uns in Orleans erholen und kräftigen dürften, täuschten uns vorläufig vollständig. Chanzy war noch nicht ganz geschlagen; ihm mußte unser schwaches Häuflein von neuem wiederholt entgegen gehen und viele liebe Kameraden riß die Kriegsfurie noch nieder, ehe der Rest unseres einst so stolzen Korps endlich in Orleans auf einige Zeit an Ruhe und Erholung denken durfte. Das Schicksal, das dem bayerischen Korps von der Tann eine so schwierige Aufgabe gestellt hat, so daß die Bayern von allen deutschen Stämmen im Kriege von 1870/71 die meisten Opfer bringen mußten, wollte es, daß dieselben deutlich vor aller Welt beweisen konnten, wie sie treu und fest am Bündnis mit den preußischen Kameraden hielten und wie ganz anders sie dachten, als die französischen Diplomaten vor dem Ausbruch des Krieges verkündet hatten. Der Kitt, der auf den Schlachtfeldern der Beauce erwuchs, das gemeinsam vergossene Blut, hält ewig, und wenn wir zurückdenken an jene harte, schwere Zeit, thun wir es mit Stolz und Freude, denn trotz oder gerade wegen der großen Opfer wurde sie einer der festesten Steine für die deutsche Einheit auf immer.

X.
Die Verfolgung der Franzosen.
Das Gefecht bei Meung am 7. Dezember 1870.

Mit den Fleischtöpfen von Ägypten d. h. von Orleans war es also wieder nichts.

"Je nun, man trägt, was man nicht ändern kann!" Übrigens wird der Soldat auch gar nicht darnach gefragt, was ihm gefällt, sondern er thut, was sein muß und dies war jetzt die Verfolgung des Feindes. Da aber die Franzosen, um nicht auf, über und völlig durcheinander geworfen zu werden, nach 3 Richtungen auseinander stoben, so mußten die deutschen Truppen auch nach 3 verschiedenen Seiten nachbrängen.

Schon am frühen Morgen des 5., noch ehe er die eroberte Stadt Orleans betrat, erteilte Prinz Friedrich Karl den Befehl, daß die Armeeabteilung des Großherzogs sich Loire abwärts bis Beaugency, das III. Korps Loire aufwärts bis St. Denis de l'Hotel und das IX. südlich Orleans bis an den Loiret vorzuschieben habe. An Ruhe dachte der Prinz für seine Person eben gar nicht und für die Truppen auch nur soweit, als es unumgänglich notwendig war. Dennoch sorgte er in wahrhaft väterlicher Weise für sie. Da passierte in Orleans eine ergötzliche Geschichte. Beim Einmarsch des Trains eines Korps war aus einem Hause in Orleans ein Schrotschuß gefallen und durch denselben ein Trainsoldat leicht verwundet worden. Den Attentäter konnte man nicht auffinden. Zur Strafe mußte die Stadt eine Kontribution von 250,000 Francs zahlen. Dem Herrn Maire und den würdigen Stadtvätern erschien dies zu hoch. Sie wandelten als Deputation zum Prinzen und baten um Ermäßigung der Summe, fanden aber durchaus keine Erhörung. Als alle Mühe vergebens war, frug der Maire beim Abschied höhnisch, was Orleans hätte zahlen müssen, wenn die Schrote zufällig einen preußischen Offizier statt eines Trainsoldaten getroffen?

„25 Millionen!" lautete die prompte Antwort. Der Maire und die Stadträte frugen nicht weiter und verschwanden. Von den bald eingetriebenen Strafgeldern erhielten alle deutschen Offiziere und Mannschaften, solange wir uns in der Gegend von Orleans befanden, Extrazulagen.

Zur Ausführung der Befehle des Prinzen marschierte das III. Korps schon am 5. Dezember ab und erreichte noch an diesem Tage St. Denis de l'Hotel. Man war nur auf Versprengte gestoßen. Erst am 7. fanden von dort aus rekognoszierende Abteilungen bei Ouzouer sur Loire ernsteren Widerstand, den aber 48er, Leibgrenadiere und eine Batterie schnell brachen. Von da an blieb es in dieser Gegend ruhig, denn Bourbaki war mit dem XVIII. und XX. Korps bei Sully über die Loire gegangen und nunmehr verschwunden.

Von dem in der Sologne vordringenden IX. Korps brachten die hessischen 1ten Reiter und nach diesen die 6ten preußischen Dragoner täglich Versprengte ein und rekognoszierten bis la Motte Beuvron. 36er jagten französische Infanterie auf Salbris zurück.

Die 25. Division wurde nunmehr der Armeeabteilung des Großherzogs von Mecklenburg unterstellt und erhielt den Auftrag, mit der ihr zugeteilten 3ten Kavallerie=Brigade auf dem linken Loireufer gegen Blois vorzugehen.

Auf dem rechten Ufer wandten sich die 17te Division und die 2te Kavallerie=Division gegen Beaugency, das I. bayerische Korps gegen Cravant, die 22te Division gegen Ouzouer le Marché und die 4te Kavallerie=Division gegen den Wald von Marchénoir.

Diese südwestlich von Orleans verfolgenden deutschen Truppen stießen überall auf den Feind und bald kam es wieder zu ernsten Gefechten.

Früh morgens am 7. Dezember trabten die Reiter des Grafen zu Stolberg von St. Ay aus auf der großen Straße nach Blois vor. Jenseits Meung wurden die Blücher-Husaren angeschossen.

„Na werden einige Versprengte sein! Ruhig weiter traben!"

„Oho! Das ist ja ein Geschütz! Dort noch eines! Wahrhaftig die schießen mit Granaten auf uns!"

„Dort ist der ganze Abhang besetzt. Es muß eine starke Abteilung des Gegners sein, die entschlossen ist, ernsten Widerstand zu leisten."

Ein Husar sprengte zurück und erstattete eingehende Meldung. Zugleich mit den Nachrichten der 2ten Kavallerie-Division trafen auch die Berichte der rechts der Stolbergischen Reiter vorgegangenen Mecklenburgischen Dragoner ein, die ebenfalls auf ernsten Widerstand gestoßen waren. General von Tresckow beschloß nun mit seiner 17ten Division zu einem energischen Angriff zu schreiten.

Die deutschen Reiter hatten sich nicht geirrt. Man meinte es französischerseits wieder sehr ernst. Das war so zugegangen.

Während die Loirearmee noch vor Orleans stand, hatte Gambetta mit wirklich staunenswerter Willenskraft schon wieder neue Truppenmassen auf die Beine gebracht und gegen die Loire entsendet. Davon war die 14 Bataillone starke Division des Generals Camo bei Beaugency gerade eingetroffen, als die zerrütteten Truppen des XVI. und XVII. Korps auf ihrer Flucht dort anlangten. Außerdem war ein ganz neues aus 4 Infanterie-Divisionen bestehendes Armeekorps, das XXI. unter General Jaurès, vorwärts des Waldes von Marchénoir angekommen. Hinter diesen 5 Infanterie-Divisionen konnte General Chanzy seine beiden geschlagenen Korps in voller Sicherheit sammeln und er benützte auch diese günstige Gelegenheit mit aller Thatkraft. Zudem war er zum Oberbefehlshaber sämtlicher nun hier vereinten Kräfte ernannt worden. Dieselben erhielten den Namen zweite Loire-Armee, während die nach Süden und Südosten abgedrängten Korps, ebenfalls mit neuen Vermehrungen, unter General Bourbaki als erste Loire-Armee formiert wurden.

General d'Aurelle de Paladines, der vor 4 Wochen als Sieger von Coulmiers in den Himmel erhobene frühere Oberbefehlshaber, wurde abgedankt, weil es ihm nicht gelungen war, mit seiner Armee den Entsatz von Paris zu ermöglichen.

Von all diesen Verhältnissen wußte man am 7. Dezember bei uns fast noch nichts. Am wenigsten hatten wir eine Ahnung davon, daß wir schon 2 Tage nach den schweren Schlachten vor und bei Orleans, nur etwa 20 Kilometer von dieser Stadt entfernt, schon wieder auf noch nicht durch Niederlagen demoralisierte Truppen von solcher Stärke stoßen würden. In Wirklichkeit betrugen dieselben: 2 Armeekorps von je 3, 1 von 4 Infanterie- und je einer Kavallerie-Division und 1 selbständige Division (Camô) von 14 Bataillonen, 5 Kavallerie-Regimentern und 5 Batterien. Die ganze zweite Loire-Armee zählte rund 120,000 Mann.

Dagegen marschierten wir auf dem rechten Loireufer mit der 17ten Division (10 Bataillone = etwa 7000 Mann), der 22ten Division (11 Bataillone = 7200 Mann) und dem I. bayerischen Korps (22 Bataillone = 9994 Mann) sowie verhältnismäßig zahlreicher Kavallerie und Artillerie, im ganzen also mit etwa 30,000 Mann an. Das Gelände, welches wir von unserer ersten Okkupation her zum guten Glück genau kannten, war kriegerischen Operationen sehr ungünstig, indem die zahlreichen Weinberge es fast überall unmöglich machten, mit Pferden und Geschützen neben den Wegen durchzukommen.

Einen entschiedenen Vorteil — abgesehen von der ganz bedeutenden Überlegenheit unserer Offiziere und Leute gegenüber denen der Franzosen in jeder militärischen Richtung — hatten wir vielfach gerade unserer geringen Zahl zu verdanken. Wir fanden nämlich, weil wir ja in einer etwa 18 Kilometer breiten Front von Ouzouer le Marché bis zur Loire vor dem Feinde eintrafen, fast überall leicht Quartiere für unsere Leute und Pferde, während der größte Teil der Franzosen trotz der von Tag zu Tag heftiger werdenden Kälte in Schnee und Eis biwakieren mußte. Daß die meist im Süden Frankreichs rekrutier=

ten Mobilgarden darunter sehr litten, kann man sich leicht vorstellen.

Kurz vor 2 Uhr hatten 14te Jäger und das 1. Bataillon 90er die ihnen entgegengetretenen Vortruppen des Feindes bis in die Gehöfte südlich Langlochère zurückgeworfen, waren aber dann in heftiges Geschützfeuer geraten. Bald darauf erstürmten die von Excellenz von Treskow selbst entsendeten 76er den letztgenannten Ort und brachten die französischen nun erscheinenden Angriffskolonnen zum Stehen. Hierauf sollte gegen die feindliche rechte Flanke vorgegangen werden. Allein dieselbe lehnte sich wieder an andere Truppen, so daß es vorläufig hier zu einem stehenden Gefecht kam, in das bald außer den genannten Abteilungen auch 89er und 90er eingriffen.

Rechts der 17ten Division war die 1te bayerische über la Challerie vorgegangen. Kaum bemerkte man bei der Avantgardenbrigade (1te) das Feuergefecht der 17ten Division, da trabten die Batterien Gruithuisen, Hutten und Schleich an und gleich darauf riefen bayerische Geschütze den preußischen Kameraden zu: „Wir sind schon da und helfen Euch!" Den Franzosen schmetterten aber die ehernen Schlünde ein kategorisches „Quos ego!" zu.

Gleich darauf stürmten die 2ten Jäger an und Leiber (vom Infanterie-Leibregiment) und 1er folgten. Es war schon ziemlich dunkel geworden (4½ Uhr), so daß man einfach auf den Schall der preußischen Kanonen zumarschierte, um dem Befehle des Großherzogs, „gegen Meffas vorzurücken, um die 17te Division zu degagieren", zu entsprechen.

Plötzlich tauchten langgestreckte dunkle Schatten in den Weinbergen zur Rechten der Bayern auf. Im Nu verwandelten sich dieselben aber in feuerspeiende Linien und den Bayern prasselte ein Hagel von Chassepotsgeschossen und abgesplitterten Weinpfahlstücken um die Ohren.

„Holla! da müssen wir zuerst mit dieser Gesellschaft fertig werden. Hornist, rechtsschwenken blasen! Herr Adjutant zum

Herrn General Dietl reiten und ihm melden, daß wir rechts ab=
biegen müssen!"

Alles dieses befahl Oberst von Täuffenbach fast in einem
Atemzug; dann setzte er sich an die Spitze seiner Brigade und
mit Hurra gings auf die Franzosen los. Es war die reinste
Hasenjagd, nur daß das Wild oft Stand hielt und flott gegen
die bayerischen Treiber herüberschoß. Die kümmerten sich frei=
lich nicht viel darum und setzten stets mit neuem Hurra an,
wenn der Feind versuchte, sich irgendwo dauernd einzunisten.
Dadurch war man von der alten Richtung ganz abgekommen
und drückte nun gegen Westen, statt wie vorher gegen Süden vor.

Auf einmal krachten im Rücken der Bayern französische
Geschütze, und Granaten sausten in ihre Reihen. Schon wollten
die überraschten Leute des linken Flügels stutzen und umkehren,
da schwieg die Batterie plötzlich still und unbelästigt konnte die
1te Brigade ihre Hasen= b. h. Franzmann=Hetze fortsetzen. Das
war nämlich so gegangen: die Jägerkompanie des Hauptmanns
Golch, sowie Teile der 5ten Leibregiments=Kompanie unter Land=
wehrleutnant Mayer folgten ihrer Brigade im 2ten Treffen und
wollten eben die oben erwähnte Rechtsschwenkung nachmachen,
als sie aus dem Dunkeln überraschend von links her durch In=
fanterie angeschossen wurden. Beide Offiziere besannen sich nicht
einen Augenblick, sondern setzten sich sofort an die Spitze ihrer
Abteilungen und stürmten auf die neu aufgetauchten Feinde los.
Noch waren dieselben nicht erreicht, da erschien eine feindliche
Batterie und gab das geschilderte Rückenfeuer auf die 1te Bri=
gade ab. Hauptmann Golch und Leutnant Mayer verständigten
sich keine Sekunde. Dazu hatten sie ja keine Zeit. Allein auf
beide wirkte der Anblick der französischen Geschütze ganz gleich=
mäßig, nämlich wie ein gewaltiger Magnet. „Auf die Batterie,
Jäger! Hurra, hurra!" rief der Hauptmann; „Auf die Geschütze,
drauf Leiber, hurra!" schrie der Leutnant, und wie losgelassene
Wettläufer stürzten beide Offiziere voraus und alle ihre Leute
hintennach. Daß sie auf feuerspeiende Kanonen rannten und
jeden Moment zerschmettert niederstürzen konnten, daran dachte

keiner. Daß aber jeder der erste sein wollte, das war ihre Hauptsorge. Die französische Infanterie, welche die Batterie decken sollte, verschwand wie Spreu vor einem plötzlichen Windstoß und ehe die feindlichen Kanoniere recht wußten, was los sei, sausten ihnen bayerische Kolben auf die Schädel. Wer waren die ersten, die Jäger oder die Leiber? Niemand weiß es, aber daß beide da waren, empfanden die armen Franzosen deutlich genug. Hielten sich aber sehr wacker und viele wollten lieber an ihren Geschützen sterben, als sich ergeben.

„Wart' Sakra!" schrie der Sergeant Weber und rannte einem Kanonier das Bajonett in dem Augenblick durch den Leib, als er sein Geschütz abfeuern wollte. Schmid, Pflug, Böhm, Wacker, Kindel und andere drehten im Nu die eroberten Kanonen um und bald gab es keinen Franzosen mehr, der noch ein Geschütz abschießen konnte. Darum schwieg die Batterie gerade im rechten Moment. Allein mancher der kühnen Angreifer fand vorher den Heldentod durch die tapferen Verteidiger. Es hatte sich da in der Dunkelheit ein schaueriger Nahekampf abgespielt, aber die bayerischen Jäger und Leiber waren siegreich und hatten dadurch das weitere Vorgehen ihrer Brigade ermöglicht. Daß sie die eroberten Geschütze aus Mangel an Bespannungen nicht zurückbringen und später der neu ankommenden bedeutenden Übermacht des Feindes überlassen mußten, schmälert ihre flotte That nicht im geringsten.

In der zwischen der 17ten Division und der nun westlich sich stets mehr entfernenden 1ten Brigade der Bayern entstandenen Lücke entwickelte General Dietl seine 2te Brigade, die aber nicht mehr zum Eingreifen gelangte. Dagegen gelang es dem die 2te Division führenden Generalmajor Rudolph von der Tann die 3te Brigade so rechtzeitig gegen Cravant einzusetzen, daß dieselbe verschiedene französische Kolonnen fassen und zum Rückzug zwingen konnte.

Das Vorgehen der Bayern machte sich bei der 17ten Division sehr angenehm bemerkbar. Von neuem drangen nun 76er und mecklenburgische Füsiliere (90er) in der Front vor, während

14te Jäger und 89er sich gegen den rechten Flügel der Franzosen wendeten. Der Anlauf durch die Weinberge wurde sehr schwer und da er überdies bergan ging, war mancher nahe daran, erschöpft niederzusinken. Da riß aber das Beispiel des vorausstürmenden Majors von Weßel und seiner Füsiliere alle mit fort; drauf geht es bis der erschütterte Feind Kehrt macht; drauf bis die französische Stellung erobert ist; drauf bis die 12te Kompanie der 90er das Geschütz erbeutet, von dem sie die Bedienung erschossen oder vertrieben.

Die Franzosen wichen erschüttert zurück; ein Nachstoß des Premierleutnants Schmidt mit dem II. Bataillon der 76er beschleunigte ihre Flucht. 2000 Schritt hetzten die Hanseaten hinterdrein. Dann gab man die Verfolgung auf, denn man sah nichts mehr und in der Dunkelheit durch unbekannte Weinberge jagen geht nicht.

Bei den Bayern hörte zwar der Kampf im Großen um 5 Uhr auch auf; allein kleine Episoden fanden noch mehrere statt. So gerieten das I. Bataillon der 1er und Teile des Leib-Regimentes in der Finsternis plötzlich an eine lange Kolonne. Man glaubte, es seien Bayern und marschierte einige Zeit nebeneinander. Plötzlich rief ein Mann: „Herr Leutnant, die Kerls sprechen ja französisch!"

Der Offizier horcht. „Wahrhaftig, es ist so! Mir nach!"

Diese Aufforderung des Leutnants Krieger hörte nur ein Mann, der seinem Offizier auch sofort folgte. Beide drangen nun mitten in das feindliche Bataillon ein und Leutnant Krieger rief den Franzosen zu, sich zu ergeben. Wirklich gelang es ihm und seinem Begleiter, 17 Mann als Gefangene zurückzubringen. In der Annahme, daß sich das ganze französische Bataillon ergebe, kamen nun auch 1er heran, die Feinde, welche die bayerischen Zurufe mit „Amis, Amis" beantworteten, zu entwaffnen. Plötzlich gaben die Franzosen aber Feuer. Es entstand nun ein Wirrwarr, in dem Bayern Franzosen und Franzosen Bayern zu Gefangenen machten, bis das starke Feuer der weit überlegenen Feinde die 1er auf ihren Irrtum aufmerksam machte.

Diese entzogen sich nun der drohenden Umarmung, verloren aber leider dabei ihren Kommandeur, Stabshauptmann Hoffmann, der bald seiner Wunde erlag, und mußten einige verwundete Leute als Gefangene in der Gewalt des Feindes lassen.

An einer anderen Stelle war ein Zug der 6ten Kompanie des Leibregiments in der Dunkelheit von seiner Truppe abgekommen, plötzlich auf feindliche Massen gestoßen, umringt und trotz tapferster Gegenwehr gefangen genommen worden, nachdem der Führer, Leutnant Nobel, zu Tode getroffen zusammengestürzt. Man brachte die Leute zurück. Der Chevaulegerskorporal Dettenkofer ritt mit 8 Chevaulegers vom 3ten Regiment zufällig nahe an der aus 14 Gefangenen und 30 französischen Infanteristen bestehenden Kolonne vorbei. Einer der ersteren rief, als er sah, daß sich die Begleitmannschaft schußbereit machte:

„Wir san g'fanga. Reit's zaruck, Schwalangschier, sunst geht's Euch a so!"

„Bei uns werd' si nix g'fangt," antwortete der Korporal und befahl seinen Leuten: „Haut's zua, wos könnt's!"

Im Nu sprengten die braven grünen Reiter in die französische Kolonne, hieben acht Feinde nieder, verjagten die anderen und befreiten ihre Kameraden. Letztere kehrten auf den Platz, wo sie gefangen worden waren, zurück, holten ihre Gewehre und Tornister wieder und meldeten sich bald darauf bei ihrer Kompanie. Den Dank vergaßen sie nie und noch jetzt singt man in Freising, der Heimat der Chevaulegers:

„„Mir san net gfangt! Schwalangschier haut's drein!"
Schreit Dettenkofer, sprengt unter sie 'nein.
Hurra, die tapfern Schwalangschier,
Die hauen frisch ein, ganz ohne Schenier."

Das Gefecht bei Meung hatte der Armeeabteilung des Großherzogs wieder einen neuen Lorbeer gebracht. Allein es zeigte uns doch, daß wir nicht einen demoralisierten, geschlagenen Gegner einfach vollends zu zertrümmern hatten, sondern daß wir vor der neuen, schweren Aufgabe standen, frische Kräfte des Feindes zu schlagen. Der Großherzog erkannte aus den ver-

schiedenen ihm zugehenden Meldungen auch), daß er eine große
Übermacht vor sich habe. Dennoch faßte er den, freilich seinem
kühnen und energischen Charakter am meisten zusagenden Ent=
schluß, den Vormarsch gegen Tours durch einen entschiedenen
Angriff zu erzwingen. Natürlich mußte mit Vorsicht zu Werk
gegangen werden und deshalb befahl er für den 8. Dezember
ein Zusammenziehen nach dem linken Flügel.

Der Kampf gegen die in befestigter Stellung uns erwar=
tende französische Division Camo hatte dieser außer den Toten
und Verwundeten mehrere Hundert Gefangene, ein Geschütz, eine
Mitrailleuse und uns 23 Offiziere und 309 Mann gekostet.
Der größere Teil der letzteren, 15 Offiziere, 215 Mann, kam
auf die 17te Division.

Außer dem praktischen Erfolge brachte aber das Gefecht
uns auch wieder einen idealen. Von neuem lernten sich Deutsche
vom äußersten Norden und äußersten Süden schätzen und achten.
Am 2. Dezember hieben uns Mecklenburger und Hanseaten aus
dem XVI. französischen Korps heraus; am 9. bewahrten wir
Bayern sie vor der drohenden Umfassung ihres linken Flügels.
So etwas vergißt sich nicht und was auch geschehen mag, um
an dem Bestand des deutschen Reiches zu rütteln, was man
erfinden kann, um Süd und Nord gegenseitig zu verhetzen, wer
bei Loigny, Orleans, Meung u. s. w. dabei war, den bindet
ein fester Kitt an den Kameraden aus jener Zeit, sei dessen
Wiege an der Nord= und Ostsee oder in den Alpen gestanden.
Wir haben ja unser Blut einer für den andern vergossen und
alle für unser großes deutsches Vaterland. Hoch Kaiser und Reich!

XI.
Der 8. Dezember. Der erste Tag der Schlacht von Beaugency-Cravant.

Frisch gefallener Schnee bedeckte den Boden, ein herrliches, glitzerndes Leichentuch für Tausende von braven Kameraden. Die Sonne war anfangs hinter Nebel versteckt. Unsere Thermometer zeigten 12° R. unter Null; das war eine barbarische Kälte. Gegessen hatten wir fast nichts, denn nach dem gestrigen Gefecht gab es mehr zu thun, als auf Requisitionen auszugehen. Wo man in dieser Gegend noch etwas hätte auftreiben wollen, das wußte auch kein Mensch. Die Verpflegungswagen fanden aber wegen der Dunkelheit ihre Abteilungen in der Nacht vom 7. zum 8. nicht, und am nächsten Morgen durften sie nicht mehr vorkommen, denn da gings wieder los.

Für die Bayern von der Tanns ist die Erinnerung an den 8. Dezember die ernsteste. An diesem Tage haben wir uns fast verblutet und das Häuflein, welches übrig blieb, war nichts mehr, als der kahle, entlaubte, schwer verwundete Stamm einer einst so stolzen, vollen, grünen Eiche. Sie hat sich aber wieder erholt, denn gebrochen war sie nicht; prächtiger als je blüht sie jetzt und breitet schützend ihre Äste über das reiche Land zwischen Donau und Alpen, der Heimat des I. bayerischen Armeekorps.

Den rechten Flügel der Armeeabteilung des Großherzogs bildete die 22ste Division, das Zentrum die Bayern, den linken Flügel die 17te Division. Jenseits der Loire, wegen des Eisganges aber ohne jede Verbindung mit den übrigen Truppen, stand auf gleicher Höhe die 25ste Division. Hinter der Armeeabteilung war die 2te, in der rechten Flanke die 4te Kavalleriedivision verteilt.

Heute spukte es zuerst bei der 22sten Division. Dieselbe wollte dem Befehle des Großherzogs gemäß aus der Gegend von Ouzouer le Marché über Villermain gegen Cravant vorrücken, erhielt aber aus Villermain und, als dieser Ort gesäubert war, von Poisly her lebhaftes Infanteriefeuer. Die Eklaireurs der 13ten Husaren entdeckten ferner, daß starke feindliche Kolonnen (die französische Division Collin des XXI. Korps) angriffsweise heranrückten. Nun besetzten die 95er Villermain und die davor gelegenen Weiler, die 32er hielten dicht dahinter, die Batterien der Division eröffneten den Kampf und die 44te Brigade (Oberst von Marschall) wurde näher herangezogen.

Die französischen Batterien unterhielten ein wohlgenährtes und gut gezieltes Feuer. Unter dem Schutze desselben marschierten die 49ten Mobilgarden heran. Stolz ritt der Oberstleutnant de Moutis voraus. 94te, 59te, 41te Linien- und 9te Marine-Infanteristen folgten. Da erkannte man bei Sebenay (vorwärts Villermain) dunkle Linien, die sich in ihrer Regelmäßigkeit deutlich vom blendenden Schnee abhoben.

„Voilà, les prussiens!"

„C'est vrai! Les voilà! Allons mes enfants! En avant pour la patrie, pour la France!"

Alles stürzt bis an einen etwa 1000 Meter von den Preußen entfernten Weg vor, wirft sich nieder und beginnt ein rasendes Feuer.

Totenstille bei den Preußen!

Jeder Mobilgardist hat etwa 10 Patronen verknallt.

Da ertönen Signale; die Offiziere springen auf, eilen vor die Front und rufen laut; „En avant! — Pas de charge! — Marche!"

Die ganze Linie der Tirailleure erhebt sich und eilt vorwärts.

Totenstille bei den Preußen!

Wieder halten die Mobilgarden, werfen sich nieder und: „Feu rapide à 800 mètres!" kommandieren die Offiziere. Ein wütendes Schnellfeuer speit einen Bleihagel gegen jene dunklen Linien.

Totenstille bei den Preußen!

„En avant! — Pas de charge! — Voulez-vous vous dépêcher? — En avant! — Marche!"

Es geht lange nicht mehr so schnell, wie vorher. „Sonderbar! Warum schießen sie denn nicht, diese verdammten Preußen?"

So jagt es den angreifenden Franzosen durch den Kopf. „Wenn wir noch näher herankommen, muß ja jeder Schuß von ihnen treffen!" Derartige Gedanken verkürzen den Schritt. Die Offiziere erkennen, daß sie einen Teil ihrer Leute nicht mehr vorwärts bringen, lassen halten und wieder ein furchtbares Schnellfeuer eröffnen. Das kracht und prasselt und der Schnee stäubt in die Höhe.

Totenstille bei den Preußen!

Neue Signale; das Feuer schweigt.

„Pas de peur! Ils n'ont plus de cartouches! — En avant! — Pas de charge! — Marche!"

Wieder erheben sich Tausende. Hunderte bleiben liegen. Warum? Es geschieht ihnen ja nichts! Das sind eben Feiglinge. Die braven aber rennen vor, hinter ihren schneidigen Offizieren drein und brausend tönt es durch die Luft: „Vive la France!"

Totenstille bei den Preußen!

600 Meter vor den schwarzen Linien halten die Angreifer wieder.

„Feu rapide! N'épargnez pas vos cartouches! Feu! Feu!"

Wie das knattert! Wie das pfeift! Man meint, das müßte sie zermalmen, diese unheimlichen, gespensterhaften Gegner.

Totenstille bei den Preußen!

Flott springen wieder die Offiziere vor. „En avant les braves mobiles du 49$\underline{\text{me}}$! En avant! — À la baïonnette!"

Hunderte folgen dem Kommando. Und die andern? Die sind wohl taub und hören nicht mehr. Aber auch bei denen, die noch Mut und Schneid zeigen, wird der Lauf immer langsamer.

„Es ist auch zum wahnsinnig werden; sie schießen noch immer nicht, diese Maschinen von Preußen!" Den Moblots schlägt das Herz fast hörbar; sie meinen, der Atem reiche nicht mehr; ihre Schritte werden immer kleiner; da bleiben die ersten liegen, andere folgen; sie feuern ohne Kommando; dies verhindert die übrigen, ebenfalls weiter vorzugehen und so beginnt ein unregelmäßiges Schnellfeuer, gefährlich genug für diejenigen, welche als die tapfersten in erster Linie vorgestürmt.

„Lâches que vous êtes!" schimpft ein Major; Hauptleute und Leutnants schlagen mit den Säbeln drein und treiben die rückwärtigen, ihre Kameraden gefährdenden Schützen in die erste Linie vor. So entsteht wenigstens eine annähernd geordnete Tirailleurkette, die auf 500 Meter Entfernung feuert, was sie kann.

Totenstille bei den Preußen!

Jetzt läßt der Oberstleutnant alle Signalisten zugleich blasen, sämtliche Offiziere, einzelne brave Leute springen vor, schreien so laut sie können: „En avant! — À la baïonnette! — Vive la France! la France!" und wirklich stürmt der größte Teil der bis daher Gefolgten den tapferen Führern nach.

Da wird's bei den Preußen lebendig.

Paff! Paff! So schlägt es ein. Wenig Schüsse, aber keiner fehlt.

„O mon dieu!" Dann bricht er zusammen. Er war der erste; das ganze Regiment sieht seinen Tod. Da folgt der zweite, dort noch einer, dort wieder; es ist, als ob keiner eine bestimmte Linie ungestraft überschreiten könne. Nun kracht es mehr bei den Preußen. Nach Dutzenden stürzen die Angreifer nieder. Blut rötet den weißen Schnee; Stöhnen, Todesschreie, Klagen durchdringen das Angriffsgeschrei; das geht den jungen, kaum drei Wochen dienenden Mobilen zu Herzen; die Füße gehorchen nicht mehr; sie halten. Jetzt schlagen die preußischen Geschosse erst recht ein. Da läßt sich's nicht mehr bezwingen; wie mit Blitzesschnelle greift die entsetzliche Furcht um sich; zuerst kehren einzelne, dann mehr, schließlich alle um und zurück strömt es, wie der Schaum der am Felsen machtlos zerstäubten Welle.

Die Preußen aber! Jetzt speit bei denen die ganze Linie Feuer und den Franzosen ist's, als ob dort Teufel lägen und ihnen einen Eisen- und Bleihagel aus der Hölle nachschleuderten.

Der Angriff der Franzosen war gänzlich gescheitert. Es half dem General Collin nichts, daß er nun seine ganze Division entwickelte, die Thüringer und Hessen des Generals von Wittich wiesen alle wiederholten Versuche gründlich ab.

Während dieses Gefechtes der 22sten Division war es auch bei den Bayern angegangen und drohte vor der 17ten Division ebenfalls ernst zu werden. Der Großherzog wollte nun nicht, daß die Gefechtslinie wieder eine so ausgedehnte würde, wie am 2. Dezember. Deshalb schickte er verschiedenemale an General Wittich den Befehl, gegen Cravant zu marschieren und dieses zu nehmen. Etwa um 12 Uhr schien es möglich, das Gefecht vorwärts Villermain abzubrechen, um den erhaltenen Auftrag ausführen zu können.

So ohne weiteres ging es aber doch nicht.

Die nur wenig ins Gefecht verwickelte Brigade Marschall konnte anstandslos den Marsch gegen Cravant beginnen. Schon etwas schwieriger machte es sich bei den geschlossenen Abteilungen der 94er. Dennoch kamen auch sie unter dem Schutze der beiden leichten Batterien und der Kavallerie-Brigade von Hontheim gut aus dem Gefecht.

Äußerst gefährlich war das Manöver aber für die bisher in erster Linie kämpfenden Schützen. Fortwährend feuernd gelang es allmählich den Füsilierkompanien der 94er schließlich doch, sich der drohenden französischen Umfassung zu entziehen und der Division zu folgen. Die 12te Kompanie hatte den schwersten Stand. Wenn sie plötzlich, ohne jede deckende Abteilung abzog, so war mit Bestimmtheit zu erwarten, daß sie von der nachdrängenden französischen Übermacht überrannt und erdrückt würde. Das durfte nicht sein!

„Ich will mich opfern. Die Kompanie soll ungefährdet zurückmarschieren!" So dachte Vizefeldwebel Vollmar und blieb mit 15 Mann in einem Weiler liegen. Das Feuer dieser kleinen

Schar verhinderte die französischen Massen wirklich, sich auf die letzte Abteilung der 22sten Division zu stürzen. Freilich wurden schließlich die tapferen Verteidiger von allen Seiten angegriffen und, umringt von Hunderten, nach langer Gegenwehr gezwungen, sich zu ergeben.

Eine solche Handlungsweise kann allein ein Soldat in ihrem vollen Werte schätzen. Es ist die echteste Kameradschaft und ein Zeichen von wirklich militärischem Verständnis. Der Vizefeldwebel erkannte richtig, daß die Aufopferung seiner Person mit einer kleinen Schar das Regiment vor schwereren Verlusten bewahren würde. Da bedachte er sich nicht lange, sondern handelte, wie ein braver Soldat handeln muß. Ehre solchen Männern!

Die ganze 22ste Division, in ihrer rechten Flanke durch die Reiter des Prinzen Albrecht gedeckt, rückte nun gegen das von Teilen des XVII. französischen Korps besetzte Cravant vor.

Unterdessen tobte bei den Bayern eine wütende Schlacht. Der Großherzog hatte dem General von der Tann kurz vor mittag den Befehl, zum Angriff vorzugehen, erteilt. Da die 1te Division vorläufig noch die allgemeine Reserve der Armee= abteilung bilden sollte, so stand hiefür nur die 2te Division zur Verfügung. Deren Stärke betrug 4400 Mann Infanterie, 4 schwache Eskadrons und 36 Geschütze.

Auf den Höhen von Villechaumont stand, trefflich postiert, die feindliche Artillerie. Bald sprachen die Batterien Kriebel, Zöhnle und Neu ein ernstes Wort mit ihr.

„Wie kommt es nur, daß die Kerls heute so gut schießen und ihre Shrapnels so richtig krepieren?"

„Das wissen Sie nicht? Nun ich will es Ihnen sagen. Unsere guten Freunde, die Engländer, haben den Franzosen aus= gezeichnete Kanonen und sehr verläßige Geschoße verkauft. Das nennen diese verflixten Pfeffersäcke Neutralität."

Die 13er drangen in Beaumont ein und besetzten diesen Ort. Zur gleichen Zeit beabsichtigte aber auch General Chanzy, angriffsweise gegen die Deutschen vorzugehen und ließ sein XVII. Korps gegen Cravant und Beaumont los.

An dem ersten Treffen der 2ten Division, den 13ern, 3ern und 1ten Jägern prallten die französischen Massen regelrecht ab.

„Jetzt aber nach!"

Dieser Gedanke durchzuckte jeden Offizier und jeden Mann. Sofort traf auch der Befehl zum Vorrücken ein und die ganze Division setzte sich in Bewegung.

Ganze Division! Es klingt fast wie Hohn, wenn man dies liest. Die 11 Bataillone (3 waren abkommandiert) waren ja nicht einmal so stark, wie 5 sein sollten. Dennoch zögerte niemand nur eine Minute.

Vor uns lag im Thal die große Straße von Beaugency nach Châteaudun. Diese mußte zuerst erreicht werden. Es gelang, trotzdem ein wütendes Geschütz- und Gewehrfeuer den zurückzulegenden Weg mit Eisen und Blei überschüttete und dadurch leider nur zu viele der braven Angreifer niedergeschmettert wurden. Nicht einen Augenblick stockte der Sturm und mit solcher Tapferkeit drangen diese Bayern vor, daß sie nicht überall an der Straße hielten, sondern verschiedene Abteilungen, vor allem die 12er, fortgerissen durch das Beispiel ihrer Offiziere, noch in die Weinberge vor Villechaumont stürmten und auch daraus die übermächtigen Feinde vertrieben. Schauerig wetterte es aber jetzt von 3 Seiten auf die in erster Linie kämpfenden 5½ Bataillone der 2ten Division herein.

General Chanzy schickte überdies der hier zurückgeworfenen 1ten Division des XVII. Korps die 1te des XVI. zu Hilfe und mit ganz erdrückender Übermacht gingen beide gegen die Bayern vor. Die Weinberge mußten von diesen geräumt werden. An der Straße hielt alles wieder und ein äußerst heftiges Feuergefecht entstand. Der Feind war aber zu stark. Auf beiden Flügeln umfaßte er die nun alle ihre Bataillone einsetzende 2te Division und dieselbe mußte dem Drucke etwas nachgeben. Auf einer Höhe südöstlich Beaumont stand General Roth, der Kommandeur der 3ten Infanterie-Brigade und beobachtete den Kampf bei Le Mée, wo die 3er in einem wahrhaft verheerenden Feuer fochten. Ich stand links seitwärts von ihm und bildete seinen ganzen Stab. Zwei Adjutanten waren nacheinander gefallen, ein Ordonnanzoffizier schwer, der Generalstabsoffizier (der damals zur Brigade gehörte) leichter verwundet worden. Ersatz von den Truppen durften wir nicht mehr verlangen; die hatten keine Offiziere mehr, welche sie nur irgendwie entbehren konnten.*

„In dem Feuer gehen meine Bataillone allmählich zu Grunde", seufzte der General vor sich hin. Es war nicht für meine Ohren bestimmt.

„Leutnant Tanera! Reiten Sie zum linken Flügel. Das I. Bataillon des 3ten Regiments soll sich, wenn es nicht mehr an der Straße bleiben kann, an jene Weinbergterrassen zurückziehen und dort unter allen Verhältnissen halten. Dadurch wird der rechte Flügel zum Stehen kommen. Sehen Sie denn noch nichts von der 17. Division?"

„Nein, Herr General!".

„So reiten Sie in Gottes Namen fort und bringen Sie dem Major Kohlermann den Rückzugsbefehl."

Ich sprengte an. Es ging nicht so schnell wie sonst. Vielleicht war mein Brauner schon zu ermüdet! Da kam ich über einen kleinen Hügel. Plötzlich erblickte ich von seinem Gipfel aus links seitwärts in einem breiten Grunde, der von der Stellung, wo mein General sich befand, nicht gesehen werden konnte, lange schwarze Linien von Infanterie, vor diesen Schützenketten und noch weiter vorn einzelne Patrouillen. Wie schlug mein Herz, als ob es vor Freude bersten wollte. Das war ja die so sehnlich erwartete 17te Division; in einer Viertelstunde konnte sie von den Franzosen bemerkt werden; in einer halben Stunde mußte ihr Vorgehen sich bei Le Mée fühlbar machen.

Jetzt lief mein Brauner wieder, was er nur leisten konnte. Bald war ich beim Major Kohlermann. Was ich ihm zu melden hatte, stand mir klar vor meinem Geiste.

---

* Die nachfolgende Szene ist aus dem Buche „Ernste und heitere Erinnerungen eines Ordonnanzoffiziers von Tanera" wiederholt.

„Sie bringen mir den Rückzugsbefehl?"

„Nein, Herr Major! Das Bataillon muß unter allen Um=
ständen halten. Die 17te preußische Division wird gleich Meffas
angreifen. In einer halben Stunde haben uns die Preußen
links Luft gemacht."

„Ich kann aber keine 5 Minuten mehr halten. Der rechte
Flügel weicht ja fortwährend zurück."

„Die Jäger stehen schon wieder. Ihr Bataillon muß der
ganzen Stellung Halt verleihen."

„Sehen Sie nur hin, welche Verluste ich habe. Fast alle
meine Offiziere sind gefallen."

„Bei den andern Bataillonen ist es noch schlimmer. Der
Major Pausch liegt dort vorne tot im Weinberg. Beim 12ten
Regiment gibt es keinen Stabsoffizier und keinen Hauptmann
mehr. Die 3 Bataillone werden von Leutnants kommandiert.
Das Jägerbataillon ebenfalls."

Eine Pause trat ein. Stumm sah der Major, der ohne
Deckung aufrecht dastand, durch seinen Feldstecher nach dem
Feinde. Ich folgte seinem Beispiele. Wegen des Pulverdampfes
konnten wir aber nur wenig erkennen. Dagegen prasselte es
fortwährend um uns herum als Zeichen, daß das Feuer des
Feindes mit ungeschwächter Kraft fortdauerte. Jetzt kam ein
Mann gelaufen und berichtete: „Der Herr Leutnant L. läßt
melden, daß bei der 4ten Kompanie die Munition zu mangeln
anfange."

„Gut. Er soll —"

Es war unnötig, den Befehl zu vollenden. Der Soldat
warf plötzlich beide Arme in die Höhe, dann ließ er das Ge=
wehr fallen, er brach zusammen, aus der Stirne floß Blut und
Gehirn; er war tot.

„Sie sehen; ich kann nicht mehr bleiben; ich muß zurück!"

„Herr Major, Sie müssen halten. Nur noch 10 Minuten.
Dort sieht man schon die preußischen Schützenlinien."

„Es ist wahr, aber sie sind noch zu weit zurück. Wenn

die Franzosen einen Vorstoß machen, bleibt kein Mann meines Bataillons am Leben."

Wieder kam ein Soldat mit der Meldung: „Herr Major, die 2te Kompanie hat bald keine Patrone mehr."

Vorwurfsvoll — nein, fragend sah mich der Major an. Ohne Zögern rief ich: „Herr Major, ich habe Ihnen den bestimmten Befehl zu bringen, daß Ihr Bataillon bis auf den letzten Mann zu halten hat. Sie haben die Verantwortung, wenn Ihr Rückzug das ganze Zentrum in Gefahr bringt."

„Ich bleibe. Melden Sie dem Herrn General, der Major Kohlermann und sein Bataillon verlassen die Straße lebend nicht."

„Ich werde es später melden. Lassen Sie mich jetzt hier. Ich will den Leuten die Nachricht von der Ankunft der Preußen bringen."

„Gut, thun Sie das."

Während ich zu den Schützen vorsprengte, schickte der Major den Hornisten, der bei ihm stand, ebenfalls vor, um die ermunternde Botschaft zu verbreiten. Er selbst stand wie eine Statue auf dem Felde und blickte durch das Glas nach den Franzosen. So ist er mir noch in Erinnerung; so sah ich ihn sogar im Traume, ein echter Soldat, ein wahrer Held.

Was mir alles durch den Kopf jagte, bis ich in der vordersten Linie angekommen war, das kann ich nicht beschreiben. Ging alles gut aus, kamen die Preußen rechtzeitig, dann war ich der Anerkennung des Generals sicher. Wenn es aber schlimm endete; wenn die Franzosen vorstießen und das brave Bataillon durch ihre entsetzliche Übermacht einfach niedermachten? Kriegsrechtliche Untersuchung, Entlassung, Schmach und Schande stand mir vor den Augen. Doch nein! Wenn sie diese vernichteten, war ich ja auch dabei und einen Gefallenen verurteilt man nicht mehr.

Nahe daran an dem Fallen war es auch. Mein Brauner konnte die beiden in seinen Leib gedrungenen Chassepotgeschoße nicht vertragen und stürzte zusammen. Ich kam auf die Füße zu stehen. Ohne mich nach dem verwundeten Tier umzusehen, rannte ich hinter der Schützenlinie entlang und schrie, was die Kehle vermochte: „Nur aushalten. In einigen Minuten greifen die Preußen an; dann sind wir frei. Brav Leute, aushalten! So ist's recht! Die Jäger halten auch! Dort seht Ihr schon die preußischen Schützen ꝛc."

Plötzlich trat ein Ereignis ein. Man vernahm einige französische Hornsignale, das Pfeifen der Geschoße ließ nach und dann hörte es ganz auf. Mir schien das Blut zu stocken. Jeden Moment erwartete ich das Angriffsgeschrei der Franzosen zu hören und sie in unzählbarer Menge auf uns einbrechen zu sehen. Ich hatte den Säbel aus der Scheide gerissen und in der linken Hand hielt ich den gespannten Revolver. Da machte der Wind eine Lücke in die Wolke, welche der Pulverdampf vor unserer Schützenlinie bildete und man konnte ins Vorterrain blicken. Kein Franzose war mehr im Graben sichtbar. Von verschiedenen Stellen schrien schon einzelne unserer Leute: „Sie gehen zurück. Sie fliehen!"

Wahrhaftig es war so. Einige Momente schwieg auch unser Feuer. Man ließ den Rauch abziehen und wollte schauen, was es gäbe.

Jetzt hörte man deutlich die lauten, scharfen Hurras der Preußen und sofort zeigte sich uns der Grund der französischen Bewegung klar. Ihr rechter Flügel war geworfen, ihr Zentrum fürchtete umfaßt und von der Flanke her aufgerollt zu werden. Deshalb rissen sie aus.

Auch der Major hatte alles erkannt. Nun war es vorbei mit seiner klassischen Ruhe. Mit einer Schnelligkeit, die man dem schon älteren Herrn gar nicht zugetraut hätte, sprang er vor zu seinen Schützen und rief schon von weitem: „Visier 500 Schritt, nachfeuern, was Ihr könnt. Die letzte Patrone kann draufgehen."

Von neuem rollte das Schützenfeuer. Zu uns aber kam kein Geschoß mehr; der Feind hatte keine Zeit mehr zum Halten und Schießen. Der Major schritt auf mich zu. Wegen des

Lärmes konnten wir nichts zu einander sprechen. Aber wir gaben uns die Hand und verstanden uns.

Sein Bataillon hatte gehalten und damit die ganze Mitte.

Zugleich mit der in unserer linken Flanke vorgehenden 17ten Division marschierte unsere 2te Brigade heran. Die Musiken schmetterten den Avanciermarsch, daß es nur so eine Freude war. Der Bombardonbläser der 2er strengte sich an, als ob er mit seinem Instrument die dumpfen Schläge der niederfallenden Granaten übertönen wollte. Neben der Brigade reihten sich die Batterien Prinz Leopold und Söldner an. Das Krachen des Geschützfeuers wird stärker, aber deutlich hört man immer noch das Trio des Marsches heraus. Nicht leicht gibt es eine so markige, durchdringende und dabei wirklich schöne Melodie, wie die des bayerischen Ordonnanz-Avanciermarsches. In einem Tritt wälzt sich nach seinen Klängen die Brigade heran.

Taramm, taramm, taramm! So tönts in den Ohren. Wie unwillkürlich heben sich die Füße und wie das losgehende Eis auf dem Strome schiebt sich alles vor. Plötzlich ein schriller Mißton, noch einige unreine Akkorde, die Musik schweigt. 3 oder 4 Mann wurden von der einschlagenden Granate geradezu geköpft.

Offiziere kommandieren sofort: „Schwärmen! Vorwärts!" Da sieht keiner mehr nach den armen Musikern, vorwärts stürmen sie und bringen den dünnen Linien der fast erliegenden Kameraden neue Kraft und neue Befähigung, weiter auszudauern.

Bald aber werden auch diese Reservetruppen dezimiert — das ist der falsche Ausdruck — geviermannt, denn nicht der 10te, sondern der 4te Mann erliegt den feindlichen Geschossen. Nun trat aber die bayerische Artillerie mit aller Macht ein. Schuß auf Schuß dröhnt gegen die französischen Stellungen. aber Schuß auf Schuß kommt von dort zurück. Die Batterien leiden entsetzlich. Bei der 2ten Brigade mußten rasch nacheinander schwer verwundet der Abteilungskommandeur Major von Reder und dessen Ersatzmann Hauptmann Söldner den Befehl abgeben und erst dem Prinzen Leopold gelang es, den Platz zu behaupten.

Zweimal waren die Batterien gezwungen, auf einen mehrere Hundert Meter zurückliegenden Höhenzug zurückzugehen; zweimal führte sie der Prinz wieder vor und dann erst konnten sie halten. Bei der Infanterie war wiederholt die Munition ausgegangen. Immer aber fanden sich brave Kerls, die kühn durch das wütende Feuer zurückkehrten und neue Patronen vorbrachten. So wogte der Kampf hin und her. General Chanzy meinte, er müsse in der Mitte durchstoßen. Sollte es denn durchaus nicht möglich sein, diese zähen Bayern, diese „diables bleux" mürbe zu machen und niederzuschmettern!

Seine Mühe war vergebens; Stoß auf Stoß führte er aus, aber wir parierten. Freilich schmolz unser Häuflein immer mehr zusammen und wenn nicht bald Hilfe kam, dann waren wir — jeder erkannte es deutlich — rettungslos verloren. Am Südausgange von Beaumont stand General von der Tann. Von jenem Tage an gewöhnten wir uns zu sagen: „der alte Tann", denn in der Schlacht bei Beaugency=Cravant am 8. Dezember ist dieser unser edler Korpsführer alt geworden; sein vorher nur meliertes Haar bleichte vollständig und tiefe Falten legten sich über die hohe Stirne. Mitten im stärksten Granatfeuer hielt er so ruhig, wie immer, und brachte ein Adjutant oder Or= donnanzoffizier wieder eine besonders ernste Meldung, so war er es, der durch seine klaren, bestimmten Äußerungen und Be= fehle bei allen Anwesenden die Hoffnung wieder wachrief und sie zu neuer Thatkraft aneiferte. Daß ihm eine Granate sein Pferd verwundete, kümmerte ihn wenig. Er verlangte ein an= deres. Ein Unteroffizier wollte ihm den Steigbügel halten. In diesem Augenblick erschlug denselben ein französisches Geschoß. Tann warf nur einen mitleidigen Blick auf den Armen und stieg ohne Hilfe in den Sattel. Viele Granaten trafen noch den Stab und verwundeten auch ein Pferd des Prinzen Arnulf. Tann aber und seine Offiziere blieben an diesem Tage unver= letzt, ein großes Glück für uns Bayern, denn seinen Verlust hätten wir kaum verschmerzen können.

So tobte zwischen Meffas und Cravant der blutigste Kampf

gegen uns Bayern. Endlich wurde uns Hilfe von beiden Seiten. Rechts griff die unterdessen von Villermain angekommene 22te Division ein und links zeigte sich die Avantgarde der 17ten.

Als Chanzy in der Mitte bei Beaumont gegen die Bayern keinen Erfolg errang, wandte er sich nunmehr mit dem ganzen XVII. Korps gegen Cravant. Gegen diesen Ort rückte aber jetzt die 44te Brigade an. Unter dem sofort eröffneten Feuer der Batterien der 22ten und der 4ten Kavallerie=Division stürmten die 83er und 94er vor. Dies konnten die 9ten bayerischen Jäger nicht sehen, ohne sofort mitzuthun und es gelang nun den ver= einten Preußen und Bayern, das Dorf zu erreichen. Gegen den Weiler Layes entwickelten die Franzosen neue Kräfte. Wütend wehrten sich die 83er und die Batterien, allein es half nichts, sie mußten vor der Übermacht weichen und Layes räumen. Nun rückten die 32er und 95er an. Diese und die rachelüsternen 83er warfen den Feind rasch wieder aus Layes hinaus und ver= folgten ihn noch weit über den Ort. Bei Cravant wurden die Franzosen gründlich abgewiesen und damit war dieser ganze An= griff ihres XVII. Korps gescheitert.

Dennoch gab der energische und schneidige General Chanzy noch nicht nach. Nun führte er das XVI. und vom XXI. Korps, was möglich war, heran und warf es wieder auf die Bayern und gegen die 17te Division.

Letztere war auf Befehl des Großherzogs gegen Beaugency vorgegangen und noch vor dieser Stadt bei Messas bald auf die französische Division Camo gestoßen. Die im Galopp heran= jagende Batterie Pratsch protzte ab und bewarf das Dorf Messas mit Granaten. „Hurra!" erscholl es dann bei den 75ern und mit „Hurra" stürmten sie solange vor, bis der Ort erobert und der Feind gefangen oder verjagt war. Unterdessen brach die Dunkelheit ein.

Während dieser Zeit drangen 89er, 90er und 14te Jäger gegen Beaugency selbst vor. Der Kampf war schwer und zog sich in den Weinbergen stundenlang hin. Dennoch gelang es der Division nach Eintreten der Dunkelheit, die Stadt zu nehmen.

Hier hatte das erst am Morgen von Toul her eingetroffene
II. Bataillon der 90er Gelegenheit, mit den alten schlachterfahrenen
Truppen der Division zu wetteifern und sich die ersten Loire=
lorbeeren zu holen. Die 14ten Jäger und die 89er waren die
ersten in Beaugency; die Füsiliere der 75er säuberten die Stadt
völlig von allen Feinden. Dabei passierte eine lustige Geschichte.
Eine französische Batterie fuhr in der Dunkelheit von der Höhe
nach Beaugency herab, um die große Straße nach Blois zu ge=
winnen. Der Führer des Tetengeschützes sieht vor sich Leute,
die er für Franzosen hält.

„Où est la route pour Blois?"

„Par là, monsieur!" lautete sofort die Antwort, die ein
Unteroffizier der 75er gegeben. Nun fährt die Batterie sorglos
vor. Mitten in der engen Straße angekommen, sehen sich die
Artilleristen plötzlich von allen Seiten umringt und scharfe
Stimmen rufen: „Rendez vous!" Was blieb den armen in der
preußischen Kolonne steckenden Kanonieren übrig, als sich einfach
zu ergeben?

In Vernon hielt sich noch immer eine französische Be=
satzung. Zur Vertreibung derselben entsandte Exzellenz von
Tresckow noch kurz vor Mitternacht 2 Bataillone 75er. Wie
Katzen schleichen sich diese an das Dorf heran. Kein Schuß fiel.
Plötzlich schallt es durch die Nacht: „Halte-là! Qui vive?"

Über die Antwort, die der französische Posten daraufhin
erhielt, mag er nicht wenig überrascht gewesen sein. Hundert=
fach schrie es nämlich durch die Nacht „Hurra! Hurra!" und
daraufhin näherte es sich rasend schnell, und ehe der Posten, ja
ehe die Wache und die ganze Besatzung zur Besinnung kamen,
waren die Hanseaten mitten im Dorf und nahmen gefangen,
was nicht durch Hinterthüren in der Dunkelheit verschwand.
Damit waren die verhältnismäßig leichten Kämpfe der 17ten
Division beendet.

Die Bayern machten unterdessen eine zweite, ihre schwerste
Krisis durch. Die Massen zweier französischer Korps hatten sie
und die 22te Division abgewiesen; jetzt kam das dritte, das XVI.

heran. Dessen Stoß traf das so sehr zusammengeschossene Korps von der Tann fast ausschließlich. Der lange Kampf um die Höhen an der Straße Beaugency-Châteaudun hatte alle verfügbaren Kräfte, auch die bisher in Reserve gestandene 1te Brigade beansprucht. Die Bataillone der letzteren waren weit über diese Straße hinweg gegen Cernay und das Gelände seitlich davon unter Hurraruf vorgedrungen. Da kamen die Massen des neuen französischen Korps an.

Wo waren denn die bayerischen Stabsoffiziere, die ihre Leute rechtzeitig zurückführen sollten? — Tot!

Wo waren denn dann die Hauptleute? Tot und verwundet. Aber schneidige Leute gabs noch, die einsprangen und einzelne Leutnants konnten auch noch kommandieren. Aber diesen fehlte die Erfahrung und deshalb ließen sie sich durch ihre Tapferkeit hinreißen und blieben länger, als gut war, in ihren vorderen ausgesetzten Stellungen. Schließlich half nichts mehr; sie mußten doch zurück, denn einer gegen fünf, das geht einmal nicht. Sie wichen auf Beaumont, aber erst, als sie fast keinen Schuß mehr im Lauf hatten, keine Patrone in der Tasche.

Einige Reservebataillone, jetzt den Franzosen entgegengeworfen, hätten deren Vormarsch aufgehalten, ihren Angriff zum Scheitern gebracht. Wir hatten aber keine Reserve mehr. Der letzte Mann war verbraucht, die letzte Kompanie in der Schützenkette verschwunden. Trotz alles Sträubens, trotz wiederholten Haltens mußten wir zurück.

Ein verwundeter Kamerad schleppte sich dahin. Ich ritt zu ihm, um ihn zu fragen, wie es ihm gehe.

„Schlecht, schlecht. Die Wunde thuts nicht. Daß sie aber uns werfen, frißt mir am Herzen. Denk an mich; jetzt folgen sie uns nach, machen einen gewaltigen Vorstoß und zersprengen uns ganz. Wir haben ja keinen Zug mehr intakt, um sie damit aufzuhalten."

„So schlimm steht's noch lang nicht, Freund! Du vergißt unsere Artillerie. Die wird ihnen das Vorstoßen schon verleiden. Noch ist die Schlacht durchaus nicht verloren."

„Gott geb' es, aber ich glaube nicht mehr an die Mög=
lichkeit, einer Niederlage zu entgehen!"

„Ich schon!"

Ich behielt Recht. Unsere Artillerie bewährte sich aber
auch auf eine Art, die wenig Beispiele in der Kriegsgeschichte
kennt. Trotzdem sie sehr ungünstig stand, trotzdem einzelne Batterien
öfters weichen mußten, hielten sie im allgemeinen doch Stand,
die zurückgegangenen fuhren immer wieder vor und keinem Fran=
zosen gelang es, die Höhen diesseits der Straße zu überschreiten.
Es kamen aber auch geradezu rührende Beispiele von Auf=
opferung vor. So war die Stellung der Batterie Keyl einfach
nicht mehr haltbar.

„Herr Oberleutnant, decken Sie mit ihren beiden Ge=
schützen den Rückzug der Batterie und folgen Sie, wenn ich von
jener Höhe aus das Feuer eröffne."

Der Hauptmann fährt mit 4 Kanonen ab. Die beiden
des Oberleutnants Freiherrn von Lamezan feuern weiter. Eine
feindliche Granate nach der andern schlägt ein. Alle Pferde
bis auf 2 fallen; dem Oberleutnant wird der Fuß zerschmettert;
er stürzt zu Boden, aber den Befehl gibt er nicht ab; er leitet
das Feuer seiner Geschütze weiter.

„Herr Oberleutnant! Die Batterie hat abgeprotzt und
feuert!"

„Wie viele Pferde haben wir noch?" — „Zwei." —

„Gut, bringen Sie mit denselben Ihr Geschütz zurück.
Das 4te bleibt hier und feuert weiter!"

Es geschieht, wie er befohlen. 3 noch unverwundete Ka=
noniere feuern so, wie es ihr blutend im Schnee liegender Offizier
anordnet.

„Herr Oberleutnant! Feindliche Schützen greifen uns an!"

„Wie weit sind sie noch?"

„Vielleicht 500 Schritt!"

„Die Lafettenkartätsche geladen! — Feuer! — So jetzt
rasch den Querzylinder heraus! Gut! Nun lauft zurück, was

Ihr könnt, damit die Franzosen den Zylinder nicht finden Ohne denselben können sie die Kanone nicht brauchen!"

„Wir wollen aber den Herrn Oberleutnant auch mitnehmen!"

„Keine Idee! Macht, daß Ihr fortkommt und rettet Euern Zylinder, sonst wird es zu spät!"

Die Leute rannten zurück, der Oberleutnant blieb liegen. Der Hauptmann Keyl hatte aber von dem unterdessen bei der Batterie anlangenden Führer des 3ten Geschützes gehört, daß das 4te keine Pferde mehr habe und nicht zurück könne. Nun jagte er selbst mit einer Reserveprotze vor und es gelang ihm, seine Kanone zu retten.

Auch der Oberleutnant Freiherr von Lamezan fiel nicht in feindliche Hände. Seine Kameraden warfen ihre Granaten so genau auf die feindlichen vorgehenden Schützen, daß dieselben bald hielten, dann kehrten und verschwanden. Die Franzosen feuerten wie immer, wenn sie das Gefecht abbrechen wollten, mit ihren sämtlichen Geschützen noch lange mit aller Macht. So dauerte der Kampf fort, bis es völlig dunkel war.

Aus den zurückgekommenen, bald aber wieder zum Stehen gebrachten Infanteristen bildeten die wenigen noch vorhandenen Offiziere Haufen. So z. B. der Generalstabsmajor Kriebel, der, eine Fahne hoch haltend, alles um sich sammelte, was er mit der Stimme erreichen konnte und als Artilleriebedeckung wieder vorführte; so die 1ten Jäger, die ihre Batterie Stadelmann deckten und als sie keine einzige Patrone mehr hatten, von Zeit zu Zeit je 3mal Hurra in die Dunkelheit hinausriefen und damit den Franzosen anzeigten „Hier passiert man nicht"; so viele andere. Die Artillerie aber schoß fort, bis sie alle Granaten und alle Kartätschen verbraucht hatte. Hierauf kamen noch die Brandgranaten daran, dann war es aus.

Eine solche Haltung hatte den Franzosen so gewaltig imponiert, daß auch das XVI. Korps auf ein weiteres Vorgehen verzichtete. Der Feind räumte sogar freiwillig die vorher von ihm genommenen Orte Le Mée und Villechaumont gerade noch rechtzeitig, bevor er von den wieder frisch mit Munition ver=

sehenen 1ten Jägern und den 10ern aus denselben durch einen nächtlichen Angriff hinausgeworfen werden sollte. Diese besetzten nun die Gehöfte und stellten vorwärts derselben ihre Vorposten auf.

Damit endete auch hier diese blutige, schwere Schlacht. Wir konnten uns keines ausgesprochenen großen Sieges rühmen. Aber die Armeeabteilung des Großherzogs von Mecklenburg hatte mit ihren kaum 30,000 Mann die energischen, wiederholten Angriffe der neuen wenigstens 120,000 Mann starken zweiten Loire=Armee abgewiesen, überall das Schlachtfeld behauptet, dem Feinde sogar einige Orte (Beaugency, Messas, Cravant) abgenommen und ihn zur Aufgabe anderer (Le Mée, Villechaumont) gezwungen. Damit war auch dieser Versuch, Paris zu entsetzen abgewiesen, das moralische Gefühl der neuen Truppen hatte einen gewaltigen Stoß erlitten und es blieb dem General Chanzy jetzt wirklich nichts übrig, als nun endgiltig an den Rückzug zu denken. Damit mußte man aber dem eigenen Lande und ganz Europa ein gewaltiges Eingeständnis der Schwäche machen und das wollte ja Gambetta um alles in der Welt vermeiden.

Dies war der große Erfolg der Schlacht vom 8. Dezember. Wir bei den Truppen verstanden in der Nacht vom 8. zum 9., aufrichtig gesagt, noch recht wenig davon. Wir Bayern waren unleugbar sehr erschöpft. Wir hatten aber auch so schwere Verluste erlitten, daß unser schönes, starkes Korps einer vollständig ausgebrannten Ruine gleich sah. Am Abend traf zwar eine Ersatzkolonne von 1000 Mann ein. Diese deckte aber unsere heutigen Opfer noch lange nicht, denn wir hatten 73 Offiziere und 1655 Mann verloren, was etwa einem Siebentel unseres Bestandes gleichkam.

Die Verluste der 17ten Division betrugen 8 Offiziere, 146 Mann, der 22ten Division 18 Offiziere, 519 Mann, und der 4ten Kavallerie=Division 2 Offiziere und 15 Mann.

Auf dem linken Loireufer waren die Vortruppen der 25ten Division ebenfalls auf Gegner gestoßen und hatten in kleinen Scharmützeln 14 Mann eingebüßt.

Die Nacht biwakierten jene Truppen, welche nicht auf Vorposten standen, um die von ihnen erkämpften Orte herum in Schnee und Eis. Von einem Kantonieren, wie es geplant war, konnte keine Rede sein, denn die wenigen nicht in Flammen aufgegangenen Häuser waren so mit Verwundeten angefüllt, daß man an ein Unterbringen von Unverwundeten nicht denken konnte. Dies belebte die durch die Trauer um die gefallenen Kameraden sehr ernste Stimmung auch nicht und so sehnten wir uns recht sehr nach dem neuen Tage. Er sollte doch — so hofften wir — endlich Ruhe und Erholung bringen; er brachte eine neue Schlacht.

XII.

Der 9. und 10. Dezember. Der zweite und dritte Tag der Schlacht bei Beaugency-Cravant. Rückkehr der Bayern nach Orleans.

Mit Kanonendonner war der 8. Dezember zu Ende gegangen; mit Kanonendonner fing der 9. an.

Der Großherzog von Mecklenburg hatte sich der Hoffnung hingegeben, daß der Feind nun endlich auf weiteren Widerstand verzichten und sich gegen Tours zurückziehen werde. Er befahl deshalb eine Zusammenziehung der Armeeabteilung gegen die Straße nach Blois. Die 17te Division war durch das Einrücken eines Detachements unter General von Rauch, der bis dahin eine besondere Aufgabe gegen Le Mans zu erfüllen gehabt hatte, um 2 Bataillone 89er, 5 Schwadronen und 2 Geschütze verstärkt worden. Sie sollte mit der 4ten Kavallerie-Division die Avantgarde übernehmen, die 22ste Division, das bayerische Korps ablösend, den rechten Flügel bilden und das Korps von der Tann wegen seiner starken Ver=

luste vom vergangenen Tage, sowie die 2te Kavallerie-Division in Reserve bleiben.

Vom Prinzen Friedrich Karl ging die Benachrichtigung ein, daß das IX. Korps auf dem linken Loireufer gegen Blois marschiere.

Das wäre alles schön und gut gewesen! Allein man hatte sich in der Energie des Generals Chanzy und in der Stärke seiner Armee getäuscht.

Bei den Vorposten von Villechaumont ereignete sich in der Nacht eine kleine, aber sehr maßgebende Episode. Bei der Windmühle vorwärts des Dorfes stand ein detachierter Posten der 6ten Kompanie bayerischer 10er. Es war etwa nachts 3 Uhr.

„Sßt!"

„Was wüll'ſt?"

„Do kummt oaner g'ritt'n!"

„I' sieh' 'n! Sei staat! Den fange' m'r!"

Wie Katzen duckten sich die beiden Altbayern hinter Baumstämmen nieder. Der Unglücksrabe trabte harmlos heran. Plötzlich schreit es neben ihm: „Halt, Musiö, oder i' verschieß' Di'!" Das gespannte Gewehr des Bayern lehrte den Franzosen rasch verstehen, was jener wollte. Dennoch versuchte er umzudrehen. Da erwischte ihn der andere, unterdessen beigesprungene 10er am Fuße, ein Ruck und er lag auf dem Boden; sein Pferd rannte ledig davon. Als er schnell versuchte, ein großes Dienstschreiben zu zerreißen, sauste ihm der Kolben eines der 10er so heftig auf die Hände, daß er den Brief fallen ließ, den der andere Bayer rasch ergriff. Die während dieser Zeit infolge des Lärmens herbeigelaufene Ablösung des Postens nahm nun den Franzosen und das Schreiben in Empfang und übernahm die Verbringung beider nach Villechaumont. In dem Brief fand sich nicht nur eine genaue Angabe der Einteilung der 3 französischen Korps und der Division Camö, sondern auch der Befehl Chanzys für den 9. und der lautete wieder: „Angriff der Deutschen!"

Das Schreiben wurde an den Großherzog gesendet, traf

aber erst ein, als der oben angeführte Befehl schon ausgegeben war. Oberst Graf von Ysenburg wußte jedoch aus dem Briefe, was seiner am meisten vorgeschobenen Brigade drohte und richtete sich darnach. Die am Morgen eintreffenden Meldungen der Patrouillen bestätigten das abermalige Vorgehen der Franzosen.

In aller Stille wurden die deutschen Abteilungen in Villechaumont, Le Mée und der Umgegend alarmiert und gefechtsbereit aufgestellt. Erwartungsvoll blickte jeder nach Südwesten und wirklich kamen bald lange feindliche Linien und tiefe Kolonnen in Sicht. Der Tag war schön und klar, nur wieder entsetzlich kalt.

„Krach!" Da sauste schon die erste bayerische Granate hinüber.

Damit war das Signal gegeben; es ging eben wieder los.

Unsere 2te Division, die den ersten Anprall aushalten mußte, hatte trotz der gestern abend angekommenen 1000 Mann Ersatztruppen nur eine Stärke von 4400 Mann. Dazu kam, daß ein großer Teil der 4=Pfünder Geschütze vollständig verbleit und dadurch unbrauchbar geworden war. Bei anderen fehlte die Munition. Desto ausdauernder mußten sich die noch gefechtsfähigen Geschütze bewähren und wie sie dies thaten, davon nur wenige Beispiele.

Bei der Windmühle von Villechaumont übernahm die Batterie Kriebel das Feuer. Sie bestand aus 8 Geschützen, weil ihr die 2 noch tauglichen der 4=Pfünder=Batterie Barth zugeteilt worden waren.

Bald schossen nur noch 7 Kanonen. Eine französische Granate hatte die gesamte Bedienung der 8ten erschlagen. Ein Fahrkanonier mit 2 Pferden schleppte mühsam das bedienungslose Geschütz zurück. Von drei Seiten wurde die Batterie Kriebel aus 24 französischen Feuerschlünden mit Granaten überschüttet. Gleich darauf richteten französische Infanterieplänkler ihr Feuer auf sie. Jetzt war ein Halten nicht mehr möglich.

Nur mit größter Anstrengung und nur sehr langsam konnte aufgeprotzt werden und mit 2 Unteroffizieren und 12 Be=

dienungskanonieren brachte der Hauptmann seine Geschütze zurück. Der Rest lag tot und verwundet auf der Walstatt. Das war die Batterie Kriebel.

Die 10er warfen den gegen Villechaumont andringenden Franzosen ein wohlgezieltes Schnellfeuer entgegen. Es brachte zwar ihre Linien zum Stutzen, allein ganz aufhalten ließen die übermächtigen Schützenschwärme der Gegner sich doch nicht. Da kamen 6 Kompanien 13er heran und warfen sich ohne Zögern auf die Mobilgarden des XVII. französischen Korps. Die ersten Bataillone derselben rissen vor den altbayerischen Hurras natürlich aus. Bald aber drangen neue vor. So sehr die 13er feuerten, so erkannten sie doch genau, daß auf die Dauer ein Zurückwerfen solcher Massen nicht möglich sei. Gerade als die Lage am bedenklichsten war, erschienen jedoch plötzlich rechts dunkle Schützenlinien und „Hurra! die Preußen!" riefen alle 13er und „Hurra! hurra!" antworteten die 32er und 95er, griffen an und machten ihren bayerischen Kameraden Luft. Von nun an gelang es den Franzosen hier nicht mehr, Fortschritte zu machen. Dagegen stürmten die 13er den Weiler Villevert, während die Preußen der 43ten Brigade Cernay eroberten und dort an 200 Gefangene machten. Jeder neue Vorstoß der Gegner wurde durch das Schnellfeuer der 95er abgewiesen, so daß hier schon nachmittags das Gefecht mit einem entschiedenen Erfolge der deutschen Waffen endete.

Andere große Kolonnen des Feindes waren östlich dieses Geländes über Villorceau entsendet worden.

Den 1ten Jägern und 12ern gelang es aber doch, die gegen Le Mée vorgehenden Franzosen gründlich abzuweisen. Ein längeres Gefecht entspann sich. Nun schoben die Franzosen neue Kräfte nach Villorceau.

„Die dürfen wir dort nicht belassen. Die Batterie Neu soll das Dorf beschießen und dann ein Teil des 12ten Regimentes einen Angriff dagegen machen."

„Zu Befehl, Herr General!"

Das Artilleriefeuer begann sofort. Nun entwickelte sich

das II. Bataillon des 12ten Regiments. Das klingt recht großartig. In Wirklichkeit sah es anders aus. Seinem einzigen Offizier, dem Leutnant Horn, gab der Bataillonsführer, Leutnant von Tausch, die eine Hälfte, dem Feldwebel Dubois die andere und nun gings mit etwa 180 Mann vorwärts. Fast die Hälfte derselben war erst in der Nacht mit dem Ersatz angekommen.

„Ich weiß nicht, Herr Oberleutnant, ich habe ein Gefühl, als ob es heute mit mir zu Ende ginge."

„Unsinn, Dubois! Schlagen Sie sich die thörichten Gedanken aus dem Kopf. — Stürmen Sie jetzt gegen den linken Flügel der Franzosen. Richtung auf jenen Pappelbaum."

Nach diesen Worten begab sich Oberleutnant von Tausch zu seiner anderen Hälfte und führte auch diese vor. Flott klang wieder das bayerische Hurra und so schneidig wie bei Beaumont, Sedan, Orleans 2c. 2c. griffen auch heute diese unermüdlichen 12er an. Das kam daher, daß die Alten den Ersatzleuten ein gutes Beispiel geben und diese den schlachterfahrenen Kameraden nacheifern wollten. Viele aber stürzten, denn die Franzosen schossen rasend.

Plötzlich rief eine helle Stimme in vergnügtestem Tone: „Sehen Sie es, Herr Oberleutnant, nun haben mir die Rothosen doch einen Denkzettel gegeben. Aber es verlief gnädig, denn es ist nur das Bein ab. An das Sterben denke ich nun erst recht nicht." Es war der Feldwebel Dubois, den 2 Mann zurücktrugen. Er freute sich königlich, daß er nur an-, nicht aber totgeschossen worden war.

Immer näher kam nun Oberleutnant von Tausch mit seinem kleinen Häuflein 12er dem wohl besetzten großen Dorfe. In dieses schlugen noch immer die Granaten der Batterie Neu. Zweimal mußte zurückgeschickt werden, um sie um das Aufhören des Feuers zu bitten.

„Wollen die Paar Männlein des 12ten Regiments denn das Dorf angreifen?" frug der Batteriechef den meldenden Unteroffizier.

„Nicht nur angreifen, sondern nehmen," lautete die Antwort.

Nun schwiegen die Geschütze und Oberleutnant von Tausch stürmte mit seinen 12ern los.

Man sollte wirklich nicht meinen, daß es möglich sei, unter solchen Umständen einen so großen, wohlbesetzten Ort zu nehmen. Allein es gelang. Voraus der kühne Führer mit seinen schwarzen, durchdringenden Augen, hinter ihm seine Leute mit erhobenen Kolben und blitzenden Bajonetten, so ging's drauf und die Franzosen rissen aus und verschwanden mit Ausnahme von etwas über hundert, welche die 12er zu fest am Kragen packten und nicht mehr durchbrennen ließen.

Beinahe hätten sich die Leute infolge des Handgemenges im Dorfe zerteilt. Da rief aber von Tausch mit scharfer, den Lärm durchdringender Stimme: „Vorwärts, Leute, nach dem Kirchhof. Den besetzen wir!" Es geschah, wie er befohlen, denn trotz der täglichen Gefechte, trotz mancher mit den endlosen Strapazen zusammenhängenden Unregelmäßigkeiten, wußten unsere Mannschaften im Gefecht zu gehorchen wie zur Zeit des tiefsten Friedens. Sie besaßen eben die richtige Disziplin. Nun wurde sofort ein Munitionswagen geholt und im Kirchhof aufgefahren. Als hierauf die bei Villebert zurückgeworfenen Franzosen über Villorceau fliehen wollten, empfing sie aus dem Kirchhofe ein solches Feuer, daß sie sich schleunigst direkt westlich gegen Josnes wandten. Villorceau war und blieb für sie verloren.

Einen wichtigen Fund hatten die 12er dort gemacht; der wurde aber während des Kampfes auch aufgebracht. Es war ein Fäßchen Madeira, das allmählich seinen Weg durch 12er-Gurgeln nahm. „Wann's a koa Bier woar, guat woar's do!"

Als später ein Bataillon der 22sten Division die Besatzung des Friedhofes ablösen sollte, frug der Kommandeur desselben, wie er nur etwa 150 Mann 12er sah, den Oberleutnant von Tausch, wo die anderen Kompanien seines Bataillons seien.

„Sie sehen das ganze II. Bataillon des 12ten bayerischen

Regiments vor sich. Der Rest liegt auf den Schlachtfeldern in der Beauce und hier an der Loire!"

Stumm gab der preußische Major dem bayerischen Leutnant die Hand. Dann marschierte letzterer mit seinem Bataillon zurück und brachte fast ebensoviel Gefangene mit, als er Leute besaß.

"C'est la guerre!" sagten die Franzosen und wir sprachen es ihnen nach.

Bei Villechaumont hatte Generalleutnant von Wittich den Bayern auf echt kameradschaftliche Weise herausgeholfen, indem er seine 43te Brigade eingreifen ließ. Bald darauf konnte General von der Tann sich revanchieren.

Infolge eines Mißverständnisses räumten nämlich die 83er die nordwestlich Cravant liegenden Weiler Lahes und Beauvert. Sofort wurden dieselben von den Franzosen besetzt. Nun mußte man sie natürlich wieder hinauswerfen. Generalleutnant von Wittich war nämlich keiner von denen, die mit sich spaßen lassen.

"Die Füsiliere der 83er haben die Orte irrtümlich aufgegeben; die Füsiliere der 83er haben sie wieder zu nehmen."

Das war sein Befehl und dabei blieb es. Da aber diese Aufgabe für ein Bataillon nahezu unlösbar war, die übrigen Truppen der 44sten Brigade aber eine andere Verwendung fanden, so wurde die 1te bayerische Division um Unterstützung angegangen. Sofort sagte General von Orff dieselbe zu und betraute gerade den richtigen Mann für eine solche Aufgabe, den Oberst Schmidt, damit. Der ging mit seinen 11ern, den 9ten Jägern und den Füsilieren der 83er vom Fleck aus los. Wer diesen großen, hageren Mann mit seinem Gesichte wie aus Erz, wer seine wie Blitze leuchtenden Blicke sah, wer von seiner tiefen aber klaren Stimme wenige kernige Worte vernahm, der begriff, wie es die Jäger und die 11er durchzuckte, daß sie kaum zu halten waren und vorbrachen wie ein angeschossener Eber aus dem Dickicht.

"Wos? Mit'm Schießʼn soll' m'r si' aufholt'n. Söll

braucht's nit. D'rschlog'n m'rs mit'm Kolb'n, wann's nit ausreiß'n."

Kein Schuß fiel; in einem Anlauf gingen sie drauf, die Altbayern vom Inn und der Donau und die Oberpfälzer aus dem Wald und von der böhmischen Grenze; was kümmerte sie das Schnellfeuer der Franzosen; was störte das Stürzen vieler Kameraden; voraus der Oberst Schmidt, der Stabshauptmann Reitter, dahinter die Jäger und 11er drangen sie in Beauvert ein und mit knapper Not entkamen die eilends entfliehenden Feinde.

Ebenso schneidig, ebenso glücklich stürmten 83er und andere 11er Latyes und damit war der Schaden wieder hergestellt.

Nun entwickelten die Franzosen neue Kräfte gegen beide Gehöfte und gegen Cravant. Überall aber wurden sie abgewiesen, als die ganze 1te bayerische Division eingriff.

Den 94ern und 83ern gelang es sogar, über Cravant hinaus Boden zu gewinnen und sich in den vorderen Weinbergen festzusetzen.

Etwa um Mittag war also auf dem rechten deutschen Flügel und in der Mitte durch die 22ste Division und die Bayern der französische Angriff überall abgewiesen worden. Nun meldete die 4te Kavallerie-Division das erneute Vorrücken dichter feindlicher Kolonnen vom Walde von Marchenoir auf Cravant.

„Die 17te Division zum Vorstoß gegen des Feindes rechte Flanke!" Dieser Befehl des Großherzogs von Mecklenburg, sowie sein Heranziehen der letzten Reserven, des Detachements Rauch und der gesamten Kavallerie vollendeten das Schicksal des Tages. Am Morgen hatte die 17te Division sich nur defensiv verhalten und unbedeutende Scharmützel durchgefochten. Dann wiesen 75er und eine Batterie den Versuch des französischen Generals Trippart, Beaugency und Vernon zu nehmen, ab und außerdem beteiligten sich 3 Batterien auf dem rechten Flügel der Division am Kampfe um Villorceau.

Nun traf der Angriffsbefehl ein. Während die 89er und 17te Dragoner Beaugency hielten sowie 75er zur Deckung der linken Flanke nach Grolles und Clos Moussu vorgingen, wandten sich die 76er auf Loynes und Villorceau. Vor diesen neuen Truppen wichen die Franzosen nun endgültig zurück und als sie sich auf die 75er werfen wollten, zogen sie erst recht die kürzeren. Ein wohlgezieltes Schnellfeuer brachte die feindlichen Angriffskolonnen bald zum Stehen und ein flottes Hurra warf sie ganz über den Haufen.

Nachdem überdies die Batterie Reiche noch ordentlich mit Granaten darein gewettert, verging den Franzosen die Lust zu neuen Vorstößen gründlich. Bis zum vollständigen Eintritt der Dunkelheit hatte das Gefecht gedauert. Nun aber erkannte man deutlich, daß der Feind auf allen Teilen des Schlachtfeldes entschieden abgewiesen sei, und daß man jetzt doch hoffen dürfe, die Armee des Generals Chanzy werde sich endlich zur Flucht wenden.

Wie von einem Alp entlastet, begrüßte man bei den höheren Stäben die am Abend des 9. Dezember einlaufenden Meldungen.

Dennoch wollte bei uns Bayern keine rechte Freude aufkommen.

Wir hatten wieder am meisten verloren, nämlich 8 Offiziere und 320 Mann und unsere Truppen waren auf Zahlen herabgesunken, die einfach eine jede größere Leistung für die nächste Zeit ausschlossen. Die meisten Bataillone mußten in zwei, eine ganze Reihe sogar in eine Kompanie zusammengestellt werden; viele Bataillone wurden von Leutnants, die Mehrzahl der Kompanien von Feldwebels geführt, trotz des nun auch für die 1te Division angekommenen Ersatzes an Offizieren und Mannschaften, und die Artillerie war selbst durch Ausgleich nicht mehr im stande, jedes Geschütz mit der unbedingt notwendigen Bespannung und Bedienung zu versehen.

Ich selbst habe in der Nacht zum 10. Dezember den Rapport der 3ten Brigade aufgestellt. Er ergab 33 Offiziere, 123 Unteroffiziere und 2124 Mann. Unter letzteren befanden sich 102 Landwehrjäger, 603 ältere und 1298 Ersatz=Leute, welch' letztere kaum 3 Monate ausgebildet waren. So sah eine aus 7 Bataillonen bestehende, normal 160 Offiziere und 7000 Mann starke Brigade aus.

Mit solchen Truppen haben wir wieder am 9. Dezember stundenlang fest und ruhig im ärgsten Feuer ausgehalten; mit solchen Truppen haben wir am 9. Bauvert und Villorceau gestürmt und mit solchen Truppen haben wir bewiesen, daß man die Bayern physisch vernichten, niemals aber ihr soldatisches Ehrgefühl, ihre Pflichttreue untergraben kann. Bei diesem deutschen Stamm wirken persönliche Einflüsse und gutes Beispiel mehr, als bei irgend einem andern. Mag sein, daß unsere Leute außerhalb des Gefechtes nicht das stramme Wesen preußischer Abteilungen zeigten; mag sein, daß manche Verfehlungen gegen den sogenannten Drill und sogar gegen einzelne Vorschriften sich zutrugen; ich will auch einräumen, daß im Gefecht eine gewisse, nie auszulöschende Rauflust die Altbayern vorwärts trieb; die Hauptsache aber davon, daß sie so Vorzügliches selbst noch unter so ganz außerordentlichen, schwierigen Verhältnissen leisteten, war das gute Beispiel der Offiziere und die oft rührende Anhänglichkeit der Leute an ihre Vorgesetzten. Wenn kein Kommando, kein Befehl mehr im stande war, die Ermattung zu besiegen, dann half oft noch ein gutes Wort.

Alles aber hat eine gewisse Grenze, und daß unsere physischen Kräfte nachließen — nachstehende Tabelle beweist warum. Nach den Strapazen, Märschen und Gefechtsverlusten des Novembers, als wir dachten durch die zweite Armee abgelöst zu werden, um uns zu erholen, trafen uns folgende Verluste:

Gefecht bei Villepion	1. Dez.	37 Offiziere,	802 Mann,
Schlacht bei Loigny=Poupry	2. „	100 „	2203 „
Schlacht bei Orleans	3. „	3 „	20 „
„ „ „	4. „	9 „	301 „
Gefecht bei Meung	7. „	8 „	94 „
Schlacht bei Beaugency=Cravant	8., 9., 10. „	88 „	1986 „
		245 Offiziere,	5406 Mann.

„Somit hatte das I. Korps in 10 Tagen 8 Gefechtstage und hiebei ein Drittel der Mannschaft und mehr als die Hälfte der Infanterie-Offiziere auf dem Schlachtfelde verloren!"

So erzählt mit einfachen Worten Hauptmann Helbig und das sagt alles. Von den Erfrorenen, durch Krankheiten und Marschstrapazen zu Grunde gegangenen spricht man nicht einmal. —

In der Nacht zum 10. Dezember standen die 17te und 22ste Division in erster Linie mit Vorposten von Beaugency über Clos Mouffu bis Cernay, dahinter bei und südlich Montigny die Bayern und rechts von ihnen die 4te, links die 2te Kavallerie-Division.

Beim Oberkommando der zweiten Armee hatte man unterdessen sowohl von Versailles aus die Weisung, gegen Tours vorzudringen, als die Nachrichten über unsere Kämpfe erhalten. Solange man über den Verbleib der feindlichen Hauptkräfte noch im Unklaren war, verfolgte das III. Armeekorps mit der 1ten Kavallerie-Division gegen Gien und erhielt dann Befehl über Sully in die Sologne einzudringen. Das X. stand bereit, auf Salbris zu marschieren.

Nun beschloß Prinz Friedrich Karl schon am 9. Dezember, den Großherzog von Mecklenburg baldigst unmittelbar zu unterstützen und erteilte seinen Korps den Gegenbefehl, sich wieder in Orleans zu versammeln. Das X. Korps wurde hierauf beauftragt, nach Beaugency abzurücken und mit dem auf dem linken Ufer sich gegen Blois wendenden IX. in Verbindung zu treten; das III. Korps kam von Gien zurück.

In Ausführung dieser Befehle war die Avantgarde des IX. Korps auf dem linken Ufer nach leichtem Gefechte über Muides und St. Dié bis Montlivault gelangt. Dort wiesen hessische 3er und 4er einen Vorstoß der Franzosen durch energisches Schnellfeuer ab. Während dieses Gefechtes drang das linke hessische Seitendetachement (3 Kompanien 4er) gegen den Park des berühmten Schlosses Chambord vor. Die am Rande desselben stehenden feindlichen Tirailleure rissen nach rückwärts aus. Durch eine Lichtung konnte man das herrliche Bauwerk ausgezeichnet erkennen.

„Sehen Sie nur, Herr Hauptmann, dort das prachtvolle Schloß!"

„Das ist ja wunderbar. Herr Leutnant, das stürmen wir!"

Mit diesen Worten sprang Hauptmann Kattrein vor seine Schützen, befahl den Leutnants Neßling und Weber, mit ihren Zügen zu folgen, und ehe die überraschten Franzosen im Parke es ahnten, waren ihnen die 3 Offiziere und 54 hessische 4er auf den Fersen. Plötzlich fuhren 2 Geschütze aus dem Schloßportal, um die Straße, auf der die Hessen anrücken, unter Feuer zu nehmen. Das war kein Laufen mehr, das war ein Fliegen, wie nämlich Sergeant Heydler und 3 Mann auf das eine schon abgeprotzte Geschütz losstürmten. Ein Bedienungskanonier flog rechts, ein anderer links zur Seite, dem gerade die Granate einführen wollenden Lader zerschmetterte ein hessischer Kolben den Schädel, dem Geschützführer fuhr ein Bajonett durch die Brust, und ehe ein Schuß gelang, war die Kanone zur Seite gedreht. Die andere wollte in den Schloßhof zurückjagen. Im Nu sprangen aber Leutnant Neßling, Gefreiter Meyer und 3 Mann nach, hingen sich an Bügel und Stränge, stachen und rißen die Fahrkanoniere von den Pferden und hielten das Geschütz fest bis Hilfe kam. Unterdessen hatte Hauptmann Kattrein das Schloßportal besetzt, ein Unteroffizier versperrte den hinteren Ausgang und nun ergriff die Franzosen eine unglaubliche Angst. Den im Park verteilten Mobilgarden (an 2800) erschien das Hurra der 57 Hessen so mächtig, daß sie schleunigst gegen Blois abzogen und die Besatzung des Schlosses selbst saß in der Mausefalle. 11 Offiziere, 210 Mann, 3 stehen gebliebene Geschütze, außer den beiden eroberten, und 12 Munitionswagen fielen dem kleinen Häuflein Hessen in die Hand und das großartige Schloß Chambord war erobert. Freilich zog es dem französischen Kommandanten wie tiefe Scham übers Gesicht, als er nach der Entwaffnung seiner Leute das Stärkeverhältnis der Angreifer und Verteidiger erkannte. Half aber nichts mehr; auch er war ge=

fangen. Auf dem höchsten Turme des Schloßes brachten die Sieger nachstehende Inschrift an:

„Dieses Schloß, verteidigt von 3000 Franzosen, wurde am 9. Dezember 1870 von 3 Offizieren und 54 hessischen Soldaten erstürmt, welche 5 Geschütze und 250 Gefangene machten."

In der Nacht zum 10. ging es bei den Vorposten ziemlich lebhaft zu. Insbesondere kamen die am weitesten, nämlich nach Origny, vorgeschobenen 32er keine Minute zur Ruhe. Noch am Abend des 9. waren aber die ersten Unterstützungen (8 Batterien des X. Korps und einige Bataillone) bei Grand Chatre (hinter Beaumont), sowie in Meung eingetroffen und ein Befehl des Prinzen Friedrich Karl bestimmte, daß unsere Armeeabteilung am 10. Ruhetag haben und das bayerische Korps als Besatzung nach Orleans abrücken sollte.

Die Freude hierüber wurde jedoch wieder zu Wasser. Bei General Chanzy war nämlich Gambetta eingetroffen. Dieser bestimmte jenen Armeeführer noch einmal, stehen zu bleiben und sogar angriffsweise vorzugehen.

Schon früh 7 Uhr, gerade als 7 Kompanien der 32er auf den Sammelplatz der Brigade nach rückwärts abmarschiert waren, stürmten nun dichte Massen des Feindes gegen Origny an. Die dortigen 5 Kompanien der 32er wehrten sich wie verzweifelt, allein schließlich erlagen sie der Übermacht und verloren das Dorf. 150 wurden gefangen, die übrigen schlugen sich mit der blanken Waffe durch, nachdem sie ihre Munition verschossen. Das war ein schlechter Ruhetag.

Kaum gelangten die Meldungen hiervon nach rückwärts, so machten sich Preußen und Bayern auf, die Kameraden zu rächen. Letztere stellten, der Aufforderung des Generals von Wittich folgend, sofort ihren Abmarsch ein und kehrten freiwillig ins Gefecht zurück. Die 43te und 44te preußische, sowie die 2te und 4te bayerische Brigade drangen nun vor. An Artillerie kamen aber nur 2 preußische und 4 bayerische Batterien zur Thätigkeit, denn fast alle Geschütze der 22ten Division und ein Teil der bayerischen waren durch Ausbrennen der Zündlöcher

unbrauchbar geworden. Für diese reichte auch die noch vorhan=
dene Bedienungsmannschaft annähernd aus.

So war es also mit der Rückkehr nach Orleans noch nichts!
Nur das schon dorthin abgerückte Leibregiment und die 1er be=
ließ man im Marsche. Wir andern, wir schlugen wieder drein.
Bald kamen unsere sämtlichen noch gefechtsfähigen Batterien
angefahren — angetrabt konnte man nicht mehr sagen, weil die
wenigen abgehetzten Skelette von Pferden keinen Trab mehr zu=
wege brachten — und bald war wieder der Rummel los wie
alle Tage. „Herr Hauptmann, sehen Sie nur, sehen Sie nur!
Dort galoppieren Batterien heran! Das müssen Preußen vom
X. oder IX. Korps sein, denn bei uns bringt man aus keiner
Bespannung mehr einen Galoppsprung heraus!" Das rasselte
wieder einmal stolz heran! Jetzt rief es laut herüber: „Hurra
den Bayern! Hurra den Kämpfern von Beaugency!" Gleich
darauf klang es scharf:

„Im Avancieren protzt ab! — Mit Granaten geladen!
1600 Schritt! — 1tes Geschütz — Feuer!"

Da war doch wieder Zug darin. Wahrhaftig, die kamen
noch sechsspännig daher! Wie freute sich das alte Soldatenherz
von neuem ob des ganz entwöhnten Anblicks. Und wie frisch
es bei der Batterie zuging! 6 Mann Bedienung bei jedem
Geschütz! Da konnten wir freilich nicht mitthun. Aber viel
blieben unsere Kanoniere (3 pro Geschütz) mit dem Schießen
auch nicht zurück. 3 weitere ebenso starke Batterien sausten heran.
Sie gehörten wirklich alle zum X. Korps. Die Franzosen müssen
es wohl gefühlt haben, daß ein neuer Wind wehte, denn sie
gaben bald nach, besonders als noch die Artillerie der 4ten
Kavallerie=Division ankam und nun 19 deutsche Batterien mit
Lapidarschrift ihnen verkündeten, daß es Zeit sei, abzuziehen.

Verschiedene schwache Vorstöße des Gegners wies unsere,
sich streng in der Verteidigung haltende Infanterie mit leichter
Mühe ab und damit ging der Kampf auf dem linken Flügel
und in der Mitte zu Ende.

Ernster hatte er sich bei der 17ten Division entwickelt.

Mit dichten Schützenschwärmen wurden die 89er in Villemarceau angegriffen, konnten sich aber, unterstützt durch 4 Batterien, der Feinde erwehren. Inzwischen kamen die 76er und die Spitzen des X. Korps heran. Erstere erstürmten, wenn auch erst nach längerem verlustreichen Häuserkampf, Villejouan bei Origny und machten 170 Gefangene. Die Artillerie sorgte auch hier dafür, daß die Franzosen keine Reue wegen ihres eiligen Rückzugs empfanden.

Das unerwartete Vorgehen des Feindes am 10. hatte zur Folge, daß der Befehl, die Bayern sollten am 11. Orleans besetzen, um einen Tag verschoben wurde. Die ganze Armeeabteilung des Großherzogs bereitete sich also in der Nacht vom 10. zum 11. noch einmal zum Kampfe vor. Überall bedauerte man, daß es so sein mußte, aber niemand murrte. Auch heute täuschten wir uns, jetzt aber zu unser aller Freude. Die Franzosen, selbst ihr energischer General Chanzy, hatten nun endlich doch genug. Die erlittenen Verluste, der mit Riesenschritten zunehmende Verfall jeder Disziplin und Ordnung und schließlich das den Rücken der Loirearmee bedrohende Vorgehen des IX. preußischen Korps und der 6ten Kavallerie-Division auf Blois bestimmten Chanzy noch am Abend des 10., am folgenden Tage den Rückzug auf Vendôme anzutreten.

Damit hatte also die 3tägige Schlacht der zweiten französischen Loirearmee gegen die Armeeabteilung des Großherzogs von Mecklenburg bei Beaugency-Cravant ihr Ende erreicht. Wir konnten uns nicht einen so glänzenden Sieg zuschreiben wie bei Orleans u. s. w. Allein 3 Tage hatten wir der vierfachen Übermacht, großenteils ganz frischen Truppen, erfolgreich Widerstand geleistet, alle ihre Versuche waren an unserer Gegenwehr vollständig gescheitert und vergeblich erwiesen sich selbst die Bemühungen Gambettas, die Entsatzarmee von Paris vorwärts zu bringen. Das hatte des Großherzogs Armeeabteilung geleistet; die Armee des Prinzen Friedrich Karl konnte jetzt an die Vernichtung des entmutigten abgewiesenen Gegners denken.

Die Gesamtverluste der Armeeabteilung in der 3tägigen Schlacht betrugen:

beim I. bayerischen Korps	90	Offiziere	1980 Mann,
bei der 17ten Division	33	„	518 „
„ „ 22ten „	29	„	717 „
bei der 4ten Kavallerie-Division	2	„	16 „
Im Ganzen	154	„	3231 „

Am 11. früh standen alle Truppen fast auf den gleichen Plätzen wie am 10. kampfbereit. Es kam aber nur zu unbedeutenden Scharmützeln mit den Arrièregarden des abziehenden Feindes. Das nun vollständig herangerückte X. Korps schob sich vor die Truppen der Armeeabteilung des Großherzogs. Die 56er erstürmten das vom Feinde gehaltene Mortais und machten dort 100 Gefangene. Hierauf stellte das Korps seine Vorposten von der Loire bis Josnes auf.

Am 12. schied das bayerische Armeekorps als solches aus der Armeeabteilung des Großherzogs von Mecklenburg aus. Nur die 4te Infanterie-Brigade und 6 Batterien verblieben noch in ihrem Verbande und kamen wiederholt ins Feuer.

Am gleichen Tage zwischen 1 und 3 Uhr rückten die 2te und 3te bayerische Brigade nach herzlichen Begrüßungen mit den aus der Stadt ausmarschierenden Brandenburgern wieder in Orleans ein. Voran ritt der jetzt ganz weiß gewordene General von der Tann. Wie verschieden war dieser Einzug von den vorhergehenden. Beim ersten strahlte alles in der Siegesfreude und war fröhlich und guter Dinge; der zweite fand schon unter dem Drucke großer Strapazen statt; jetzt aber zog der Rest eines schönen starken Korps ernst und still, trauernd um so viele schmerzliche Verluste ein. Von uns allen im Juli mit ausmarschierten Offizieren waren nur noch sehr wenige da. Über 530 lagen auf unseren mehr als 20 Schlachtfeldern. Trotzdem ließen wir, als wir durch das wohlbekannte Thor des Faubourg Madeleine einzogen und vor unserem kommandierenden General defilierten, die Köpfe nicht hängen. Im Gegenteil! Frei konnten wir trotz der Lumpen, die uns kleideten, trotz der zerrissenen

Stiefel, die kaum mehr die Füße bedeckten, trotz der klepperdürren Rosse, auf denen wir ritten, seinem festen Blick begegnen, denn ein erhebendes Bewußtsein durchwogte uns alle und wir lasen die Bestätigung davon in seinem Auge, das stolz auf seinen Bayern ruhte und es deutlich aussprach: „Ihr habt Euere Pflicht erfüllt bis aufs äußerste!"

Das Korps von der Tann blieb nunmehr bis zum 24. Dezember in Orleans, mit Ausnahme der oben erwähnten Truppen. Es erholte sich in dieser Zeit und war, als es im Januar bei der Belagerung der Hauptstadt wieder Verwendung fand, bei frischen Kräften. Wir werden ihm dort von neuem begegnen.

Prinz Friedrich Karl übernahm nun selbst die Verfolgung der zweiten französischen Loirearmee. Er erhielt auch ein Schreiben aus Versailles, das die Notwendigkeit aussprach, die locker gefügten Heere des Gegners durch nachhaltige Verfolgung für längere Zeit außer Thätigkeit zu setzen, anderseits aber aus Rücksicht auf die deutschen Truppen derselben doch keine zu große Ausdehnung zu geben. Als äußerste Ziele waren Tours, Bourges und Nevers bezeichnet. Der Prinz zögerte keine Minute und beschloß den Vormarsch gegen den Loir.

Durch den Abzug der Bayern nach Orleans löste sich deren engere Verbindung mit jenen preußischen Divisionen, mit denen sie im Süden von Paris so manchen Sieg erfochten, so manches Ernste durchgemacht. Treue Kameradschaft hatten wir gefunden und gewahrt; gleicher Opfermut, gleiches Streben hat uns Bayern von Iller, Lech, Isar, Inn und Donau, aus den südlichsten Gauen des Reiches mit den Mecklenburgern und Hanseaten des äußersten Nordens, mit den Thüringern und Hessen der Mitte und mit schlesischen, pommerschen, posenschen und preußischen Reitern des Ostens vereint; wir haben uns gegenseitig kennen und achten gelernt und wir haben empfunden, daß wir alle zu einem großen mächtigen Volke gehören, daß wir alle nur eine Heimat haben, unser geliebtes, deutsches Vaterland.

XIII.
Die Verfolgung der zweiten Loire-Armee bis an den Loir. Rückkehr nach Orleans und Chartres.

General Chanzy und Gambetta mußten schweren Herzens dem Druck der Verhältnisse nachgeben und ersterer ordnete den Rückzug gegen den Loir an. Das XVI. und XVII. Korps umgingen den Wald von March-noir südlich, das XXI. nahm seinen Weg durch denselben.

Am 12. Dezember trat Thauwetter ein. Es regnete unaufhörlich. In welchem Grade dieser Umschlag auf die militärischen Maßnahmen schädlich einwirkte, ist kaum zu beschreiben. Bald war nicht nur das Gelände seitlich der Straßen durchaus ungangbar, sondern sogar jene Wege, welche keinen sehr soliden Unterbau besaßen, wurden fast grundlos und konnten von Geschützen und Armeefahrzeugen kaum mehr benützt werden. Nachts wehten kalte Winde und hie und da fanden richtige Stürme statt, bei denen Schnee und Regen den Truppen ins Gesicht gepeitscht wurden. Am meisten litt unter solchen Verhältnissen die Infanterie, deren Schuhwerk sich im jammervollsten Zustande befand. Alles mögliche geschah, um dieser Unannehmlichkeit zu steuern. Die Husaren gaben kameradschaftlichst ihre übrigen Stiefel an die Regimenter ab; wo es nur etwas Erfolg versprach, wurden Fußbekleidungsrequisitionen veranstaltet. Allein dies alles half nicht. Selbst daß verschiedene Transporte französischer Schuhe, die für die Armee bestimmt waren, abgefaßt wurden, z. B. von den 5ten Kürassieren, nützte nicht viel, denn man konnte höchstens ein Viertel dieser zierlichen Dinger brauchen, weil — nun weil eben die Deutschen solidere Grundlagen haben, als die französischen Knirpse. Bei den Pferden stand es mit dem Beschläge auch schlecht und dazu kam, daß infolge des schmutzigen Wetters und der Unmöglichkeit, die nötige Reinigung der Tiere vorzunehmen, die Krankheit der Maucke immer mehr um sich griff.

Bedenkt man weiter, wie die Strapazen der letzten Wochen Offiziere und Mannschaften überanstrengt hatten und daß ein großer Teil derselben aus kriegsungewohnten Ersatzleuten bestand, so wird man sich leicht vorstellen können, wie nunmehr Krankheiten aller Art um sich greifen und die Regimenter von Tag zu Tag mehr schwächen mußten.

Dennoch machte sich die zweite Armee und die Armeeabteilung des Großherzogs mit verhältnismäßiger Freudigkeit an die Verfolgung des geschlagenen Feindes, denn man gab sich der kühnen Hoffnung hin, daß es einerseits doch nicht mehr zu großen Kämpfen kommen werde, anderseits durch ein sofortiges Nachdrücken die an und für sich schon sehr zerrüttete französische Loirearmee gänzlich gesprengt werden könne.

Im allgemeinen sollte die Armeeabteilung des Großherzogs (17te, 22te Division, 4te bayer. Inf.-Brigade) den rechten Flügel bilden und durch und dicht südlich um den Wald von Marchénoir über Ecoman auf Morée, die zweite Armee mit dem III. Korps rechts, dem X. in der Mitte und dem IX. links auf Vendôme vorgehen. Letzteres Armeekorps mußte zu diesem Zwecke bei Blois über die Loire herangezogen werden.

Am 13. begann die eigentliche Verfolgung. Die Straßen befanden sich in einem unbeschreibbaren Zustand. Leichen von Menschen und Pferden lagen unbeerdigt herum und bildeten die schauerigsten Spuren des französischen Rückzuges; Massen von Waffen und stehengebliebenen Wagen bedeckten die Wege und Tausende von Nachzüglern wurden aufgegriffen. Letztere waren eine wahre Landplage geworden. Man mußte sie ernähren und nach Orleans transportieren, was die Bestände der Lebensmittel und die Stärke der Abteilungen sehr schwächte. In jener Zeit kam es vor, daß eine eklärierende Schwadron Husaren in einem Dorfe etwa 50 nur mit Seitengewehren bewaffnete französische Nachzügler sah. Früher hätte es in einem solchen Falle geheißen: „Galopp! Marsch-marsch! Hurra!" Dann wären die

Franzosen überritten oder gefangen genommen und im Triumph zurückgebracht worden. Jetzt aber sagte der Rittmeister zu dem den Vortrupp befehligenden Leutnant: „Wir wollen sehen, ob wir das Dorf unbemerkt umreiten können. Wenn die Kerls uns entdecken, ergeben sie sich und wir müssen sie zurücktransportieren. Es wäre angenehm, wenn sich dies vermeiden ließe."

Natürlich wär es das Beste gewesen. Je mehr solcher demoralisierter Burschen General Chanzy mitschleppen und ernähren mußte, desto besser für uns, denn dann ging es mit seinen Vorräten noch schneller zu Ende. Der deutschen Armee fehlte aber jeder Mann, der zum Gefangenentransport befohlen werden mußte, sehr.

Am 13. abends war das X. Armeekorps auf dem rechten Ufer in Blois angekommen, während sich auf dem linken das IX. einfand; ebendaselbst traf auch die 2te Kavallerie=Division ein; das III. mit der 1ten Kavallerie=Division stand in Meung, Beaugency und Cravant; die 6te Kavallerie=Division befand sich noch bei Salbris in der Sologne; die Armeeabteilung des Großherzogs hatte Oucques, Maves und Jones und mit der 4ten Kavallerie=Division die Gegend nördlich des Waldes von Marché-noir erreicht.

Am 14. Dezember war das Wetter womöglich noch schlechter als bisher. Daß die zurückmarschierenden Franzosen dies in weit höherem Grade noch als die Deutschen empfanden, zeigte sich auch darin, daß allein die 17te Division an diesem Tage 2160 Gefangene ohne große Schwierigkeiten machte. Auch die 22te brachte viele derselben ein.

In jener Zeit trugen sich natürlicherweise bei der an der Spitze marschierenden Kavallerie viele interessante Episoden zu. So machte in der Nacht vom .13. zum 14. Dezember der Leutnant Graf Schack mit seinem Zuge 2ter Leib=Husaren einen Ritt in die rechte Flanke der deutschen Marschlinien, nämlich gegen Cloyes am Loir. Es war schon dunkel, als er in die Nähe von la Ferté Vilneuil gelangte. Dort wurden Signale laut. Das kümmerte die Husaren wenig; sie ritten einfach um den Ort herum und kamen bald vor Cloyes selbst an. In dieser Stadt ging es laut genug zu. Es wurde geblasen, getrommelt, kommandiert; man hörte Wagengerassel und sah zahlreiche Biwaks, von denen her lauter Lärm erschallte. Der Gefreite Ackermann ritt hart an die Umfassung der Stadt heran. Kein „Qui vive" erschallte; kein Posten, keine Wache waren sichtbar. Der Gefreite trug eine französische irgendwo gefundene Kapuze. Plötzlich entdeckte er beim Scheine eines schwachen aus einem Hause kommenden Lichtstrahles 2 Civilisten, die in eifrigem Gespräche ihres Weges gingen. Nun trieb er sein Pferd zu schnellerem Schritt und schob sich zwischen beide hinein.

„Prenez garde chasseur; il-y-a du monde!"

Mehr sprach der Pisang (Bauer), welcher den sich eindrängenden Reiter für einen Franzosen hielt, nicht. Ackermann hatte die Zügel in den Mund genommen, beugte sich etwas vorwärts, faßte mit jeder Hand einen der Bauern am Kragen, drehte sein Roß mit den Schenkeln um, gab die Sporen und trabte an. Die beiden halb erstickten Civilisten mußten, mehr fliegend als laufend an seiner Seite bleiben und bald darauf meldete der Gefreite seinem Offizier: „Herr Leutnant, da habb' ick 2 Pisangs funnen un mitbracht, wil ick doch dat Wälsche nich verstah' un se nich utfragen konn".

Nun das besorgte hierauf der Offizier, und die Bauern, welche wiederholt eine Revolvermündung recht nahe an ihrem Kopfe bemerkten, erzählten frisch von der Leber, daß in Cloyes etwa 10,000 Mann des XXI. französischen Korps lägen und andere Geheimnisse mehr.

Der Gefreite Richter des gleichen Zuges bat zu ähnlichem Auskunftgeben 3 Infanteristen einer französischen Feldwache, sich ihm anzuschließen. Als die Husaren von Richters Patrouille denselben die Gewehre aus der Hand geschlagen und mit einigen flachen Säbelhieben höflichst um Gewährung der Bitte ersucht hatten, folgten die Mobilgarden der Einladung und berichteten auch vielerlei hübsches von ihrem Truppenteil. Andern Morgens brachte Graf Schack alle möglichen interessanten Meldungen zurück.

Einen sehr hübschen Ritt machte am 14. Leutnant Freiherr von Plotho von den Zietenhusaren mit 6 seiner Leute. Derselbe sollte nachsehen, ob die Loirebrücken abwärts Blois bis Ambroise abgebrochen seien. Dies war überall der Fall. Wie sieht es aber in Ambroise selbst aus?

„Da müssen wir eben hinein!"

Ein Bauer wird abgefaßt. „Sind in Ambroise Truppen?"

„Je ne sais pas."

„Willst Du reden, Kerl, oder —?" Der Revolverhahn knackt bedeutsam. Jetzt erzählt das Bäuerlein ausführlich. Die Truppen sind fort, aber Mobilgarden und Franktireurs in Menge in der Stadt. Von der Brücke weiß er nichts.

„Bleibt also nichts übrig, als nachzusehen! — Trab marsch!"

Nirgends wurden die kühnen Reiter angeschossen. Also weiter. Dort ist das Stadtthor! Durch! Die Eisen der Rosse klappern auf dem Pflaster; erschreckt und kreischend springen die überraschten Bewohner zur Seite.

Nun weist der Leutnant mit dem Säbel rechts; die Husaren folgen.

„Halt!" Sie stehen an der gesprengten Brücke. Jetzt haben sie Klarheit genug.

„Kehrt! Den gleichen Weg zurück!"

Die Ambroisser sind scharenweise den Husaren nachgelaufen. Sie meinen, die Preußen hätten über die Brücke gewollt und kämen jetzt, peinlichst überrascht, zurück. „Halt, das ist eine herrliche Gelegenheit, Preußen tot zu schlagen!" Hundertköpfig drängt die von Sekunde zu Sekunde wachsende Menge heran.

„A bas ces chiens de Prussiens!" — „Il faut les tuer!"

So brüllt es von allen Seiten. Dennoch machte den nun Schritt reitenden Husaren jedermann Platz. Die kleinen Kerls auf ihren prächtigen Pferden blickten aber auch zu martialisch drein. Jetzt faßte ein Mann Mut und griff nach dem Mantel des Leutnants. Ein wohlgezielter Spornstoß mitten auf das

Gesichtsvorgebirge des Kühnen warf ihn aber blutend aufs Pflaster.

„Tarab! Marsch!"

In scharfem Tempo sausten nun die Husaren davon. Hundertstimmig brüllte es hinterdrein, aber erwischt haben die biederen Bürger von Amboise keinen; dazu waren sie nicht flink genug.

Leutnant von Plotho erstattete bald darauf seinem General genaueste Meldung und der gute citoyen von Amboise wünschte wohl nie mehr, seine Nase mit einem preußischen Husarensporn zu putzen.

Die Leibkürassiere klärten ebenfalls auf dem linken Loireufer auf und auch bei ihnen kamen Ritte von ganz außerordentlicher Ausdehnung vor. Hie und da gab es aber auch komische Episoden. Fuhren da eines Abends 2 Herrn zu irgend einer Rapporterstattung in ihr Stabsquartier, weil sie ihre Reitpferde schonen wollten. Hin gings ganz gut. Beim Stab gab es vorzüglichen Wein. Nun nachts nach Hause. Anfangs stimmte alles. Allmählich aber wurde ein Pferd unruhig und immer unruhiger, griff schärfer aus, veranlaßte auch das andere dazu und schließlich gingen beide trotz des festen Haltens der Offiziere regelrecht durch. Plötzlich eine scharfe unerwartete Wendung, der Wagen flog an einen Stein, die beiden Offiziere fanden sich nicht gerade behaglich, aber doch wohl und gesund auf einem weichen, saftigen Misthaufen und die Pferde standen gleich darauf vor dem Stalle, in dem man sie heute Mittag einquartiert; man war zu Hause. Ursache der schnellen Fahrt: Man hatte in der Weinlaune d. h. in der Eile vergessen, das Handpferd aufzuzäumen. Am andern Tage sollen beide Herrn nicht nach Rosen geduftet haben. Der Regen schwemmte aber bald wieder alles ab.

Ein andermal ging es einzelnen Kürassieroffizieren sehr fatal. Einer der Herrn, mit Meldung nach Orleans geschickt, hatte dort um sehr viel Geld ein Fäßchen vorzüglichen Weines erworben. Todmüde kam er mit seinem Gefährt abends bei der Schwadron an. Wagen und Faß blieben im Hofe stehen. Es schliefen nämlich alle Leute schon und dem Offizier war es leid, die armen der Ruhe sehr bedürftigen Leute zu wecken. Am andern Morgen erschien sein Bursche mit recht vergnügtem Gesicht.

"Was hast Du denn Fritz? Du bist ja so lustig?"

"Ach, Herr Leutnant, die Bayern sind doch zu nette Kerls! Eine Patrouille von ihnen hat heute Nacht ein Fäßchen Wein requiriert und nun haben sie alle Kürassiere in der Nähe eingeladen, es mit auszutrinken. Wir sind aber auch radikal damit fertig geworden. Der Wein war ausgezeichnet. Die Bayern sind aber auch wahre Teufelskerl. Die finden doch immer noch etwas!"

Der Leutnant ahnte Schreckliches. Fürchterliche Wahrheit, das Fäßchen war fort.

"Der Henker soll diese Bayern holen. Jetzt haben sie uns um 70 Francs Wein ausgesoffen und unsere dämlichen Kerls von Kürassieren kneipen noch dazu mit!"

Es gab also bei den vielen ernsten Scenen in jener Zeit doch auch heitere und wer sie beim Marsch des folgenden Tages erfuhr, hatte seine Freude daran und lachte trotz Regen, Kälte und Schmutz fröhlich mit, auch wenn es ihn selbst anging.

Am 14. Dezember kam es wieder zu einem lebhafteren Gefechte und zwar bei Fréteval. Die 17te Division ging in 3 Kolonnen gegen den Loir-Abschnitt in jener Gegend vor. 18te Dragoner stießen jenseits des Loir auf Franzosen, die Miene machten, sich zur Wehr zu setzen. Sie thaten sogar noch mehr, denn sie gingen ganz schneidig gegen die unterdessen nach Fréteval gelangten 76er vor. Da die Franzosen immer mehr Truppen ins Gefecht brachten, zog General von Kottwitz, der die Kolonne kommandierende Brigadegeneral, auch seine Batterien, sowie zu deren Bedeckung die 75er heran. Dennoch wiederholten die Franzosen stets von neuem ihre Angriffe und setzten sie bis zur Dunkelheit fort. Nun erst gaben sie die bisher gegen das preußische Schnellfeuer vergeblichen Versuche vorläufig auf.

"Herr Hauptmann, ich traue den Kerls noch nicht. Die kommen noch einmal!"

"Wir wollen sehen! Halten Sie Ihren Zug hinter jenem Hause bereit. Ich bleibe mit dem 3ten und Schützenzug hinter den Mauern."

Geradeso machten es auch die anderen Kompanien und nicht umsonst. Bald wurden wieder Tritte vernehmbar. Der Kommandant (Major) Collet rückte mit seinen 9ten Marine=Infanteristen an; die 4ten Marine=Füsiliere folgten und Mobilgarden du Gard und des Deux=Sèvres standen zur Unterstützung bereit. Trotz des energischen Feuers der Preußen drangen die tapfern Marinetruppen in die Hauptstraße von Fréteval ein. Das wurde den 76ern aber doch zu bunt. Sie nahmen Bajonett und Kolben, weil ja die Wälschen auf das Schießen nicht achten wollten, und bald hatten besonders die Leute des Premierleutnants von Werthern die Stadt von allen Angreifern gesäubert. Nun gaben die Franzosen endgültig die Hoffnung auf, sich Frétevals zu bemächtigen und zogen unter dem Schutze der Dunkelheit auf die Höhe des rechten Loirufers ab. Die 76er brachten alle ihre Verwundeten zurück und räumten früh 3 Uhr in aller Stille die Stadt, weil sie zu sehr im Bereiche der feindlichen Kanonen lag und weil für den 15. kein Gefecht beabsichtigt war. Auch die 89er fanden bei Morée einigen Widerstand, der aber nach dem Eingreifen zweier Batterien bald gebrochen wurde. Beide Gefechte hatten der 17ten Division doch wieder einen Verlust von 5 Offizieren und 131 Mann zugefügt, der größtenteils die 76er traf.

Die Verfolgungsmärsche des 12., 13. und 14. Dezembers hatten nun ergeben, daß sich Chanzys Armee im vollen Rückmarsch gegen Osten befand.. Nun beschloß Prinz Friedrich Karl auf Grund der Gefechte bei Fréteval und Morée noch festzustellen, ob der Gegner etwa schon bei Vendôme am Loir Stand halten werde. Treffe dies nicht zu, dann wolle man auf eine weitere Verfolgung verzichten, weil auch die deutschen Truppen sehr der Ruhe bedurften und noch keine genügenden Nachrichten über den Verbleib der unter Bourbaki in südlicher Richtung ausgewichenen französischen Korps (XV., XVIII. und XX.) eingelaufen waren. Dann sollte die Armeeabteilung des Großherzogs um Chartres, die zweite Armee um Orleans eine abwartende Stellung einnehmen und vor allem ihren Truppen Gelegenheit geben, sich von den Strapazen der letzten Wochen etwas zu erholen. Zu diesem Behufe wurde die Armeeabteilung wieder selbständig gemacht.

Also noch auf bis an den Loir und dann Ruhe!

Für den 15. Dezember war für die Armeeabteilung ein Rasttag angesetzt, während die Korps der zweiten Armee dichter aufzuschließen und anzurücken hatten, um dann mit gesammelten Kräften gegen den Loir anrücken zu können. Nur die Vortruppen sollten die Fühlung mit dem Feinde aufrecht erhalten.

Früh am 15. standen die Truppen des Großherzogs in der Linie Morée, Fréteval, Ecoman, Oucques, Epiais; das III. Korps bei Maves und Mer, das X. bei Ménars und Blois, das IX. bei Vienne und Blois; die Kavallerie vor der Front und in den Flanken. Obwohl für diesen Tag kein allgemeiner Angriff beabsichtigt war, kam es doch infolge des Heranrückens des III. und X. Korps zu verschiedenen ziemlich heftigen Gefechten. Bei letzterem ging es zuerst los. Dessen Avantgarde marschierte unter Befehl des Grafen Stolberg von Blois über Herbauld vor. Auf einem frisch beschotterten, durch den Regen gründlich aufgeweichten Wege fortwährend stecken gebliebene Geschütze und Wagen ausgraben und schieben müssen, war für die Infanterie auch kein Spaß. Deshalb kam man recht todmüde in Herbauld an. Dennoch wurde nach kurzer Ruhepause wieder angetreten und zwar gegen St. Amand. Vorwärts dieses Städtchens kommandierten französische Schüsse den Reitern der preußischen Vortruppen „Stopp!"

Nun mußten Geschütze heran. Es ging aber schwer, denn die Räder sanken fast bis zu den Achsen in dem weichen Boden ein. Dann gaben auch 56er, später unterstützt von 79ern, ihre Visitenkarten ab. Das Geplänkel dauerte bis es dunkel wurde.

Hierauf quartierte sich dieses linke Seitendetachement des X. Korps in Gombergan ein.

Ernster ging es bei der auf der großen Straße von Blois nach Vendôme heranmarschierenden Hauptkolonne des Korps zu. 92er, 56er, 79er und schließlich 17er griffen hier den in den zahlreichen Fermen, Waldparzellen und Dörfern gut postierten Feind an, allein er war zu stark, um sofort geworfen zu werden. Nun eilten die rückwärtigen Kolonnen so schnell als möglich herbei. Fliegen konnte man aber nicht und in der unbeschreiblichen Sauce Laufschritt machen auch nicht.

„Da is ja de Panke dat schenfte Quelwasser jejen den Dreck!"

War auch so, denn einem großen Teile der Leute blieben wirklich die Stiefel in dem Schmutze stecken. Sie rissen sie mit den Händen wieder heraus und liefen barfuß, um nicht ihre kostbare Fußbekleidung ganz zu verlieren. Die durch den weichen Boden verursachten Aufenthalte waren auch Schuld, daß die 19te Division erst bei Dunkelheit auf dem Gefechtsfelde eintraf und es daher zu einem entscheidenden Angriff zu spät wurde. Das Korps bezog nun zwischen St. Anné und Villeromain Quartiere.

Rechts neben dem X. zauste sich die Avantgarde des III. Korps mit dem westlich Coulommiers stehenden Feinde herum. Nachdem die 20er und die 5te leichte Batterie sich gebührend angemeldet und die 35er nahe genug herangekommen waren, gingen erstere zum Angriff vor. Plötzlich, keine 250 Schritt vor dem II. Bataillon, krachte eine Salve und ein Bleihagel schwirrte daher. Schwupp lag das ganze Bataillon in dem weichen Morast auf der Erde.

„Ach Herr Jott! De reensten Amphibien!" meinte ein auf seine Gelehrsamkeit sehr stolzer urfideler Berliner.

Alles lachte auf, der erste Schreck ob der unerwarteten Überraschung war im Nu vergangen und mit „Hurra, hurra!" stürmte, d. h. watete alles vor. Voraus Hauptmann Bergemann und seine Kompanie drangen die tapfern, jetzt freilich sehr schmutzigen Brandenburger in den Gärten und den von den Franzosen besetzten Wald ein. Hier kam wieder die elende von den Franzosen wiederholt angewendete List vor, daß sie mit Taschentüchern winkten und dann auf die zu ihrer Gefangennahme ungedeckt vorgehenden Preußen schossen. Diese bezahlten aber ihre Gemeinheit mit dem Leben.

Nun marschierten noch die 35er heran, drangen ohne lange Komplimente in das ziemlich heftig verteidigte Rocé hinein und warfen, was nicht gut deutsch sprach, gegen Vendôme zurück.

Der 15. Dezember hatte den deutschen Truppen 8 Offiziere und 186 Mann gekostet. Unter verhältnismäßig geringen Verlusten war also die zweite Armee mit ihren Spitzen bis dicht an den Loir gelangt und hatte bei Fréteval eine beobachtende Haltung bewahrt.

Einen gelungenen Streich führte nördlich dieses Geländes Premierleutnant von Natzmer aus. Der beobachtete mit der von ihm befehligten 1ten Schwadron 5ter Kürassiere von Brévainville aus die Loir-Übergänge bei Cloyes. Plötzlich meldeten Patrouillen den Anmarsch eines ganzen feindlichen Bataillons. Premierleutnant von Natzmer ließ nun die mit Chassepotkarabiner bewaffneten Kürassiere absitzen, den Dorfrand besetzen und die Pferde hinter der Kirche verstecken.

Sorglos kamen die Franzosen daher. Ein flottes Schnellfeuer jagte ihnen einen solchen Schrecken ein, daß sie schleunigst Kehrt machten und wahrscheinlich von einem in Brévainville stehenden preußischen Infanteriebataillon oder noch mehr meldeten. Dennoch befahl der kühne französische Major den Angriff. Wieder Kürassierschnellfeuer und Abblitzen der Franzosen. Ob die braven Panzerreiter mit den ihnen durchaus fremden französischen Schießprügeln viel getroffen haben, mag zwar dahingestellt bleiben, denn die Angreifer fanden immer bald wieder Mut zu neuem Vorgehen. Dennoch hielten die Kürassiere 3 Stunden lang, bis zum Dunkelwerden das Dorf. Dann zogen sich zuerst die äußeren Flügel und hierauf die unter Leutnant von Kirchbach sich mit einer Salve verabschiedenden Schützen am Haupteingang zurück, warfen sich auf die Pferde und entkamen vollständig ungesehen. Nun wurde es bei den Franzosen lebendig. Von 3 Seiten stürmten dieselben mutig heran, die Trommeln rasselten, Signalisten bliesen und mit lautem „Vive la France!" eroberten sie das Dorf. Die Kürassiere waren inzwischen 800 m weit und freuten sich ob des durch die Nacht zu ihnen hinüberschallenden Lärms wie die Schneekönige. Sie hatten trotz des rasenden Feuers der Franzosen keinen Mann und kein Pferd verloren.

Das war der Sieg von Brévainville, demzufolge der tapfere französische Major sicher mit dem Offizierkreuz der Ehrenlegion ausgezeichnet wurde.

Durch die Gefechte des 15. war im Stabe des Prinzen Friedrich Karl die Ansicht entstanden, daß es am Loir doch noch zu ernsteren Kämpfen kommen werde. Er befahl daher für den 16. das Aufschließen sämtlicher Truppenteile in sich, um am 17. mit aller Macht vorgehen zu können. General Chanzy wollte auch am 16. noch überall Widerstand leisten. Erst auf das Drängen seiner Generale gab er nach und ordnete den weiteren Rückzug gegen le Mans an.

Die Nacht vom 15. zum 16. war wieder abscheulich. Es regnete unablässig und war empfindlich kalt. Bei allen Kompanien hatte ein Teil der Leute, bei manchen an 40 Mann, das Schuhwerk infolge des vergangenen Marsches verloren und mußte sich barfuß einem solchen Hundewetter aussetzen. Die Gewehre konnten nicht mehr gereinigt werden und waren so verdorben, daß ihre Brauchbarkeit in Frage stand. Von einem ordentlichen Abkochen keine Rede; ebensowenig vom Heranziehen der Bagage; man lebte von den geringen, ganz durchnäßten Beständen der Brotbeutel. Dennoch beschloß der Prinz nach einem einzigen Rasttage den Angriff. Wenn man sich die damaligen Verhältnisse klar vor Augen legt, so weiß man nicht, soll man mehr über das felsenfeste Vertrauen des Prinzen in die Leistungsfähigkeit seiner Truppen oder über diese selbst staunen. Des Prinzen Zuversicht war aber gerechtfertigt, denn seine Truppen hielten wirklich aus und bewiesen dadurch, daß sie eines solchen Feldherrn würdig seien.

In der Nacht zum 16. lief eine äußerst wichtige Depesche des Generals von der Tann aus Orleans ein.

„Die gegen Gien beobachtenden Kräfte sind von bedeutender Übermacht angegriffen und zurückgedrängt worden!"

Das war der Sinn.

Eine weitere folgte: „Feindliche Kolonnen bewegen sich auf Montargis."

Oho! Sollte jetzt Bourbaki mit seinen 3 Armeekorps im Osten von Orleans gegen Paris vorgehen wollen? Was ist da zu thun? Die Armee teilen, mit einer Hälfte hier stehen bleiben und mit der anderen sich gegen Bourbaki wenden?

Dann ist sie in beiden Fällen zu schwach und die getrennten Teile werden unterliegen.

„Es bleibt also beim alten. Wir schlagen am 17. Chanzy und marschieren dann in Gewaltmärschen nach Orleans, um Bourbaki den Weg zu verlegen. Einstweilen müssen die Bayern sehen, wie sie sich dort halten können!"

Trotz der Absicht, nichts ernstes zu unternehmen, entstanden doch am 16. verschiedene Scharmützel. Die 20te Division besetzte nämlich, ohne mit dem Feind in Berührung zu kommen, Vendôme. Als die zur Sicherung der Stadt entsendeten Vorposten die rechtsuferigen Höhen erstiegen, bemerkten die 92er eine abfahrende Batterie. Daß da die Braunschweiger ruhig zuschauen sollten, konnte man ihnen doch nicht zumuten.

„Drauf! Hurra!" Mehr brauchte es nicht und nach wenigen Minuten zogen französische Pferde, geleitet von schwarzröckigen Braunschweigern die eroberten Geschütze wieder nach Vendôme zurück. Das nahmen nun die Franzosen übel und versuchten mit starken Massen, den kühnen 92ern ihre Beute wieder abzujagen. Sie kamen aber recht schlecht an, denn neue 92er, 17er und 10te Jäger sprachen mit ihren Langbleis ein zu deutliches „Quod non!"

Die Jäger erlaubten sich dabei noch einen kleinen Scherz,

indem sie eine feindliche Wagenbedeckung sprengten und 1 Mitrailleuse, sowie 64 Fahrzeuge zurückbrachten.

Etwas ernster ging es wieder bei Morée und Fréteval zu. Der dort mit dem XXI. französischen Korps stehende General Jaurès wußte noch nichts vom Rückzugsbefehle Chanzys gegen le Mans. Deshalb griff er die 89er in Morée recht schneidig an und brachte sie durch seine Übermacht in eine ziemlich bedrängte Lage. Nun kamen aber bayerische 10er und 13er, sowie 4 bayerische Batterien daher und redeten mit den Wälschen ein so klares Altbayerisch, daß dieselben wohl dachten: „diese Burschen sind uns doch zu grob", und abzogen.

Unterdessen traf bei General Jaurès ebenfalls der Rückzugsbefehl ein und er verschwand mit seinem Korps.

Damit waren auch die Kämpfe des 16. Dezembers vorbei. Der Loir-Abschnitt befand sich in deutschem Besitz, die zweite französische Loire-Armee zog sich eilends gegen le Mans zurück.

Nun Ruhe? — Nein noch nicht; im Gegenteil!

Es waren nämlich neue Nachrichten eingetroffen, welche zwar ein Vorgehen Bourbakis gegen Montargis nicht ausschlossen, aber weniger wahrscheinlich machten. Dagegen schien nun Orleans sehr gefährdet. Weiter mußte man in Versailles doch Besorgnis wegen eines Vorstoßes französischer Kräfte von Südwesten her gegen Paris hegen und verlangte hiergegen Sicherung.

Demgemäß ordnete der Prinz an:

„Das X. Korps beobachtet am Loir weiter und behält Blois besetzt. Das III. und IX. marschieren in Eilmärschen nach Orleans zurück. Die Armeeabteilung des Großherzogs geht auf Châteaudun und operiert von nun an wieder selbständig. Die 1te Kavallerie-Division wird dem X. Korps unterstellt."

Unterstützend für diese Unternehmungen trat ein, daß von Versailles aus die durch 4 Landwehrbataillone und 4 Batterien vermehrte 5te Kavallerie-Division zur Verstärkung des Großherzogs abbeordert waren. Nun fanden teils noch am 16., meist am 17. die vom Prinzen befohlenen Märsche statt und zwar

auf eine Art, wie sie nicht leicht in der Kriegsgeschichte vor=
kommen.

Das IX. Korps marschierte nämlich trotz der miserabeln
Straßen und der durchgemachten Strapazen in durchschnittlich
34½ Stunden nach Orleans, und zwar legten unter anderen
zurück:

Die	36er	in 36¾	Stunden	77,4	Kilometer
„	84er	„ 35	„	77,7	„
„	11er	„ 34½	„	77,7	„
„	85er	„ 33	„	73	„
und „	9ten Jäger	„ 33	„	82,5	„

Bei einigen Truppen gab es gar keine, bei den übrigen
durchschnittlich nur 5 Prozent Marschkranke. Fast gleiches lei=
stete das III. Korps.

Diese vorzüglichen Leistungen der Truppen wurden aber
auch belohnt. Bourbaki kam nämlich nicht, sondern verschwand
gegen Südosten, um später auf einem anderen Kriegsschauplatz
noch von sich reden zu machen. Dadurch war es möglich, den
in jeder Art doch sehr mitgenommenen Abteilungen endlich einige
Ruhe zu gewähren. Nachdem die Armeeabteilung des Groß=
herzogs auf Befehl des Königs noch bis Chartres zurückgenommen
worden war, standen also die im Süden von Paris operierenden
deutschen Truppen in 3 große Gruppen vereint in und um Char=
tres, Blois und Orleans. Nun konnten sie sich erholen, ihre
Bestände ergänzen, sich pflegen und zu neuen Unternehmungen
kräftigen. Die bayerische Brigade war ebenfalls zu ihrem Korps
zurückgekehrt. Die allgemein so wohlthuende Ruhe dauerte bis
zum Ende des Jahres 1870, es war die Ruhe vor dem letzten
Sturm.

XIV.

Der Vormarsch gegen le Mans.

Weit mehr als den deutschen Truppen war den Korps des Generals Chanzy eine längere Erholung nötig. Die Schlachten und Strapazen der letzten Zeit hatten ihnen so zugesetzt, daß sie der vollständigen Auflösung entgegensahen, was selbst der Kriegsminister Gambetta durch seinen Aufenthalt bei der Loire-Armee erkannte. Deshalb zog Chanzy die am meisten mitgenommenen Abteilungen in die Gegend von le Mans zurück, legte sie dort in weite Quartiere und beließ in der Nähe der Deutschen nur einzelne noch ziemlich widerstandsfähige oder noch gar nicht zum Kampfe gekommene Divisionen. Wahrscheinlich beabsichtigte er auch die neuerdings wieder eingetretene und für die Franzosen ganz besonders empfindliche Kälte vorübergehen zu lassen, ehe er an die Wiederaufnahme größerer Unternehmungen denken wollte.

Deutscherseits waren nunmehr das IX., III., I. bayerische Korps in und um Orleans, die zu einem Armeekorps, dem XIII., vereinte Armeeabteilung des Großherzogs von Mecklenburg in und um Chartres und das X. Korps mit der 1ten Kavallerie-Division im Raume zwischen der Loire und dem Loir verteilt. Letztere beiden Heereskörper hatten die Beobachtung der II. französischen Loire-Armee auszuführen, wogegen durch die Besatzung von Orleans die Aufklärung in der Sologne und Loire aufwärts stattfand.

Während in letzter Richtung nur ein unbedeutendes Gefecht hessischer 2er und 2ter Reiter bei Briare am 27. Dezember noch die Anwesenheit feindlicher Truppen nachwies, kam es an und vorwärts des Loir zu wiederholten ernsten Zusammenstößen.

Am 18., 19. und 20. Dezember unternahm General von Voigts-Rhetz mit der 38sten und 40sten Brigade, den 9ten Ulanen, 9ten und 16ten Dragonern, 2ten Kürassieren und 8 Batterien einen Vorstoß gegen Tours. 16er und 57er warfen die bei

Monnaie stehenden Franzosen zurück. Außerhalb der Wege war das Gelände, teils wegen der zahlreichen Hecken, Weinberge und Zäune, teils wegen des weichen Bodens vollständig ungangbar. Auf einem Nebenwege ritten die 9ten Ulanen und kamen nun wieder in die Höhe der Hauptstraße. Geschlossene Bataillone bewegten sich dort im Laufschritt gegen Tours.

„Sind denn das Franzosen?"

„Kann es nicht sehen, Herr Graf!"

„Heranreiten!"

Bis auf 30 Schritte gelangte der Tetenzug an die Chaussee und erkannte nun deutlich den Feind. Derselbe schien in großer Bestürzung zu entfliehen. Aufmarschieren konnten die Ulanen nicht. Deshalb ließ der Major Graf Wengersky einfach in der Marschkolonne zu dreien angreifen und mit Hurra stürzten sich die tapferen Lanzenreiter in die Massen der französischen Infanterie. Rechts und links flog von der Chaussee herunter, was nicht überritten war, und die feindliche Marschkolonne wurde vollständig gesprengt. Trotz des allmählich sehr lebhaft werdenden Feuers der Franzosen verlor das Regiment nur 1 Offizier und 9 Ulanen, brachte aber an 100 Gefangene zurück.

In Büschen und Gärten setzten sich die geworfenen Gegner nochmals fest und ein neuer Kampf begann. Wieder wollten die Ulanen trotz der Ungunst des Geländes eingreifen, allein diesesmal waren die Franzosen auf der Hut. Ein verheerendes Feuer empfing die tapferen Reiter und raubte ihnen 9 Offiziere, 51 Ulanen und 72 Pferde. Immerhin hatte dies Gefecht den Franzosen einen solchen Respekt eingejagt, daß sie Tours räumten und noch 20 Kilometer zurückmarschierten. Eher glaubten sie nicht Ruhe vor den „terribles ulans" zu haben.

Am 21. traf die vom General von Voigts-Rhetz entsendete Kolonne des Generals von Woyna vor Tours ein. Eine bewaffnete Volksmenge stand auf der Brücke und gab einzelne Schüsse ab.

„Sind die Herrn zu sprechen?" frugen daraufhin verschiedene preußische Granaten höflich an.

„Non, non," lautete die Antwort, denn was Füße hatte und nicht getroffen war, lief schleunigst davon.

Da aber Tours noch nicht besetzt werden sollte, so zog sich das Detachement nach Zerstörung der Bahn Tours=Le Mans gegen Monnaie zurück. Am 23. war die 19te Division wieder bei Blois vereint.

Vorwärts Vendôme errang deutsche Tapferkeit trotz eines scheinbaren Mißerfolges einen ganz außerordentlichen Triumph. Um die Stärke und die Absichten des bei Montoire aufgetretenen Gegners zu erforschen, wurde Oberstleutnant von Boltenstern mit 2 schwachen Bataillonen 79er (931 Mann), einer Eskadron 12ter Ulanen und 2 Geschützen am Loir abwärts entsendet. Links befand sich der mit leichtem Eis bedeckte, vollständig un=passierbare Fluß, rechts zogen sich die nur an wenigen Stellen ersteigbaren, wiederholt durch Schluchten unterbrochenen Höhen hin, deren Beschaffenheit es nicht ermöglichte, daß Seiten=patrouillen in gleichem Tempo der im Thale marschierenden Kolonne folgten. Außer bei Montoire und Les Roches waren alle Brücken zerstört. Zur Deckung der letzteren ließ Oberst=leutnant von Boltenstern den Leutnant Braunbehrens mit seiner nur 56 Mann starken Kompanie und 4 Ulanen zurück. Am 26. Dezember wurde in Montoire übernachtet. Einwohner ver=rieten dies und die geringe Stärke dem mit der 3ten Division des XVII. französischen Korps nördlich Montoire in der Nähe stehenden General de Jouffroy. Davon hatte man preußischer=seits keine Ahnung.

Am 27. früh wurde, nach Zurücklassung des Hauptmanns von Dobbeler mit 2 Kompanien in Montoire zur Deckung des Überganges, der Weitermarsch gegen Troo unternommen. Dort erhielt die Avantgarde aus den höhlenartig in die Felsen ge=bauten Häusern Feuer.

„Absuchen! Alle Männer zusammentreiben und als Geiseln mitführen! Dazu die 7te und 10te Kompanie hierbleiben! Alles übrige weiter gegen Sougé!"

Es geschah wie befohlen. Bald aber fand man verlassene

Biwakplätze, dann Erdwälle, von denen her ein lebhaftes Schützen=
feuer herüberknallte und schließlich erkannte man, daß hier be=
deutende feindliche Kräfte standen. Leutnant Bachmann, der
Führer der Geschütze, verfuhr so derb mit den feindlichen Schützen,
daß sie sich zum „battre en retraite" entschlossen — die 76er
nannten dies „auskneifen". Allein teils die Meldungen der auf
die Höhen entsendeten Ulanen, teils der Augenschein des Gefechtes
im Thale zeigten, daß man bei weiterem Vorgehen auf zu große
Übermacht stoßen werde. Von Boltenstern entschloß sich daher
zum Rückzuge und zwar zu seinem größten Glücke, denn das
schwache Detachement war hier auf die 2te Division des XVI.
französischen Korps (General Barry) gestoßen. Man nahm nun
die in den labyrinthartigen Höhlenwohnungen zusammengetriebenen
70 Männer mit und wandte sich zurück gegen St. Quentin,
während die Einwohnerschaft von Troo eine sehr feindliche Hal=
tung annahm. Plötzlich ertönte aus der Gegend nördlich von
Montoire ein Kanonenschuß.

„Na nu?"

„Das gilt uns!"

„Keine Idee!"

„Gewiß, da kommt schon eine neue Granate!"

Es war so. Während des Gefechtes des Detachements
bei Sougé und des Aufenthaltes in Troo war General de
Jouffroy mit seiner ganzen 8000 Mann Infanterie, 3 Batterien
und 200 Mann Kavallerie zählenden Division heranmarschiert
und hatte dem kleinen deutschen Detachement vollständig die
Rückzugslinie abgeschnitten.

„Nous les tenons cette fois!" klang es durch die fran=
zösischen Reihen, aber zu früh. Freilich 660 Musketiere (nach
Abzug der 3 in les Roches und Montoire stehenden Kompanien)
54 Ulanen und 2 Geschütze, denen die eisigen Wasser des Flusses
den Rückzug nehmen, muß man doch mit einer ganzen Division
zur Übergabe zwingen oder vernichten können! Franzosen ja
— Deutsche aber noch lange nicht. „Kinder, wir müssen durch!"
Das waren die Worte des Oberstleutnants von Boltenstern.

Dann gings los! In einem Halbkreis umstanden die feindlichen Massen das schwache Detachement.

Schnell werden die Kompanien in Schützenlinien entwickelt und Leutnant Bachmann feuerte mit seinen beiden Geschützen, was nur möglich war. So wurde der Gegner zuerst mürbe gemacht und hierauf stürmten die hannöverschen 79er und die litthauischen Ulanen drauf, nicht als ob einer gegen 12, sondern als ob sie gegen eine gleich starke Schar angreifen und diese über den Haufen werfen sollten.

Für den Fall, daß der Durchbruch mißglücken würde, hielt die 11te Kompanie ein Feuer bereit, um die beiden Fahnen zu vernichten. Die durften nicht in Feindeshand fallen.

Die Offiziere voran werfen sich nun die Kompanien bald laufend, bald im Schritt unter ununterbrochenem Hurra auf den Feind. Das dröhnt, das gellt den Franzosen schaurig genug in den Ohren! „Platz,“ heißt es, „oder ihr seid Kinder des Todes!“ Da wird die erste Linie des Gegners sofort durchbrochen; die zweite aber hält und feuert rasend.

Eine Mühle hart am Loir bietet den französischen Schützen Deckung. Hiergegen stürmt Premierleutnant von Hirschfeld mit der Fahnenkompanie vor. „Hurra!“ schallts vor der Mühle; „krach, krach!“ antworten die französischen Salven; jetzt „hurra!“ im Hofe; noch einzelne französische Schüsse aus den Gebäuden; nun „hurra!“ in den Häusern selbst und das feindliche Feuer hört auf; 1 Major, 5 Offiziere, über 100 Mann des Gegners sind gefangen.

Nach dieser Kompanie kommen die Ulanen daher. Voraus der Rittmeister von Porembsky, dahinter seine Schwadron, das jagt auf die französischen Schützen los, reitet sie nieder, haut zu, sticht tot und bricht ebenfalls durch die erste Linie der Franzosen.

„Graben!“ Auf dem gefrorenen Boden mit den glatten Eisen ist von Übersetzen keine Rede.

„Absitzen! Die Gäule hinüberführen!“

Geschieht im feindlichen Schnellfeuer.

„Aufgesessen! Galopp — marsch! — Marsch, marsch! — Hurra!"

Neue französische Schützen und die nun entgegentretenden Unterstützungstrupps werden durchsprengt; die wilde Jagd biegt gegen den Fluß ab, stürmt dort weiter und kommt in Montoire an. — Gerettet!

Ebenfalls hinter der Kompanie Hirschfeld fuhr Leutnant Bachmann mit seinen Geschützen.

„Tarab — marsch! — In keinem Falle von der Chaussee abweichen. Wir versinken sonst im Sumpf! — Stärker!"

Es rasselt los; die Musketiere der 79er haben die Straße verlassen; die Bahn wird freier. „Noch stärker!" Die Geschütze sausen dahin.

Plötzlich ein Ruck. Das Vordersattelpferd des ersten Geschützes und sein Reiter brechen verwundet zusammen. Leutnant Bachmann schreit dem Führer des zweiten zu: „Mit Ihrem Geschütz und dem Munitionswagen im Galopp nach Montoire! Ihre Ehre hängt daran!" Beide Fahrzeuge jagen mitten auf die feindlichen Schützen los, durch und kommen davon. Leutnant Bachmann springt aus dem Sattel, stürzt auf das gefallene Pferd, zieht schnell den verwundeten Fahrer zur Seite, greift selbst zu und nun bringen er und die bei diesem Geschütz noch vorhandenen Kanoniere das tote Tier zur Seite, hacken die Vorderbracke ab, spannen das zweite Vorderpferd aus, sitzen auf und jagen dem anderen Geschütze nach auf die feindlichen Schützen zu. Mitten in ihrer Linie bricht das Stangensattelpferd tödlich getroffen nieder. 30 bis 40 Franzosen eilen herbei und wollen sich der stolzen Trophäe bemächtigen. Da stürzen fliehende Massen französischer Infanteristen vorbei. Mitten in diesem Durcheinander reißen Leutnant Bachmann und seine 3 Mann, die er noch hat, das tote Pferd zur Seite, spannen in wilder Hast um, bringen 2 Pferde in die Geschirre, springen auf die Protze, jagen los, hauen mit Peitsche und Säbel auf die eigenen Rosse und auf die zu nahe kommenden Franzosen, brechen durch und kommen ebenfalls glücklich, gerettet nach Montoire.

Nun stürmen die letzten 79er zum entscheidenden Durchbruch heran.

Dem Major Steinäcker schlägt ein Geschoß in den Hals und wirft ihn nieder. Er rafft sich auf; Leute wollen ihm helfen.

„Kerls, laßt mich allein, schert Euch vor!" Dann stopft er sein Taschentuch in die Wunde und läuft wieder in die Schützenlinie.

Oberstleutnant von Boltenstern ist noch immer an der Spitze. Mit „Hurra, hurra!" geht's drauf. Die gefangenen französischen Offiziere wollen nicht mit; man könne sie nicht gegen das Feuer ihrer eigenen Kameraden führen.

„Muß sein; ist heute eine Ausnahme!" „Drauf Musketiere, drauf Füsiliere! Hurra!" Es geht. Leutnant Niemeyer fällt unter den ihn anpackenden riesigen Franzosen; schon ist der erhobene Yatagan über seinem Haupte; er ruft kein „Pardon". Da, als sich die Spitze der französischen Waffe in sein Herzblut tauchen will, spritzt das Gehirn seines Gegners zur Seite; die Kolbenhiebe der Musketiere Voges und Friederichs haben einen braven Offizier errettet.

Immer fort stürmen die Preußen drauf; wie von einem Felsblock zur Seite geschoben werden die Franzosen weggejagt oder gefangen und schließlich kommen die 79er wirklich in Montoire an und bringen 10 Offiziere, 230 Mann des Feindes und 20 Geiseln mit. Die übrigen Geiseln waren, als sie im Durcheinander entfliehen wollten, erschossen worden.

Bei Montoire gab es noch ein kurzes Gefecht neuer französischer Abteilungen gegen die die Nachhut bildenden Kompanien des Hauptmanns von Dobbeler, allein jetzt war es zu spät; die kleine Schar preußischer Helden hatte die mehr als achtfache Übermacht durchbrochen und zog sich nun ziemlich unbelästigt unter Mitnahme ihrer Gefangenen nach Vendôme zurück, wo sie in der Nacht zum 28. glücklich eintraf.

Die rasche Entschlossenheit und der Mut des Oberstleutnant von Boltenstern, die Tapferkeit, Ausdauer und Todesverachtung seiner Offiziere und Leute haben diesen Erfolg d. h. die Vermeidung des fast sicheren Unterganges ermöglicht. Der Eindruck dieser That selbst auf den Gegner war aber auch ein großartiger. Mehrfach äußerte z. B. der gefangene Stabsoffizier: „O welche Schande für die französische Armee! 2 Bataillone gegen 8000 Mann!"

Auf die Frage, warum er selbst sich denn so rasch ergeben, antwortete er dem Oberstleutnant von Boltenstern: „Colonel, il est impossible de résister à un tel hourra!"

Der Verlust des Detachements betrug: 10 Offiziere, 150 Mann, 50 Pferde. Der der Franzosen an Toten und Verwundeten war jedenfalls viel größer. Dazu kamen noch die oben erwähnten Gefangenen.

Die Folge dieses Gefechtes war auf deutscher Seite die Erkenntnis, daß der Feind wieder unternehmungslustig sei, also größere Verstärkungen erhalten haben mußte. Man täuschte sich hierin nicht. An den nächsten Tagen zog nämlich General de Jouffroy die in Château du Loir stehenden französischen Kräfte an sich und brach schon am 31. von Azai und Mazange aus gegen Vendôme auf.

In dieser Richtung ging aber am gleichen Tage von Vendôme General von Diringshofen mit 4 Bataillonen 56ern und 92ern, 2 Schwadronen 12ter Ulanen und 1 $^2/_3$ Batterien vor. Der Divisionsgeneral von Kraatz befand sich bei der Hauptkolonne. Bald erkannte man in dem sich rasch entwickelnden Gefecht die feindliche Übermacht und holte nun noch die in Vendôme zurückgebliebenen 56er, sowie die 79er, 17er, 9ten Ulanen, 2ten Kürassiere und 4 Batterien herbei. Das hieß für die Franzosen „Halt!"

Zu gleicher Zeit stießen auch 17er von Fréteval gegen Epuisay vor. Dabei geriet Hauptmann Spitz mit je einem Zuge der 9ten und 12ten Kompanie in das Feuer zweier französischer Batterien. Er machte keine langen Umstände, ging mit seiner Handvoll Leute auf die gegnerische Artillerie los, erschoß ihr einen großen Teil der Bedienung und gelangte so rasch in die französische Stellung, daß 3 Geschütze mit 3 Protzen, 3 Offiziere und 50 Mann in seinen Händen blieben.

In der Dunkelheit gelang es dem General de Jouffroy, sich aus dem Gefechte zu ziehen. — —

Unterdessen mußten die Bayern Orleans verlassen. Sie hatten aus Versailles den Befehl erhalten, an Stelle des gegen Südosten abmarschierenden II. preußischen Korps in der Zernierungsarmee von Paris einzurücken.

Durch Nachrichten war in Erfahrung gebracht worden, daß die erste französische Loire-Armee noch bei Bourges stand, aber ein Vormarsch derselben zu erwarten sei. Da es nun bedenklich gewesen wäre, die Massen Chanzys und Bourbakis von Südwesten und Südosten her sich näher rücken zu lassen, so erteilte Moltke dem Prinzen Friedrich Karl am 1. Januar 1871 den Befehl, sofort die Offensive gegen die von Westen heranrückenden französischen Streitkräfte zu unternehmen. Zu diesem Behufe wurde das XIII. Armeekorps (17te und 22te Division) wieder der zweiten Armee unterstellt. Ebenso die 2te und 4te Kavallerie-Division.

Der Schlußsatz der diesbezüglichen Ordre lautete: „Seine Majestät erwarten hiernach, daß die zweite Armee in der Stärke von 3½ Armeekorps und 3 Kavallerie-Divisionen die Offensive unverzüglich aufnimmt. Als Einleitung derselben dürfte etwa die Vereinigung am Loir von Vendôme bis Illiers anzuordnen und innerhalb 2 Tagen auszuführen sein. Die 5te Kavallerie-Division wird angewiesen werden, die rechte Flanke der zweiten Armee zu sichern. (gez.) Graf Moltke."

Der Prinz traf umgehend die nötigen Anordnungen und befahl, daß das XIII. Korps über Nogent le Rotrou gegen Le Mans vorgehe, das IX. Korps über Coulmiers, Binas und das III. über Selommes sich hinter dem einstweilen am Loir stehen bleibenden X. Korps sammle und dann der konzentrische Vormarsch auf Le Mans angetreten werde. Die Stärke all' dieser Truppen betrug: 58,097 Mann Infanterie, 16,360 Reiter und 324 Geschütze.

Während der Ausführung obiger Befehle fanden bei den Vortruppen des X. Korps verschiedene kleinere Gefechte statt. So am 2. Januar bei Villechauve, südlich St. Amand, am 5. bei Villeporcher und Château Renault u. s. w. Aus denselben ergab sich, daß der Gegner noch südlich Vendôme in der Gegend von Château Renault mit sehr starken Kräften stehe. Dies bestimmte den Prinzen Friedrich Karl erst recht, gegen Le Mans vorzustoßen, weil man hoffen durfte, die Franzosen großenteils noch vor ihrer Vereinigung zu überraschen.

Auch die von Chartres anmarschierenden Truppen des Großherzogs von Mecklenburg stießen bald, schon am 5. und 6. Januar, bei La Fourche auf den Gegner.

Bei Nogent standen nämlich außer den Franktireurs der Obersten Lipowski und Chathelineau die 1te Division des XXI. Korps unter General Rousseau und verschiedene Mobilgardenabteilungen. Nach einem unbedeutenden Scharmützel der 94er unter Oberstleutnant von Sulicki am 5. Januar, ging die 22ste Division am 6. auf La Fourche vor. In einem hartnäckigen Gefechte der 83er und 94er wurde der Gegner auf Nogent zurückgeworfen. Leute der 10ten Kompanie 83er und der 5ten 94er unter den Leutnants Weymar und Carstaedt gerieten in das Feuer einer in einer Schanze stehenden Batterie. Sofort drangen alle auf diesen Gegner los. Infanterie stand den gefährdeten französischen Geschützen bei. Dennoch gewannen die Preußen Boden. War auch kein Wunder! Die thüringischen 94er wollten die ersten sein. Ganz den gleichen Gedanken hatten aber auch die hessischen 83er. Also trieben sie sich gegenseitig durch ihren Eifer vorwärts und an den armen Franzosen ging dieser Wettkampf hinaus. Ein Teil ihrer Geschütze konnte noch entfliehen. Drei blieben aber in der Barrikade stecken.

„Drauf 83er! Drauf 94er!" Von letzteren erstieg der Vizefeldwebel Sachs mit einem Teil der Leute die Brustwehr und sprang auf die sich mit Karabinern, Säbeln und Richthebeln wehrenden Artilleristen los. Gleichzeitig drangen die übrigen Deutschen von den Seiten in die Schanze und nun wurde rasch mit Bajonett, Säbel und Kolben aufgeräumt; die Geschütze waren erobert.

Später machte der Gegner noch einen Vorstoß im großen, wurde aber von beiden Regimentern umfaßt und mußte unter Hinterlassung von 130 Gefangenen wieder zurück.

Am gleichen Tage kam es auch bei dem über Vendôme vordringenden III. Korps wieder zu Kämpfen und zwar bei Azay und Mazange. General de Jouffroy hatte die am Loir anlangenden deutschen Verstärkungen entdeckt und glaubte, es bestehe bei den Preußen die Absicht, den bei Château Renault mit seiner Division stehenden General de Curten mit Übermacht zu überfallen. Zu dessen Unterstützung versuchte er wieder einen Vorstoß gegen Vendôme. Diese Anordnung des französischen Generals führte dazu, daß bald die beiden Avantgarden der neben einander vorgehenden Divisionen des III. preußischen Korps in lebhafte Gefechte verwickelt wurden. Bei der 6ten Division gelang es den 35ern und 20ern des Generals von Rothmaler, der dabei verwundet wurde, den Feind von Waldparzelle zu Waldparzelle zurückzujagen und schließlich Azay zu erstürmen.

Links davon fand die 5te Division bei Villiers die noch hier stehenden 10ten Jäger in heftigem Kampfe gegen einen weit überlegenen Feind. 48er, Leibgrenadiere und 52er entschieden bald zu Gunsten der preußischen Fahnen und Mazange wurde ebenfalls erstürmt.

So hatte das III. Korps nach ernsten Gefechten den Azay-Abschnitt erreicht, allein diesen Erfolg mit einem Verluste von 39 Offizieren und über 400 Mann bezahlen müssen. Natürlich blieben wieder zahlreiche Gefangene in seiner Gewalt.

Südlich dieser Kampfplätze hatten starke französische Abteilungen ebenfalls am 6. Januar den mit der 6ten Kavallerie-Division und den Truppen des Generals Baumgarth bei St. Amand stehenden Herzog Wilhelm zu Mecklenburg gezwungen, sich in die Linie Huisseau en Beauce-Villeromain zurückzuziehen.

Die Gefechte des heutigen Tages ergaben nun, daß der Feind stark bei Nogent le Rotrou, vor Vendôme und südlich bei St. Amand stand. Beachtenswert war das Vorgehen der Franzosen bei letztgenannter Stadt. Prinz Friedrich Karl war aber kein Mann von Halbheiten. Nach dem Grundsatze „bange machen gilt nicht" ließ er sich durch die Bedrohung seiner linken Flanke gar nicht irre führen, sondern befahl wieder: „Vorwärts mitten in die feindliche Stellung hinein gegen le Mans!" Herzog Wilhelm zu Mecklenburg erhielt aber dennoch einige Verstärkungen, denn ebenso wie die Zaghaftigkeit, stand dem Prinzen Friedrich Karl auch der Leichtsinn fern, er war eben ein Feldherr im wahrsten Sinne des Wortes.

Das Vorrücken der Deutschen führte auch am 7. Januar bei allen Korps zu lebhaften Gefechten.

Auf dem rechten Flügel warfen 95er den Feind aus le Gibet; in der Mitte erstürmten 64er Epuisay und Sargé und im Süden ward St. Amand wieder besetzt und die 57er klopften bei Villechauve den Feind auf die Finger.

Die Meldungen des heutigen Tages ergaben, daß General Chanzy zwar auf die Kräfte der zweiten Loire-Armee allein angewiesen sei, dieselben aber zusammenziehe und daß es daher als wünschenswert erscheine, rasch mit ihm ein Ende zu machen.

Also für den 8. „Vorwärts!"

Die Sache war gut, wie die Westfalen sagten, „uf den Swung", sie meinten damit „in Marsch", gebracht.

Das Gelände, welches jetzt die deutschen Truppen betraten, war ein ganz eigenartiges. Überall faßten Gräben, Hecken, Wälle und Zäune jeden Besitz, jedes Feld scharf ein, die Parks der zahlreichen Schlösser, die Höfe der vielen Güter waren mit starken Mauern umgeben und auf diese Art entstanden überall Abschnitte und feste Stellungen, in denen selbst mittelmäßige Truppen langen Widerstand leisten konnten. Außerdem beschränkte diese Unzugänglichkeit des Bodens die Gefechtsthätigkeit der Kavallerie fast ganz und erschwerte auch der Artillerie sehr das Schießen und Fortkommen. Von einer richtigen Beobachtung der abgegebenen Schüsse war fast keine Rede mehr. Es mußte also in erster Linie die Infanterie die Gefechte durchführen. An dieser war aber die zweite Armee verhältnismäßig sehr schwach, die Franzosen dagegen am stärksten.

In der Nacht zum 8. trat wieder Kälte ein, so daß die Wege sich mit Glatteis überzogen. Zum guten Glücke waren während der mehrtägigen Ruhezeit das Schuhzeug und die übrigen Bestände der deutschen Truppen ergänzt und in Ordnung gebracht worden.

Auch am 8. kamen das XIII., III. und X. Armeekorps wieder zum Handkuß. Rechts nahmen 75er und 90er Vibraye mit Gewalt ein, 32er schlugen sich bei Bellême westlich Nogent herum; die Batterien des Majors Körber jagten feindliche Kolonnen bei Vancé zurück; 24er und 64er drangen über St. Calais bis Montaille vor und im Süden warfen 16er den Feind aus Villeporcher.

Abends kam Prinz Friedrich Karl nach St. Calais ins Quartier und befahl für den 9. wiederum „Vorwärts!"

Ehe die diesbezüglichen Ordres beim Stabe des Großherzogs von Mecklenburg eintrafen, bestimmte dieser aus eigenem Antrieb das raschere Vordringen seines Korps. Er wollte mit seinen Mecklenburgern, Hanseaten, Thüringern und Hessen nicht zu späte kommen, wenn es bei le Mans daran gehe, den französischen Götzen Chanzy zu zausen. Die 17te Division trat daher frühzeitig an, stieß auch bei Connerré und Thorigné bald auf starke, gut postierte französische Kräfte und ließ gegen dieselben die 75er, 76er und 90er los. Über 500 Gefangene blieben in deren Händen und der Feind geriet auf der Flucht teilweise sogar bis in die Quartiere des III. Korps.

Die 6te Division hatte bei Artenay einen heftigeren, meist von den 64ern, 24ern und 35ern ausgefochtenen Kampf zu bestehen.

Wie man sich an die Gefahr gewöhnen kann, zeigten hier die Brandenburger. Aus den Dörfern la Butte und Ardenay begrüßte sie ein äußerst lebhaftes Feuer.

„Sollen wir uns mit denen lange herumschießen?"

„J, Gott bewahre! Man druff mit Kolben und Bajonett. Das vertragen die Kerls am schlechtesten!"

So geschah es auch. Kein Schuß fiel von seiten der 24er, mit Hurra stürmten sie vor und aus den Dörfern waren bald die letzten nicht gefangenen Franzosen verschwunden. 1000 derselben machten sich aber unter brandenburgischer Führung auf nach Deutschland.

Beim X. Korps, das wegen seines Aufenthaltes um St. Amand etwas zurückgeblieben war, zausten sich 92er, 10te Jäger, 56er und 79er bei Cahaignes und Brives, westlich und nordwestlich la Chartre sur le Loir, herum und rupften dem Gegner viele Federn aus; im Süden stellte Herzog Wilhelm zu Mecklenburg durch einen Angriff auf Château Renault den Abmarsch des dortigen Feindes fest.

Vom 7. bis einschließlich des 9. Januar waren also die Franzosen täglich auf allen Punkten ihrer langen besetzten Linie angegriffen und konzentrisch auf le Mans getrieben worden. Auf beiden Flügeln befanden sich aber noch abgeschnittene stärkere Abteilungen des Feindes. Die deutschen Truppen dagegen waren nunmehr vereint (XIII., III., IX. Korps) oder konnten in einem Marsche herangezogen werden (X. Korps). Das Ungemach der Witterung — es fing lebhaft zu schneien an — hatte deren Marschfähigkeit gar nicht beeinträchtigt; trotz der großen Strapazen erfüllte die ganze Armee des Prinzen ein vorzüglicher Geist, denn jedermann fühlte, daß der Anfang des Endes herannahe, und daß, wenn jetzt General Chanzy gründlich abgethan werde, im Süden von Paris eine verhältnismäßige Ruhe eintreten müsse. Alle diese Überlegungen bestimmten den Prinzen, mitten in das französische Wespennest hineinzustoßen und den Angriff auf le Mans mit den Gesichtspunkten zu befehlen, daß es um so besser sei, je schneller und entschiedener die einzelnen deutschen Kolonnen gegen die Stadt vordringen und dadurch die feindlichen Abteilungen auseinander sprengen würden.

General Chanzy fühlte aber auch die ihm drohende Gefahr und beschloß, der Durchbohrung seiner Armee durch einen

allgemeinen Angriff zuvorzukommen. Dieser beiderseitige An=
griffsbeschluß führte zur Schlacht von le Mans.

XV.
Die Schlacht von le Mans am 10., 11. und 12. Januar 1871.

Die allgemeine Lage hatte sich ganz sonderbar gestaltet. Ursprünglich dachte man deutscherseits von beiden Seiten, nämlich von Chartres über Nogent le Rotrou und von Blois über Chateau Renault mit den Flü=
geln vorgreifen und durch ein Zurückhalten der Mitte eine Art Kesseltreiben der Franzosen auf le Mans veranstalten zu können. Nun waren durch die Gefechte der vergangenen Tage die deutschen Flügelkorps (XIII. und X.) zurückgeblieben, während das III. im Zentrum einen bedeutenden Vorsprung erlangt hatte. Statt eines Zusammendrängens der Franzosen mußte nun ein Aus=
einandersprengen und Zurückwerfen derselben versucht werden. Wegen der äußerst schlechten Gangbarkeit des Geländes außer=
halb der Wege, wodurch ein Aufmarsch tiefer Kolonnen ganz ausgeschlossen war, sah man sich genötigt, mit verschiedenen kleineren Kolonnen zugleich vorzugehen und jeder einzelnen selb=
ständige Angriffsziele zu geben, was die Anmarschfront außer=
ordentlich verbreiterte. Artillerie kam dabei wenig, Kavallerie fast gar nicht in Betracht.

Im allgemeinen stieß nun die zweite Armee in der Form eines dreizackigen Neptunspießes vor, dessen mittelste, längste und deshalb schon am meisten in das Fleisch des Feindes eingebohrte Spitze das III., dessen rechte das XIII. und dessen linke das X. Korps bildeten. Die Division des IX. folgte als zweite Staffel hinter der Mitte.

Die Temperatur war am Morgen des 11. bis auf 8 Grad R. Kälte gesunken. Schnee bedeckte die Erde, Bäume und Hecken, wodurch die Übersicht noch mehr beschränkt wurde, und alle Wege waren so glatt, daß man nur mit großen Schwierigkeiten auf denselben vorwärts kam.

Ehe die deutschen Truppen sämtlich auf den Sammelplätzen eingetroffen waren, griff dem Befehle Chanzys gemäß schon die französische Division Deplanque, unterstützt durch Abteilungen des Generals Jouffroy an. Dadurch kam es zuerst bei der linken Kolonne des III. Korps in der Gegend von Parigné l'Evêque zum Kampfe. Ein 3ter Ulane sprengte zu dem diese Kolonne befehligenden Oberst von Conta:

„Meldung von der Offizierpatrouille der 2ten Schwadron: Parigné l'Evêque ist von etwa 5 Bataillonen besetzt. Dahinter stehen ungefähr 12 Geschütze. Auf der Straße von le Mans her marschieren lange feindliche Infanteriekolonnen."

„Sind die Vorposten schon angegriffen worden?"

„Zu Befehl, Herr Oberst. Auf dem linken Flügel versuchten Franzosen, den detachierten Unteroffizierposten zu vertreiben. Als ich abritt, hielt er sich aber noch gut."

Dennoch schickte der Oberst sofort 2 Kompanien 48er, das II. Bataillon Leibgrenadiere, 3 Kompanien 3te Jäger und 2 Batterien den Vorposten zu Hilfe. Das Gefecht gegen den anmarschierenden Feind war bald in vollem Gange. Leider konnten wegen des ungünstigen Geländes vorerst nur 7 Geschütze zur Verwendung gebracht werden.

Der unterdessen ankommende Divisionskommandeur, Generalleutnant von Stülpnagel, welcher seine Kräfte zum Vorgehen gegen Changé sparen wollte, befahl, den Kampf bis zum Eintreffen der von links her erwarteten 10ten Brigade nur hinhaltend zu führen. War eine schwere Aufgabe für die angriffslustigen 48er und Grenadiere, allein es mußte sein, denn es war eben befohlen.

Nun wurde das hoch gelegene Dorf Parigné l'Evêque von den endlich mit wenigstens 9 Geschützen zur Thätigkeit gelangenden

Batterien mit „Pumpernickel bedacht" d. h. mit Granaten beworfen. Während dieser Zeit kamen die 52er und 12er von links daher und etwa 12½ Uhr warfen sich 4 Bataillone auf den Feind.

„Hurra Brandenburg!" hieß es heute, damit die Wälschen doch wußten, daß es die Märker waren, die ihnen hier auf den Leib rückten. Natürlich wollten nun die Leibgrenadiere und die brandenburgischen Jäger auch dabei sein und berannten deshalb das Dorf von rechts.

Auf der Straße von Südosten her stürmte Major von Altrock mit seinen Füsilieren der 12er heran. Das war ein Lärm; ramm, tamm, ramm, tamm schlugen die Trommeln, die Leute stampften, um sich auf dem Glatteis zu halten, auf, daß es nur so dröhnte und etwa noch 300 Schritte vom Dorfe entfernt begann schon das den Franzosen so furchtbare Hurra. Ohne durch das Feuer des Gegners nur einmal zum Stocken gebracht zu werden, wälzte sich die Masse der kühnen Angreifer heran. Natürlich blieben die seitwärts der Straße durch Hecken u. s. w. aufgehaltenen Schützen weit zurück. Aber die Geschütze wetterten so lange als möglich in das Dorf. Nun mußten sie schweigen und jetzt stürzte es vor, unaufhaltsam, immer schneller werdend, schreiend, blitzend, mit Vernichtung drohend, unwiderstehlich.

Eine Barrikade sollte die kühnen Angreifer aufhalten! Lächerlich!

Unter den Kolbenstößen der Füsiliere Neumann, Merkel, Dobrich, Skupin und anderer flogen die Thüren der nächsten Häuser hinein; Kolben und Bajonett beendeten dort das französische Feuer; der Major von Altrock, die Leutnants Behr, von Manstein, von Roon, Müller und ihnen nach ihre Füsiliere erstiegen die Barrikade selbst und bald gab es dort auch keinen nicht gefangenen unverwundeten Feind mehr.

„Vorwärts an den anderen Dorfausgang! Mir nach, Füsiliere!" Leutnant Behr rief es; seine Leute folgten. An der Kirche ist ein freier Platz. In dessen Nähe stand eine französische

Mitrailleufenbatterie und feuerte nach auswärts, ohne die 12er im Orte zu bemerken.

„Halt! Nieder! Auf die Batterie — besonders auf die Pferde zielen — Schnellfeuer!"

Das war eine Überraschung! Der brave Kapitän Delahaye verlor aber die Besinnung nicht. Im Nu waren die Mitrailleusen aufgeprotzt.

„Schießt die Gäule nieder, sonst kommen sie durch. Tief halten! Bravo! Noch 3 Patronen! — Stopfen! Stopfen! — Auf, marsch, marsch! Hurra!"

Trotz dem ausgezeichneten Verhalten der Franzosen gelang es den Preußen doch, 3 Mitrailleusen zu erreichen. Ihre Eroberung kostete noch mehreren der tapferen Verteidiger das Leben, dann aber blieben jene unbestritten in deutschem Besitz.

Im Häuserkampf erbeuteten andere 12er 2 Mobilgardenfahnen und überall wurden zahlreiche Gefangene gemacht. Natürlich waren die 52er, Leibgrenadiere und Jäger auch nicht zurückgeblieben. Nur fanden sie im Gelände mehr Hindernisse und konnten daher nicht mit den 12ern Schritt halten. Alle kamen aber noch rechtzeitig, um dem Gegner Hunderte von Gefangenen abzunehmen und einzelne Leibgrenadiere konnten sich sogar an der Eroberung der Mitrailleusen beteiligen. Bald war ganz Parigné genommen, die 48er erstürmten noch die nächsten Gehöfte und als der Kampf hier zu Ende ging, befanden sich 1 Geschütz, 3 Mitrailleusen, 2 Fahnen, verschiedene Wagen und über 2150 Gefangene in der Gewalt der Brandenburger. Damit war der Vorstoß der französischen Division Deplanque gründlich abgewiesen.

Rechts dieses Gefechtes rückte unterdessen die 11te Brigade vor und stieß etwa 3 Uhr nachmittags auf ernsteren Widerstand. Mühsam mußten 35er und 20er von Knick zu Knick sich vorschieben, Hecken durchkriechen und dann einen Hof nach dem anderen, ein Haus des Dorfes nach dem andern mit stürmender Hand nehmen. So dauerte das aus zahlreichen Einzelkämpfen bestehende Gefecht bis etwa 4½ Uhr.

Um diese Zeit ließ der hier anwesende kommandierende General des Korps, von Alvensleben II., das Signal „das Ganze avancieren!" geben. Hauptmann Müller mit seiner 9ten Kompanie der 35er war der erste. Diesem schlossen sich die anderen brandenburgischen Füsiliere, die 20er und links davon die 48er an. Dem preußischen Hurra hielten auch hier die Franzosen nicht stand. Als nun die siegreichen Brandenburger noch das Hauptziel des heutigen Tages, Changé, stürmen wollten, fanden sie es zu ihrer freudigen Überraschung schon von den unterdessen von Parigné heranmarschierten 12ern und 52ern genommen. So leicht war dies zwar nicht gegangen, allein besonders die 52er trieben in dem über eine Stunde währenden Häuserkampf den Feind schließlich auf dem Marktplatze so zusammen, daß sich daselbst etwa 800 Franzosen dem Major von Natzmer und seinen Füsilieren ergeben mußten.

Noch weiter rechts bei St. Hubert und Champagné stießen die Regimenter der 12ten Brigade auf den Gegner. Da auch hier fast keine Geschütze auffahren konnten, so machten es eben die 24er und 64er genau wie die anderen preußischen Truppen d. h. sie gingen ohne lange Vorbereitung zum Sturme über. Die Franzosen erkannten, daß es doch das Gescheidteste sei, sich nicht zu sehr mit den hier recht ungemütlichen Brandenburgern einzulassen und wichen bald nach der Eisenbahn zurück.

Überall biwakierten wegen der geringen Unterkunftsräume die Preußen auf den von ihnen eroberten Plätzen und trotz der starken Kälte herrschte allenthalben eine gehobene fröhliche Stimmung. Das III. Korps hatte auch recht, auf diesen Tag stolz zu sein. Mit dem verhältnismäßig nicht großen Opfer von 33 Offizieren und 440 Mann hatte es einen bedeutenden Erfolg erlangt, die erwähnten Trophäen erbeutet und über 5000 Gefangene gemacht. Es stand hart vor le Mans, allein es hatte keinen Anschluß mit den Flügelkorps.

Von diesen war das XIII., wenn auch nur unbedeutend, zum Feuer gekommen.

Die in erster Linie stehende 17te Division hatte das De=

tachement Rauch (je 1 Bataillon 75er und 90er, 14te Jäger, 17te Kavallerie-Brigade und 1 Batterie) von Conneré aus auf das rechte Huisne-Ufer vorgeschoben.

In den Waldungen westlich Beillé fand es bald hartnäckigen Widerstand. Obwohl die 75er und die Jäger im Walde vordrangen, konnten sie doch die besetzten Höhen nicht gewinnen. Jetzt kam aber die schon bei Sceaux über den Huisne gegangene 22ste Division daher. Sofort ließ General von Wittich je 1 Bataillon 83er und 32er den mecklenburgischen Jägern zu Hilfe eilen. Als trotzdem der Feind noch zum Angriff schritt, entwickelten sich noch die übrigen 83er, 94er und schließlich auch die 76er. Trotzdem wogte der Kampf mit den ganz bedeutend überlegenen Kräften der französischen Divisionen Collin und Rousseau ziemlich erfolglos hin und her.

Dagegen gelang es rechts davon den 95ern das Dorf Chanteloup nach lebhafter Gegenwehr zu erstürmen.

Das ganz auf dem linken deutschen Flügel stehende X. Korps war am 10. nicht auf den Feind gestoßen, aber durch die schlechte Beschaffenheit der Wege aufgehalten, nur bis Grand Lucé gekommen.

In der Nacht zum 11. führten von dort aus Hauptmann Neumeister vom Generalkommando, die Leutnants Nemitz und Runnebaum, 30 — 10te Jäger und 7 Pioniere eine vorzügliche, sehr erfolgreiche That aus. Trotz des fußhohen Schnees schlichen sie sich zwischen den allenthalben von den Franzosen besetzten Dörfern im Walde von Bersay vor bis an die etwa 20 Kilometer entfernte Bahn le Mans—Tours, zerstörten dieselbe südlich Ecommoy und kehrten auf demselben Wege unentdeckt nach Grand Lucé zurück.

Am andern Morgen äußerten sich die Bürger von Ecommoy im höchsten Grade über den französischen Kommandeur aufgebracht, der zu so unrichtiger Zeit die Verbindung mit Tours unterbrechen ließ. Daß ein Häuflein tapferer Preußen bis dorthin durchdringen und ein solches Werk geradezu inmitten der französischen Armee ausführen könne, ohne abgefangen zu werden, kam den guten Spießbürgern von Ecommoy gar nicht in den Sinn. Die französischen Generale, die am nächsten Morgen die Sache erfuhren, waren aber still; sie schämten sich für ihre Truppen.

Das Ergebnis der Kämpfe und Bewegungen des 10. Januars war nunmehr, daß die Flügelkorps etwas hinter den gesteckten Zielen zurückgeblieben, die Mitte aber bedeutende Erfolge errungen hatte. Prinz Friedrich Karl beschloß für den 11. die Fortsetzung des Angriffs auf le Mans und befahl außerdem die von dort nach Norden, Westen und Süden gehenden Bahnen nachdrücklichst zu zerstören.

Bei den Franzosen sah es recht bunt aus. Der größte Teil der Armee war zwar am 10. abends vorwärts le Mans versammelt. Allein die Divisionen Curten und Barry, letztere zwar nur teilweise, fehlten noch. Dagegen trafen fortwährend neue Verstärkungen mit der Bahn ein, so 10,000 Nationalgarden unter General Lalande vom Lager von Conlie, 9000 von Mayenne u. s. w. Ebenso waren neue Batterien angelangt. Trotz der Schläge des vergangenen Tages verzweifelte General Chanzy noch nicht.

„Dem Feinde so zähe widerstehen wie bei Josnes (Beaugency=Cravant), ihn durch die ihm sehr empfindlichen Verluste schwächen, durch die Märsche im hohen Schnee ermüden und dann zum Angriff vorgehen", das war sein Plan für den 11. und die folgenden Tage. Er befahl, daß überall Verschanzungen angelegt, die Train's zurückgeschafft würden, hinter den Stellungen Kavallerie die Flüchtigen zusammentreibe und vorbringe, verbot ausdrücklich das Betreten von le Mans, ordnete für den Fall von Mutlosigkeit das Abreißen der Sarthe=Brücken an, um seine Leute zum Kampfe zu zwingen und that alles nur mögliche, um eine energische Verteidigung zu erzielen. In der Frühe des 11. ritt er selbst durch die Linien, suchte den Mut und die Thatkraft der Truppen zu heben und zeigte sich in jeder Art als schneidiger, energischer Feldherr. Im Ganzen hatte er hier immer noch 10 Divisionen mit rund 100—110,000 Mann zur Verfügung.

Dem gegenüber waren die Kräfte des Prinzen Karl durch Gefechtsverluste, Abkommandierungen für Gefangenentransporte, Marschkranke ꝛc. auf etwa 50,000 Mann Infanterie, 16,000 Reiter und 324 Geschütze gesunken.

Die beiderseitigen Vorposten standen in der Nacht zum 11. sich hart gegenüber. Die Kälte stieg auf 8° R. unter Null. Dennoch war der gute Humor bei den lustigen Brandenburgern nicht verloren gegangen. Erzählte da ein echter Berliner Junge als morgens im Biwak alles vor Frost erstarrt schien, er habe nicht eine Minute gefroren.

„Na wie hast Du denn dat jemacht?"

„Ick habe zwee Helme jehabt. Mit dem eenen habe ick mir zujedeckt und den andern habe ick als Koppkissen benützt."

Düster genug sah das Schlachtfeld vom gestrigen Tage aus. Wie ein Leichentuch lag leichter Schnee auf den armen Opfern des blutigen Kampfes. Viele hätten noch gerettet werden können, wäre es möglich gewesen, alle Verwundeten rechtzeitig in warme Häuser zu bringen. So erlagen sie dem eisigen Hauche des erbarmungslosen Winterfrostes und manche Szene mag beim Rückzug der großen Armee aus Rußland nicht schaueriger gewesen sein, als hier in der gewöhnlich so milden Maine an den Ufern der Sarthe. Das ist Soldatenlos; ob an den Ufern der Düna oder Sarthe, der Beresina oder Loire bleibt sich gleich; überall starben die Braven in treuer Erfüllung ihrer Pflicht für ihr Vaterland und mag ein noch so langer Zeitraum darüber hingehen, die Kameraden, die Nachkommen, das dankbare Volk vergißt seine auf dem Schlachtfeld gebliebenen Helden nicht und darum: „Dulce est pro patria mori!"

Bei der 6ten Division ging es am 11. früh zuerst los. Infolge eines irrtümlichen Befehles hatten die Vorposten der 64er Champagné geräumt. Dasselbe war sofort von den Franzosen wieder besetzt worden.

„Die 64er haben Champagné wieder zu nehmen!"

So befahl General von Buddenbrock; so gehörte es sich auch und so führte es Major von Goerschen mit seinen 64ern aus. War aber keine leichte Aufgabe, denn Haus für Haus mußte dem tapfern Feinde abgerungen werden. Bald hatten die Brandenburger eine wahre Praxis im Häuserstürmen. Durch die dem Feinde abgewendete Seite stiegen sie ein, vertrieben von dem zuerst eroberten Gebäude aus mit Feuer den Gegner von einer Seite eines andern Hauses, drangen dort wieder hinein, schüchterten die Verteidiger durch mehrere im Innern abgegebene Schüsse ein und räumten dann mit Kolben und Bajonett auf. So gings, Dank der vortrefflichen Disziplin der Deutschen, im ganzen Dorfe, bis es erobert war und 150 Gefangene als Siegesbeute zurückgebracht werden konnten.

Nun stand man vor den plateauartig, etwa 50 Meter sich erhebenden Höhen von Auvours. Diese hatten die Franzosen sehr stark besetzt.

Während sich südlich derselben die 24er gegen les Arches Château entwickelten, erstiegen die 64er von Champagné aus den Westabhang der Höhen. Zugleich rückte aber jetzt die Avantgarde des IX. Korps heran und sofort stürmten die 11er den südlichen Abhang. Eine Mitrailleusenbatterie bestrich die freien Stellen, aber nur kurze Zeit, denn Leutnant von Zawadski und Feldwebel Schniebel waren mit ihren Zügen so schnell bei ihr, daß ein Teil der Mitrailleusen knapp noch durch schleunige Flucht sich retten konnte, 3 aber in den Händen der schlesischen Grenadiere blieben. Als die Franzosen sie durch einen Gegenangriff wieder zurückerobern wollten, kommandierten die Langbleis der 11er und ein von denselben unternommener Vorstoß so gründlich „Nimmermehr!", daß der Feind bald den Versuch aufgab.

Lange aber hielt sich die starke Besatzung der Höhen noch auf denselben. Da kamen auch 9te Jäger, 24er und die 85er daher. Vor den den Südabhang erkletternden Füsilieren der 85er standen französische Batterien im Feuer. Denselben wurde von den beiden schleswig=holsteinschen Batterien Heydweiller und Pietsch ganz energisch zugesetzt. Deshalb gelangten die Leutnants Jarke, von Freyburg und von Mauntz mit ihren Kompanien nahe genug heran, um mit Hurra sich auf die französische

Artillerie zu stürzen. Freilich entkam ein großer Teil, denn Pferde rennen besonders auf der Flucht schneller als Menschen, aber 3 wurden doch erobert und gegen alle Befreiungsversuche des Feindes behauptet. Nun waren bald die einzelnen Pacht=
höfe und damit der größte Teil der Höhen erobert. Den west=
lichen Teil zu nehmen gelang aber trotz aller Versuche an diesem Tage noch nicht.

Jetzt wollte die Division de Bretagne des Generals Gou=
jard, welche zur Unterstützung der soeben geworfenen Division Paris von Yvré l'Evêque herbeieilte, die verlorene Stellung zurückerobern, kam aber bei den 11ern und 85ern recht schlecht an und mußte beim Rückzug noch an den 9ten Jägern vorbei Spießruten laufen. Schließlich befanden sich 22 Offiziere und über 300 Gefangene in preußischen Händen. Die 85er freuten sich besonders darüber, daß die meisten der Gefangenen auch 85er, nämlich 85te Mobilgarden waren.

Südlich dieser Kämpfe hatte die 11te Brigade angegriffen. General von Alvensleben erkannte nämlich deutlich, daß sein in einzelne Kolonnen verteiltes Korps schwer einem großen Ansturm der Franzosen widerstehen könne. Deshalb gebrauchte er das beste Präservativmittel und ließ selbst überall vorstoßen. Die zunächst vorgehenden 20er und 35er hatten aber keine leichte Aufgabe. In dem waldigen, mit Höfen, Schlössern, Hecken 2c. immer dichter besetzten Gelände gab es Überraschungen genug auf beiden Seiten. Dabei zog sich z. B. der seinen Kameraden vorausgeeilte Füsilier Höhne der 20er auf so recht märkische Art aus einer mißlichen Lage. Er mußte durch eine Hecke, sonst konnte er ja nicht auf die jenseits einer Wiese liegenden Wälschen feuern. Er probiert's mit dem Kopf voraus. „Pfui, das sticht!" Nun setzt er mit dem rückwärtigen Zentrum an. Das ging, allein dabei konnte er natürlich nicht vorwärts sehen. Als Höhne Front macht, entdeckt er, daß etwa 12 Franzosen hinter der Hecke versteckt waren, nun auf ihn losstürzen und ihn gefangen nehmen wollen. „Ne Männecken, dat is nich!" Mit beiden Händen faßt er sein Gewehr an der Mündung, mit zerschmet=

tertem Schädel stürzt gleich darauf der erste „Musjö" zur Erde und nun schwingt der 20er seine Flinte so energisch um sich herum, daß ihm kein Feind nahen kann. Unterdessen hört er seine Kameraden nahen. „Man rann! Helft mich doch, denn ick kann all' dat Jesindel nich alleene tot kriejen!" Sie halfen ihm auch und nur ihren schnellen Füßen verdankten einzelne Franzosen ihr Leben. 7 aber waren tot, verwundet oder gefangen.

Ununterbrochen kämpfte die Brigade von Flatow fort. Nach einander versuchten die französischen Divisionen Jouffroy, Roquebrune und die Brigade Desmaisons sie zu werfen; immer vergeblich. Keinen Fuß wichen die nur 2900 Mann starken 20er und 35er zurück. Freilich hörten auch Erfolge gegen solche Massen auf. Da rückten die 52er und 12er heran. Jetzt gings vorwärts. Nun kamen etwa um 5 Uhr noch die Leibgrenadiere. Denen wollten 2 sehr gut aufgestellte feindliche Geschütze einen Riegel vorlegen. Premierleutnant von Garnier, Leutnant Mang, Portepeefähnrich von Greiffenberg, dahinter die ganze 12te Kompanie werfen sich darauf; der Bedienung hilft ihr hartnäckiger Widerstand nicht; bald hallt es den Kameraden entgegen: „Hurra, wir haben sie!" Sie blieben auch den Leib-Grenadieren, denn 2 Gegenangriffe wiesen dieselben durch Schnellfeuer glücklich ab.

Bei les Arches Château mußten die dort stehenden Bataillone (I. und II. der 24er und II. der 64er) noch ein sehr heftiges Artilleriefeuer aushalten, was auch die Geschütze des Hauptmanns Meinecke nach schweren Verlusten zum Abfahren zwang. Die Vorstöße der französischen Infanterie wurden aber siegreich abgewiesen.

Überall hatte beim III. Korps der Kampf bis tief in die Dunkelheit gedauert. Allein auf sich angewiesen war es den Brandenburgern gelungen, sich tief in das Herz der feindlichen Stellung einzubohren und trotz ihres Verlustes von 500 Mann dort zu halten. Ebenso hatte die 18te Division große Erfolge erzielt.

Dem XIII. Armeekorps auf dem rechten Flügel war es

heute nicht so günstig wie bisher gegangen. Es wurden zwar die ersten Stellungen des Gegners vor der ganzen Front erstürmt. So nahmen die mecklenburgischen Grenadiere und die 75er les Cohernières mit dem Bajonett und die 94er das so lange hartnäckig verteidigte le Chêne. 83er und 75er eroberten die Höfe rechts davon und die 95er bemächtigten sich des Dorfes St. Célerin. Auf dem linken Flügel drangen 76er und 89er bis nach Pont de Gesnes vor. Dennoch gelang es nicht, die bedeutende Übermacht des Feindes so zurückzuwerfen, daß man sich näher an le Mans heranschieben oder die Bahnen nach Alençon und Laval unterbrechen konnte. Das Gros der 17ten Division und der Korpsstab gingen abends wieder nach Connerré zurück und die 22ste Division verblieb in dem Raume nördlich davon.

Vorteilhafter endeten die Kämpfe des X. Korps.

Dasselbe fand anfangs schon durch die Märsche selbst große Schwierigkeiten. Glatteis und gefrorene Schneeflächen, da kommt man mit Pferden und Geschützen schlecht weiter. Vorwärts Parigné stieß die als Verbindungskolonne zwischen dem X. und III. Korps vorgehende, durch 2 Bataillone 79er verstärkte 14te Kavallerie-Brigade noch auf Vorposten der (zum III. Korps gehörenden) 12ten Grenadiere und zwar gerade in dem Augenblick, als sie von Franzosen übermächtig angegriffen wurden. Ungefragt mischten sich die 79er mit ihrem Hurra in die Debatte und dies brachte den feindlichen Sturm bald zum Stehen. Da aber der Gegner Verstärkungen erhielt und die 12er zu ihrem Korps abzogen, so konnten die 79er auch keine weiteren Fortschritte machen und hielten bei Eintritt der Dunkelheit die um Château de la Paillerie herumliegenden Waldstücke.

Unterdessen wandten sich die Massen des X. Korps über St. Mars d'Outillé gegen die Straße von Château du Loir nach le Mans. Ein Bataillon 78er rückte nach Ecommoy, warf dort die Mobilgarden aus der Stadt, nahm aber später außerhalb derselben eine beobachtende Stelle ein, als der Feind sich zu sehr verstärkte.

Die Avantgarde des Korps (17er und 92er) kam vor dem Walde hinter Mulsanne an.

„Was? 3 französische Kompanien wollen uns aufhalten? — Weg damit! Hurra!" Flogen auch weg mit Ausnahme jener Leute, die braunschweigische und westfälische Musketier- oder hannoversche Dragoner-Fäuste zu fest am Kragen hielten.

Die Sonne ging unter; das Korps hatte einen sehr anstrengenden Marsch hinter sich; Abkochen gab es nicht; alles war sehr erschöpft; jetzt wird es Ruhe geben!

„Unmöglich! Kameraden brauchen Hilfe! Auf, vorwärts gegen le Mans!"

Der von Norden her schallende Kanonendonner wurde nämlich immer heftiger; ein Befehl des Prinzen Friedrich Karl, auf dem nächsten Wege nach dem Gefechtsfeld zu rücken, traf ein; man erkannte, es handle sich um wichtige Erfolge. Sollte General von Voigts Rhetz buchstäblich gehorchen und querfeldein rechts dem Kanonendonner zu marschieren? Dazu war er ein zu guter Führer.

„Hier den Stier bei den Hörnern fassen und ordentlich schütteln, das hilft den Brandenburgern besser als verspätet bei ihnen als Reserve eintreffen! Also drauf!"

Der Befehl elektrisierte Offiziere und Mannschaften; Westfalen, Braunschweiger, Oldenburger, Hannoveraner und Friesen vergaßen Müdigkeit und Hunger und marschierten entschlossen in die Nacht hinein, die Brandenburger wieder herauszuhauen wie damals bei Vionville und wie diese es bei Beaune la Rolande gethan.

Vor der Front des anmarschierenden X. Korps befand sich eine mit Wald bedeckte Höhe, die von General Chanzy „la position des Tuilleries" genannt und durch die Nationalgarden des Generals Lalande besetzt war. Die waren nicht wenig überrascht, als im Thale sich noch so spät dunkle Kolonnen heranschoben und alle Vortruppen rasch vertrieben. Die Batterien bei les Mortes Aures feuerten sofort dagegen, fanden aber in der braunschweigischen Batterie schneidige Widersacher. Nun erstiegen 17er und 92er den Abhang und drängten allmählich in fortwährendem Kampfe die Franzosen zurück. Da nun auch die mit schlagenden Tambours anrückenden 56er eingriffen, gelang es, den Feind in verschiedene Waldstücke auf der Höhe zurückzuwerfen. Nun kam das Gefecht zum Stehen. Die Höhe war aber erst halb erobert.

„Wir müssen sie ganz haben. Der Wald ist mit dem Bajonett zu nehmen!" So General von Voigts Rhetz.

Nun sammelten die Offiziere der 56er, 92er, 17er und 10ten Jäger ihre Leute zu Sturmkolonnen. Bei den 92ern und den Jägern hieß es „Entladen!"

„Was ist denn los?" Der Hauptmann hatte diese geflüsterte Frage vernommen.

„Ich will Euch sagen, was los ist. Wir werfen den Feind mit dem Bajonett von der Höhe hinab. Schneid habt Ihr ja alle. Es könnte aber einer doch dämlich genug sein, in der Dunkelheit seinen Abzug an einen Ast zu stoßen, so daß der Schuß losginge und unseren Anmarsch verraten würde. Darum wurde entladen. Jetzt stille! Mir nach und wenn ich Hurra rufe mit Hurra drauf, bis kein Franzose mehr auf der Höhe zu sehen ist."

Nun schlichen sich stumm Hunderte von deutschen Männern vor; es war Nacht, allein das Mondlicht strahlte von dem gefrorenen Schnee zurück; eisige Kälte herrschte, aber niemand fror, die Aufregung hielt alle warm; bis auf etwa 80 Schritte kamen sie heran; jetzt krachten Schüsse der feindlichen aufgestöberten Patrouillen.

„Schneller! Rennt die Posten über den Haufen!" Kein deutscher Schuß fiel, aber das dürre Holz krachte unter den Füßen der eilends vorlaufenden Preußen.

Plötzlich krachte eine französische Salve; man war auf die Hauptlinie des Gegners gestoßen. Da: „Hurra" zuerst von einer Stimme, dann hurra! hurra! hurra! von Tausenden und wenige Sekunden später saßen preußische und braunschweigische Bajonette zwischen französischen Rippen und wer vom Feinde nicht floh, ward gefangen. Vergeblich schickte der Admiral Jauréguiberry die Division Bouëdec; die Höhe war wenigstens teilweise in deutschem Besitz und blieb es. Auch ein zweiter Vorstoß der Mobilgarden mißglückte. Jetzt erst, um Mitternacht, trat hier Ruhe ein und man fand Zeit, die Gefangenen zurückzusenden. Plötzlich, etwa nachts 2 Uhr, gings rechts davon noch einmal los. Dort hatte das Seitendetachement des Majors von Przychowski (I. Bataillon 92er und 10te Jäger) noch die französische Division Deplanque aufgejagt. Das „Platz da!" dieser beiden Bataillone verstand die feindliche Division recht gut und räumte nach Zurücklassung von 100 Gefangenen das dortige Gelände.

Nun stand das X. Korps auf dem wichtigsten Punkte des ganzen Schlachtfeldes. Vor seinen Füßen lag die Vorstadt Pontlieue, hinter dieser le Mans selbst, das Hauptziel der Kämpfe der letzten Tage. Alle Korps der zweiten Armee hatten am 11. gefochten. Durch das III., IX. und X. war der Feind aus seinen stärksten Stellungen vertrieben worden; nur das XIII. Korps hatte gegenüber der zu starken französischen Übermacht sein Pensum noch nicht erfüllen können. General Chanzy beschloß auch am 12. noch Widerstand zu leisten. Es war aber ein nutzloses Unternehmen, denn die Zersetzung in seiner Armee hatte schon so ungeheuer um sich gegriffen, daß bereits viele Truppen auch ohne Befehl den Rückmarsch auf den nach Westen führenden Straßen antraten.

Die Nacht zum 12. war eine der kältesten des ganzen Winters. Trotzdem traten die nur wenige Stunden ausgeruhten Abteilungen des X. Korps schon wieder vor Sonnenaufgang, um 5½ Uhr, an, um die noch an verschiedenen Stellen auf der Höhe verbliebenen Franzosen ganz hinunter zu werfen. Die französische Artillerie war in der Nacht ausgerissen. Daher gelangen alle Angriffe der 20ten Division sofort und bald war die ganze Höhe gesäubert. Schon am frühen Morgen hatte das Korps über 1000 Gefangene gemacht. Sofort wurde Artillerie auf die Höhe gezogen und unter ihrer Unterstützung ging nun das X. Korps gegen die Stadt le Mans selbst vor.

Dieses Frühgefecht brachte die Westfalen und Braunschweiger nicht nur in die gleiche Höhe, sondern sogar vor die anderen Truppenkörper der zweiten Armee. Letztere hatten teils noch weite Wege nach le Mans, teils stand der Feind noch ziemlich widerstandsfähig vor ihrer Front. Die ersten Zusammenstöße fanden auf dem rechten Flügel beim XIII. Korps statt. Der Großherzog von Mecklenburg hatte, schon ehe der Angriffsbefehl aus dem Armeehauptquartier eintraf, seine Divisionen in diesem Sinne in Bewegung gesetzt.

Die 17te Division wendete sich teils über Lombron, teils über Montfort gegen St. Corneille. Am Merdereau-Bach meinten die Mobilgarden der Division Collin die Mecklenburger und Hanseaten aufhalten zu können. Täuschung! 90er und 76er, zu denen auch noch von Fatines her 84er stießen, warfen sie über den Haufen und nahmen bei der Erstürmung des Schlosses von St. Corneille 500 Moblots gefangen. Bis über den Parance-Bach dauerte die Hetze und als es dunkel wurde, befanden sich über 1000 wälsche Gäste und große Verpflegsvorräte der Franzosen bei der 17ten Division.

Rechts davon überrannten 94er und 95er bei la Croix, was dort von der französischen Division Villeneube noch stand. Dieselbe wollte sich aber dafür rächen und setzte zum Gegenstoß an. Major von Necker mit seinem (I.) Bataillon der 94er erkannte ihre Absicht. Allein er befand sich noch ziemlich weit seitwärts und wurde mit seinen Leuten weder vom Feind noch Freund gesehen. Ersterer ging nun gerade gegen die mit der Abführung von Gefangenen sehr beschäftigten anderen Bataillone, die überdies weit schwächer an Zahl waren als die Franzosen, vor.

„Alle Hornisten „avancieren" blasen, was die Kerls aus den Lungen herausbringen!"

Das half; der Feind, der seitwärts seiner Linie den Lärm hörte, stutzte und die in der Front angegriffenen 94er und 95er wußten nun, daß demnächst der Flankenstoß des Majors von Necker stattfinde. Nun gingen auch sie angriffsweise vor. Das imponierte den Franzosen so, daß sich ganze geschlossene Kom-

panien und Bataillone ergaben. Sie hatten eben genug; gegen
Feinde wie die preußischen Truppen es waren, konnten sie ja
doch nicht aufkommen; das hatte die Erfahrung der letzten fünf
Gefechtstage hinreichend gelehrt.

Über 3000 Gefangene, darunter viele Offiziere und sogar
1 Regimentskommandeur, blieben in der Gewalt der 22ten Division. Das XIII. Korps bezog abends hinter der Linie Torcé-Maulpère Quartiere; der Großherzog brachte die Nacht in Montfort zu. Ein noch weiteres Vorgehen verhinderte die Dunkelheit.

Hier hatte das Verhalten der Franzosen schon genug Anzeichen über den Verfall der Armee Chanzys gegeben. Auch
beim IX. und III. Korps erkannte man deutlich, daß es ihnen
durch den Widerstand des 12. nur darum zu thun war, den
Rückzug ihrer Massen noch möglichst zu decken. Die 11er und
4 Batterien wiesen verhältnismäßig leicht die gegen ihre Stellung am Huisne gerichteten Stöße ab und die zur Unterstützung
des XIII. Korps entsendete 35te Brigade vertrieb ohne Mühe
alles, was sich der Herstellung der Verbindung in den Weg
stellte. Nach dem Erlöschen des hier wenig bedeutenden und
sehr wenig verlustreichen Kampfes bezogen die Truppen der 18ten
Division um Fatines und Champagné Quartier; ihre Vorposten
dehnten sich längs des Huisne aus.

Dem III. Armeekorps stand noch die Lösung verschiedener
schwerer Aufgaben bevor. An der Straße von Yvré nach le
Mans hatten die Franzosen eine mit Schießscharten versehene
Mauer besetzt. Artillerie dagegen zu verwenden war nicht möglich. Daher beschloß General von Alvensleben, seinen rechten
Flügel überhaupt sich nur verteidigungsweise verhalten zu lassen,
mit dem linken aber in Verbindung mit dem X. Korps gegen
le Mans selbst anzugreifen.

Früh morgens, um 6 Uhr schon, mußten die Vorposten
der 35er 2 französische Kompanien vertreiben, welche die Brücke
bei les Noyers Château sprengen wollten. Dabei vergaßen die
Mobilgarden, ihre Pulverfässer mit zurückzunehmen; sie hatten
es zu eilig, den preußischen Langbleis zu entkommen.

Ein ernsteres Gefecht entspann sich um das Gehöft le Tertre. Dort machten die Franzosen einen großen Verzweiflungsvorstoß, dem die Füsiliere der 12er auch etwas nachgeben mußten. In dem Gehöfte selbst setzten sie sich aber wieder fest und wiesen nun unterstützt durch die anderen Bataillone 12er, durch 52er und durch die 2te schwere Batterie jeden Angriff des Feindes gründlich ab.

„Nicht feuern, ehe die Kerls nicht auf 150 Schritt herangekommen sind!" So befahl Major Altrock und dies bewährte sich vortrefflich. Bald ließ der, wie das letzte Aufflackern eines erlöschenden Brandes erscheinende Vorstoß der Franzosen nach. Sie kehrten zurück, gefolgt von den nunmehr nachdringenden 12ern und 52ern, sowie begleitet von den Granaten obiger Batterie.

Jetzt gelangte man in direkte Verbindung mit den Truppen des X. Armeekorps. In 3 Kolonnen unter den Generalen von Schmidt rechts, von Woyna in der Mitte und von Kraatz-Koschlau links waren dieselben auf den Straßen von Parigné, Ruaudin und Mulsanne gegen Pontlieue vorgegangen. In der Mitte fanden die Braunschweiger und 10ten Jäger noch einigen Widerstand, der aber auch ohne besondere Schwierigkeit gebrochen wurde und dem Feinde über 1000 Gefangene kostete.

Bald war man vor der Vorstadt angekommen. In der gleichen Richtung im Nebel mußte le Mans liegen.

„Wenn wir nur einige Granaten hineinwerfen könnten! Das würde den Rückzug der Franzosen sehr beschleunigen!"

„Es geht schon, Herr General! Wir können ja nach der Karte die Geschütze richten."

„Gut, thun sie das!"

Sofort wurde der nächste Kilometerstein an der schnurgeraden Straße aufgesucht. Er ergab 3600 m. „Das gilt bis zur Mairie. Also müssen es bis zum Anfang der Stadt etwa 2500 m sein! — In der Verlängerung der Straße zielen! — 2800 m! — Erstes Geschütz Feuer!" Der Schuß krachte, die Granate verschwand im Nebel. Andere folgten und, nachdem man sich auf diese Art gebührend in le Mans hatte anmelden lassen, rückte General von Kraatz — etwa 2 Uhr — mit der 20ten Division in dicht geschlossener Kolonne gegen die Vorstadt Pontlieue los. Auch die Spitze der 19ten Division traf jetzt am Huisne ein. Jenseits der Brücke wurde eine noch von den Franzosen besetzte Barrikade sichtbar. Die 17er und 91er setzten dagegen an. Noch hatten die tapfersten, den anderen vorauseilenden Offiziere und Leute keinen Fuß auf die Brücke gesetzt — da ein greller Blitz, ein betäubendes Krachen, eine Wolke von Dampf, Staub und Schmutz, ein Auffliegen von Schutt und Steinen und Niederprasseln auf die Köpfe der Preußen — die Brücke war gesprengt. Die ganze Geschichte machte aber mehr Lärm als sie verdiente. Die herabfallenden Steine schlugen zwar einige Löcher in die Helme, sogar einzelne Beulen auf die Köpfe, richteten sonst aber keinen Schaden an und, was die Hauptsache war, die eine Seite der Brücke stand noch. In gewohntem Leichtsinn hatten nämlich die Franzosen zu wenig Pulver geladen.

„Kinder! Jetzt aber hinüber und drauf, ehe sie noch einmal sprengen! Hurra! Hurra!" Wie ein vorübergehend aufgehaltener Bach mit verstärkter Gewalt losbricht, wenn man die Schleuse öffnet, so die 17er und 91er. Ehe die Franzosen durch den auf der Brücke liegenden Dampfnebel durchsehen konnten, waren die Preußen vor, auf, hinter der Barrikade, schlugen, stachen, schoßen nieder, was sich wehrte und schoben diejenigen, welche ausrissen, aber in den durch Fahrzeuge und Truppen ganz verstopften Straßen nur langsam fortkamen, sozusagen vor sich her und drangen immer tiefer in Pontlieue und dann in der Stadt selbst ein. Hier dauerte der Straßenkampf bis zum Abend. Wenn er auch nicht mit der Wut und Unerbittlichkeit geführt wurde, wie in Bazeilles, Châteaudun und den Vorstädten von Orleans, so war er doch heftig genug. Auch hier büßte mancher Einwohner die unberufene Teilnahme am Kampfe der Truppen mit dem Tode; manches Haus geriet in Flammen, die aber bald wieder gelöscht wurden und hie und da kam es auch zu geordneterem Widerstande. So wollte der Befehlshaber der Bedeckung einer Wagenkolonne deren Abzug ermöglichen. Major von Treskow von den 17ern hatte keine Lust, sich die sichere Beute entkommen zu lassen. Er gab seinem Pferde die Sporen, sprengte durch die französische Infanterie neben der Kolonne vor, hieb die Fahrkanoniere des vorausfahrenden Geschützes von den Pferden, lenkte diese nach rückwärts, sperrte dadurch die Straße und brachte die ganze Kolonne zum Stehen. Sein Adjutant, Leutnant von Burghoff, setzte mitten in die Hauptkolonne der Bedeckungsinfanterie und schrie die erschrockenen Franzosen an: „À bas les armes! Rendez vous!" Der Ton seiner Stimme, einige Schüsse der nachrückenden 17er, die Unlust am Kampfe, alles wirkte zusammen, die eingeschüchterten Leute warfen wirklich die Waffen weg und ergaben sich.

91er und 56er erbeuteten ein 1000 Zentner haltendes Mehlmagazin, 12er, 52er, 78er, 10te Jäger drangen den 17ern und 56ern nach, überall wurden Gefangene gemacht und Fahrzeuge genommen und als auf der Place des Halles die Verteidiger eines Cafés sich gar nicht ergeben wollten, redete ein schnell herbeigebrachtes Geschütz der 2ten Batterie mit ihnen so deutlich, daß sie sich nun auch fügten und die Gewehre niederlegten.

Bei Eintritt der Dunkelheit hörte der letzte Widerstand auf, die Stadt war erobert und wurde vom X. Korps und der 10ten und 9ten Brigade des III., die ebenfalls herbeigeeilt waren, besetzt.

Damit endete die 3tägige Schlacht von le Mans. General Chanzy hatte auf die am frühen Morgen erstattete Meldung des Admirals Jauréguiberry, daß die Truppen in keiner Weise mehr kampffähig seien, schon früh 8 Uhr den Rückzugsbefehl erteilt und derselbe wurde jetzt über Hals und Kopf ausgeführt. Derselbe sollte in nordwestlicher Richtung gegen Alençon angetreten werden, allein die Truppen wichen aus, wohin sie konnten und zersplitterten sich auf allen in westlicher, nordwestlicher und südwestlicher Richtung führenden Straßen. Sie hatten keinen an=

deren Gedanken mehr, als den, den Preußen zu entrinnen, wohin, war ihnen ganz gleichgültig.

Die 7tägigen Kämpfe hatten den deutschen Siegern über 20,000 Gefangene, 17 Geschütze, 2 Fahnen und eine Menge von Kriegsmaterial in die Hände geliefert. Die Gefechtsverluste an Toten und Verwundeten betrugen bei den Franzosen über 6200, bei den Preußen, Mecklenburgern, Braunschweigern u. s. w. 203 Offiziere, 3288 Mann. Dieses Resultat hatten die Deutschen erreicht, trotz der eisigen Kälte des Winters, trotz Glatteis und Schneetreiben, trotz schlechter Verpflegung, trotz mangelhaften Schuhwerks und ungenügender Bekleidung gegen eine ganz bedeutende Übermacht, in einem Gelände, wo sie von der Kavallerie fast keinen und von der Artillerie nur wenig Gebrauch machen konnten, einfach deshalb, weil sie tüchtige, pflichtgetreue Offiziere und brave, gehorsame und ausdauernde Leute besaßen. Wieder bestätigte sich die alte Erfahrung: An Äußerlichkeiten wie Zahl, guten Waffen, reicher Verpflegung ꝛc. können uns andere Heere übertreffen; unsere inneren Eigenschaften wie Pflichttreue, Mannszucht und Ausdauer erreicht aber nicht leicht ein fremdes Heer und darum, mag es auch im Westen und Osten Deutschlands grollen,. es hat keine Not; wir sind ja auch jetzt bereit wie 1870/71.

Da die Truppen des Prinzen Friedrich Karl doch dringend der Erholung bedurften, so wurde die Verfolgung nur mit schwachen Kräften ausgeführt. Man wollte auch nicht zu viel feindliches Gebiet besetzen, um sich nicht zu weit von der Loire, wo vielleicht noch gegen die Armee Bourbakis Front gemacht werden müßte, zu entfernen. General von Schmidt folgte mit 11 Schwadronen, 4 Bataillonen, und 10 Geschützen auf der Straße nach Laval und das XIII. Armeekorps wandte sich über Ballon gegen Alençon. Es kam noch zu einzelnen aber wenig bedeutenden Gefechten am 13. bei Chauffour, und bei Ballon, am 14. bei Chassillé und bei Beaumont sur Sarthe, am 15. bei Sillé le Guillaume und St. Jean sur Eve, ferner bei Alençon und am 17. und 18. bei Laval. Überall wurden die genannten Orte den immer mehr in Verfall geratenen Truppen Chanzys mit leichter Mühe abgenommen und von den Deutschen besetzt.

Damit endete die Verfolgung. Die zweite französische Loire=Armee hatte aufgehört, eine Gefahr für die deutsche Belagerungsarmee von Paris zu werden.

Unterdessen stand die 25te (hessische) Division in Orleans und an der Loire. Ein unter General von Rantzau über Gien entsendetes Detachement bestand am 14. Januar ein heftiges Gefecht bei Briare. Sonst ereigneten sich bis zum Abschluß des Waffenstillstandes auch an der Loire keine besonderen kriegerischen Begebnisse mehr. Nur bei Vienne traten die Hessen am 28. Januar noch einmal einem neuen in der Sologne gebildeten, dem XXV. französischen Korps des General Pourcet entgegen, ohne daß es aber zu einer bedeutenderen Schlacht kam.

Am 19. Januar war Tours von den Preußen ohne Widerstand besetzt worden und nun blieben alle großen, von unseren Truppen eingenommenen Städte im Süden von Paris in deren ungestörtem Besitze bis zum Friedensschluß.

Schlußwort.

Die unter General von der Tann, hierauf dem Großherzog von Mecklenburg und zuletzt dem Prinzen Friedrich Karl im Süden von Paris geführten Feldzüge stellten die schwersten Anforderungen an die damit betrauten deutschen Truppen. Auf keinem Teile des ganzen Kriegsschauplatzes mußten so lang andauernde Strapazen, so zahlreiche und so überaus blutige Schlachten den Armeekorps zugemutet werden; keine Abteilungen haben solche furchtbare Verluste erlitten, wie vor allem die Bayern von der Tanns, die Brandenburger des III. Korps, die Thüringer und Hessen der 22ten und die Mecklenburger und Hanseaten der 17ten Division. Aber sie haben ihre Aufgabe erfüllt und die Belagerung von Paris gedeckt.

Dann ist ihnen noch ein anderes, ein viel einschneidenderes, hoffentlich auf Jahrhunderte nachhaltendes Werk gelungen.

Die Söhne der Hochalpen und der Donauebenen, der Küsten der Nord- und Ostsee, aus dem Innern der Mark und von den Gefilden Westfalens, Thüringens und Hessens, Deutsche vom höchsten Nord, aus dem Herzen und vom tiefsten Süden unseres geliebten Vaterlandes haben Schulter an Schulter den gemeinsamen Feind bekämpft, sich gegenseitig ohne jeden Neid, ohne die geringste Eifersüchtelei unterstützt und geholfen, gemeinsam gelitten, gemeinsam gesiegt und dadurch sich ehren, achten und lieben gelernt.

Daher die unbeschreibliche Begeisterung, als diese treuen Schlachtgenossen am 18. Januar erfuhren: „Unsere Fürsten haben dem Wunsche der Völker zustimmend sich noch inniger geeint als bisher; der siegreiche Führer der deutschen Heerscharen, der heldenhafte, greise König von Preußen ist zum Schirmherrn des ganzen großen Vaterlandes erwählt worden; er hat die Krone Barbarossas angenommen; wir haben einen „Deutschen Kaiser, ein deutsches Reich!"''

Diese Worte durchzogen wie Himmelskunde die Brust, das Blut floß schneller, freudiger, stolzer durch die Adern, jeder von uns gab dem Kameraden des Bruderstammes die Hand, und von den Lippen wetterharter, schlachterfahrener Männer klangs wie ein Schwur vor Gott als Zeugen:

„Einig sind wir; einig bleiben wir und wehe — wenn wir noch leben — dem, der daran rütteln will!

Hurra dem Kaiser!

Hurra dem Reiche!"

Inhalt.

		Seite
1.	Erste Versuche der Franzosen, Paris zu entsetzen. Artenay	1
2.	Die Einnahme von Orleans am 11. Oktober	19
3.	In Orleans. Erstürmung von Châteaudun. Chartres	35
4.	In Orleans. Das Treffen von Coulmiers	51
5.	In der Beauce und Perche. (Vom 10. November bis 1. Dezember)	73
6.	Anmarsch der zweiten Armee. Die Schlacht von Beaune la Rolande	89
7.	Der 1. Dezember. Das Gefecht bei Villepion	109
8.	Der 2. Dezember. Die Schlacht von Loigny—Poupry	122
9.	Der 3. und 4. Dezember. Die zweite Einnahme von Orleans	146
10.	Die Verfolgung der Franzosen. Das Gefecht bei Meung am 7. Dezember	170
11.	Der 8. Dezember. Der erste Tag der Schlacht von Beaugency-Cravant	180
12.	Der 9. und 10. Dezember. Der zweite und dritte Tag der Schlacht von Beaugency-Cravant. Rückkehr der Bayern nach Orleans	199
13.	Die Verfolgung durch die zweite Armee bis an den Loir. Rückkehr nach Orleans und Chartres	216
14.	Der Vormarsch gegen le Mans	231
15.	Die Schlacht von le Mans am 10., 11. und 12. Januar 1871	245
	Schlußwort	266

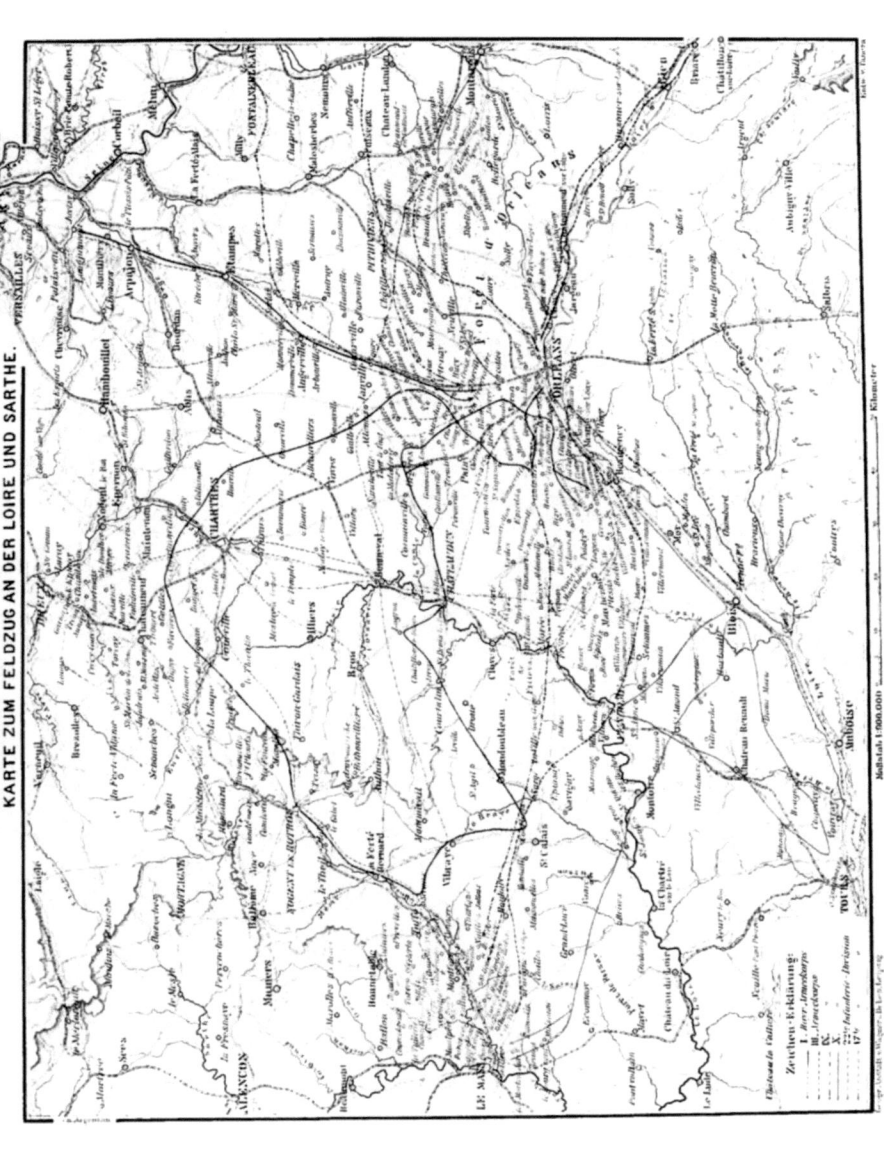